트라우마 해리구조 기반 심리치료

트라우마 해리구조 기반 심리치료

TRAUMA and DISSOCIATION-INFORMED PSYCHOTHERAPY

관계적 치유와 치료적 연결감

엘리자베스 하웰 지음
김아신 옮김

圖書出版 하나醫學社

이 책에 쏟아진 찬사

“엘리자베스 하웰은 이번 책에서 지난 25년간의 트라우마 이론과 임상에서 일어난 중요한 혁명을 뛰어난 솜씨로 통합하고 있다. 이번 책에서, 그녀는 관계적 외상 치료사로서 많은 수련법에 대한 강력한 통찰을 자신의 개인적인 변화와 함께 엮어내었다. 이러한 주제에 대한 고통스럽고 복잡한 실제를 탐구하는 데 전념한 이번 책은 트라우마 치료 분야에서 새롭게 희망을 주는 귀중한 안내서이다.”

– 제시카 벤자민

『행위자와 피행위자를 넘어서』, 『사랑의 유대』 저자

“엘리자베스 하웰은 그녀의 가장 중요한 협력자로서 소중하게 간직해 온 환자들과의 깊이 있고 가치 있는 관계를 통하여 마음에서 우러나온 글을 쓴다. 그녀의 독창적인 사고는 정신분석학적 사상가들과 외상학자들의 작업을 자신의 관점에서 창의적으로 해석하고 통합함으로써 빛을 발하는데, 이는 소수의 작가만이 성취할 수 있는 업적이다. 하웰과 함께 앉아 그녀와 함께 하는 시간을 즐겨라. 당신 또한 기쁨을 느낄 수 있을 것이다.”

– 리처드 A. 쉐페츠

워싱턴 D.C 개인 진료실 정신과 의사

“명확하고, 잘 쓰였고, 매력적이다. 모든 수준의 임상가들에게 귀중한 책이다.”

– 루시 그로스베너

정신분석적심리치료 연구센터장

"엘리자베스 하웰의 용감한 논문의 중심에는 다음과 같은 질문이 있다. '현대 정신분석이 트라우마와 해리에 기반한 심리치료에 적응할 수 있을까?' 그녀는 프로이트의 '억압'과 자넷의 '분리' 사이에서 격렬하게 진행된 100년간의 트라우마 논쟁에 대해 뒤늦은 해결책을 제시하기 위해, 학문적이면서도 대립적인 답변을 제공하는 데 힘을 쏟지 않았다. 치료사와 환자들은 모두 하웰 박사가 트라우마를 '해리를 일으키는 것'으로 간략하게 정의한 덕을 톡톡히 볼 것이다. 이 급진적인 재개념화는 그녀의 임상 기반 토론이 충분히 설명하는 것처럼 트라우마 치료의 미래 방향을 강력하게 재구성했다."

– 조지 할라스

호주 모나시대학교 부교수, 아동 및 청소년 정신과 의사

"트라우마에 기반한 임상적 연민, 학문적, 분석적 질문은 여기에서 새로운 정점에 도달한다. 그녀는 프로이트의 오이디푸스 콤플렉스가 만들어낸 트라우마와 한 사람 심리학의 피해를 폭로한다. 동시에 그녀는 항상 확실한 임상적 증거로 뒷받침되는 포괄적이고 비-해리적인 이론화를 통해 희망을 제시한다. 부드럽고, 진정성 있는 이 책은 비록 우아하긴 하지만, 관계적으로 주장된 것에 관해서는 이 시대에 강력한 획을 그을 수 있는 책이다."

– 발레리 시나슨

영국 정신분석가 및 작가

목차

| 일러두기 |

· 시간 경과에 따른 임상 실습 및 프로토콜의 기준은 시간 경과에 따라 변화하며, 기술 또는 권장 사항은 모든 상황에서 안전하거나 효과적이라는 보장은 없습니다.

· 이 책은 심리치료와 정신건강에 종사하는 전문가들에게 일반적인 정보를 지원하는 목적으로 작성되었으며, 적절한 훈련, 동료 검토 및 임상 감독을 대신할 수 없습니다. 발행자나 저자 그 누구도 모든 경우에서의 완전한 정확성, 효율성, 혹은 특정 권장 사항에 대한 적절성을 보장하지 못합니다. 논의된 모든 내담자의 이름 및 세부 식별정보는 변경되었으며 제시된 일부 개인들은 여러 가지 사례를 조합해 만든 합성물입니다.

감사의 말

시간, 에너지 그리고 생각을 너그럽게 제공해준 동료들과 이 책의 각 장들을 친절하게 읽어준 지인들에게 감사를 표현하고 싶습니다. 특별히 제니퍼 레이튼Jennifer Leighton에게 감사를 전하고 싶습니다. 그녀는 각 장을 읽고 무엇을 더하고 무엇을 제거할지에 대한 의견을 제시해주었습니다. 쉘돈 잇츠코위츠Sheldon Itzkowitz는 대부분의 장을 읽고 의견 제시를 해주었고, 어떤 때는 내가 너무 피곤해서 생각할 수 없을 때 알맞은 단어나 문구들을 제시해주기도 했습니다. 마가렛 하이너Margaret Hainer, 그녀는 내가 어떠한 논리적 오류를 찾고자 할 때 언제나 믿을 수 있는 사람이며, 그녀의 유익한 검토는 나의 개념을 더욱 잘 다듬어낼 수 있도록 도움을 주었습니다. 오리트 배도우크 엡스타인Orit Badouk Epstein은 애착이론에 대한 그녀의 유익한 검토와 코멘트가 있었습니다. 빌리 피브닉Billie Pivnick, 그녀의 주의 깊은 검토와 이 장들에 대한 기민한 의견제시, 그리고 벨러리 시나손Valerie Sinason, 그녀는 몇 개의 장에서의 통찰 어린 리딩, 그리고 특정한 문장들과 단어들의 재구성에 대한 유익한 제안들을 해주었습니다. 오노 벤 더 하트Onno van der Hart에게도 감사를 전합니다. 정신 조직과 치유에 대한 접근 방식에서 내부에서 외부로 대 외부에서 내부로에 대한 제 견해에 유익한 코멘트를 제시해 주었습니다.

나의 남편 패트릭 플래나건Patrick Flanagan에게 감사하는 것은, 각 장을 공들여서 정확하게 편집을 해주고 또 도움 되는 많은 제안을 해주었기 때문입니다. 마지막으로, 편집자인 데보라 말무드Deborah Malmud에게 매우 감사합니다. 그녀는 시작부터 끝까지, 무엇을 수정하고, 무엇을 추가할지, 그리고 어떻게 이 책의 흐름을 개선할지에 대해 여러 좋은 의견을 주었기 때문입니다.

역자 서문

하웰의 저서 『트라우마와 해리구조 기반 심리치료』는 프로이트 이전과 동시대 그리고 이후의 저명한 정신치료자들의 영향력 있는 연구들에 대한 인용을 포함하여 관련된 주제가 다양하게 담겨있으며 압축된 문장으로 인해 번역하기가 쉽지 않았다. 때문에 함축된 문장을 정리하는 데 시간이 걸렸는데, 그럴만한 가치가 충분하게도 매우 유익하고 흥미로운 내용을 담고 있다. 이 책은 최근에 국내에서도 아주 핫한 주제로 떠오른 트라우마와 해리에 대한 것이며 치료자와 내담자와의 이자관계를 통한 치유와 이러한 관계의 중요성에 대한 것이기도 하다.

하웰은 오이디푸스 신화와 오시리스 신화를 소개하며 트라우마와 해리에 대한 설명과 트라우마 치유에 적합한 모델이 무엇인지를 얘기한다. 오이디푸스 신화처럼 아들이 아버지를 살해하고 어머니를 소유하기를 소망하는 것이 아니라 아동성학대와 살해 그리고 이로 인한 불행의 세대 간 전이가 사실상 오이디푸스 신화와 바로 관련되어 있다는 것이다; 오이디푸스의 친부인 테베 왕 라이오스의 소아성애(남색), 아동 성학대, 살해로 인한 인과응보적인 저주인데 프로이트는 이것을 간과했다. 한편, 오시리스 신화에서는 존경받는 나일강의 생명의 신인 오시리스가 사악한 셋Seth에 의해 몸이 절단되었고 그의 시체는 이집트 사방에 던져졌다. 오시리스의 아내 아시스는 슬퍼하며 그의 조각을 찾아서 이를 한데 모아 꿰매었다. 아시스의 애도하는 눈물은 오시리스를 소생시켰고 그는 내세와 재생의 신이 되었다.

오시리스의 신화를 우리가 사는 세상에 비추어 볼 수 있을 것이다. 어찌 보면 세상은 약하고 부드러운 것보다는 강하고 거친 것이 단기적으로는 더 잘 살아남는 듯하다. 이제까지 사회와 사회제도는 강하고 경쟁적이고 자부심이 있고 진취적인 남성성을 선호하고 추앙되어왔다. 이런 세상에서 많은 사람들은 경쟁에서 우위에 서고자 하고 원하는 것을 얻고자 하는 욕망으로 수단과 방법을 가리지 않게 되었다. 이러한 과도한 생존경쟁 속에서 사람들은 긴장과 불안에 의해 몸과 마음이 지배당하고 스트레스 속에서 자기 자신과의 관계 그리고 타인과의 관계가 조각나 파편화되었다.

그러나 다른 한편, 우리 내면에는 미발달된 자기중심적 욕망에만 집착하기보다는 부드럽고 따뜻하고 품어주고 소박하며 위로하는 소중한 부분이 있다. 어떻게 보면 나약하다고 판단 받기 쉬운 그런 부분이며 따라서 숨기고 싶어 하기도 하는 부분이기도 하다. 그러나, 강하려고 하는 태도에는 약함에 대한 그늘진 곳이 있어 흔히 양극단을 취하게 하며 나아가 수많은 부분으로 조각난 내외적 분열을 초래하는 결과를 낳는다. 중요한 것은, 따뜻함과 있는 그대로의 수용, 취약함에 대한 수용은 조각난 오시리스를 한데 모아 꿰매듯, 혼돈과 분열을 치유할 수 있는 힘이 내재되어 있다. 우리가 사는 세상은 엄청난 상처와 분열이 있고, 치유와 재생을 위해서는 수용과 사랑이 필요하다. 사실상 우리 삶의 구석구석 수많은 분열 아래 상처가 있어 위로와 치유가 절실한 상태이다.

하웰은, 콜린스 로스(1989)가 "오시리스 신화는 트라우마로 인한 손상과 해리의 치유에 대한 최상의 모델"이라고 말한 것을 소개한다. 오시리스 신화는 상처 나고 분열된 것을 한데 모아 애도하며 새로 태어남의 희망의 메시지를 전하는데, 이는 절단되고 조각나고 흩어진 우리 자신 혹은 우리 사회의 분열을 통합하고 상처를 애도할 때 치유가 이루어지고 새 생명이 피어난다는 메시지를 보내고 있다. 사실, 상처를 무시하거나 충분히 애도하지 않으면 개인이나 사회는 분열되고 분리된 상태를 벗어나기 어렵다는 말이 된다.

우리에게는 상처받아 조각난 마음들이 있고, 이러한 부분들을 자각하고 슬퍼하며 이런 슬픔을 떠나보낼 수 있는 애도가 필요하다. 치료자는 내담자 옆에서 상실과 박해로 조각난 부분들을 만나 용기 있게 바라볼 수 있도록 도우며 그 경험자의 증인이 된다. 치료자 또한 상처 입은 자로서 자기 자신의 조각을 함께 만날 수 있다. 두 주체는 그들의 마음과 마음이 연결될 때 공감하며 실제할 수 있게 된다. 내담자가 치료자를 통해 실제를 인식할 수 있을 때 고립으로부터 놓여날 수 있다. 내담자는 진정한 치료적 관계를 통해 이전에는 알지 못하였던 것을 알게 되며 회피하였던 것을 마주함으로써 갇힘에서 벗어나 새로운 삶을 시작할 기회를 얻는다.

분열, 즉 해리는 트라우마의 결과이기도 한데, 트라우마로 인해 견딜 수 없는 정서적 경험을 파편화하는 것이다. 이러한 파편화된 해리구조는 우리 자신의 인지와 정서에 영향을 미쳐 각자 내적 그리고 외적 경험을 있는 그대로 받아들이지 못하게 한다. 자각은 문득 실체를 알아차리는 것이라 볼 수 있는데, 이를 자각함으로써 우리는 실제에 다가가게 된다. 있는 그대로 받아들여지는 경험을 했을 때 자신과 자신을 둘러싼 것들을 우리는 새롭게 인식하며 자신의 찢기고 구멍 난, 해리되었던 부분을 통합할 수 있는 기회를 얻게 된다. 해리되어 구획되어진 부분들의 벽이 투명해지며 갇혔던 곳에서 나와 삶의 실제 현실로 돌아오게 되는 것이다.

한편, 치료자가 내담자를 만날 때, 이론이나 지식만으로는 부족하다. 치료자는 내담자와 함께 생각 속에 갇혀있던 곳으로부터 빠져나와 자신의 몸인 현실로 돌아올 수 있어야 하며 이러한 길로 내담자를 안내할 수 있어야 한다. 또한 치료자는 존재와 영적 수준을 감당할 수 있어야 하기 때문에 자신을 수련하는 삶을 꾸준히 살 수 있도록 노력해야 한다고 생각한다. 하웰은 이러한 통찰을 할 수 있도록 우리를 안내한다.

수원, 광교에서

역자 **김아신**

저자 서문

시대의 변화 속에서 자신을 발견하는 것은 놀라운 일이다. 나는 1970년대에 대학원 및 대학원 과정에서 임상 심리학자로서, 그리고 그다음에는 1980년대 교육 분석에서, 주로 개인 간 사고의 뿌리와 혼합된 프로이트 모델에 대한 훈련을 받았다. 나는 학부 및 대학원에서 프로이트는 자신을 분석할 수 있는 천재이고, 아동의 성적학대와 내담자의 이야기를 진정성 있게 듣는 것의 중요성에 대하여 프로이트에게 동의하지 않는 산도르 페렌치Sándor Ferenczi가 미친 것이라고 배웠다. 오늘날, 그러한 생각들은 내 마음속에서 뒤집어졌다. 자기 자신에 대해 배우는 것은 다른 사람들을 통해 자기-인상을 걸러내도록 허용하는 것에서 비롯되며, 더 중요한 천재는 프로이트가 아닌 페렌치였다. 관계적이고 탈근대주의적인 조망은, 우리가 항상 관계적 분야에 매몰되어 있기 때문에 이러한 매몰에서 벗어나 자신을 완전히 분석할 수 있다는 생각이 그저 환상일 뿐이라는 것을 보여준다. 더욱이, 마음의 해리구조는 자신에 대한 시야를 흐리게 할 것이 명백하다.

1990년대에 나는 대학원생과 학부생을 대상으로 임상 및 병리적 심리학을 가르쳤고 임상심리학과에서는 프로이트 학파의 교과서를 사용했다. 동시에 나는 당시 처음으로 등장하기 시작한 트라우마 문학, 특히 Richard Kluft가 집필하고 편집한 책에 점점 더 매료되었다. 나에게는 트라우마 문학이 내가 가르쳤던 프로이트 문학보다 사람들의 문제에 대해 훨씬 더 많은 것들을 설명해 주었다. 나는 크게 양립할 수 없는 이론 체계의 두 본체를 통합하는 방법을 알지 못했다. 수업자료에서 내가 Kernberg와 Kohut에 얼마간 빠져들어 간 것 외에도 수업 시간에 트라우마와 해리에 대해 크게 생각하기 시작했다. 그리고 어느 날, 프로이트의 방어기제를 가르치고 있었을 때 정동의 고립(자기 자신과 자신의 생각을 감정으로부터 분리하는 것)을 포함하여 한 학생이 손을 들고 물었다. "그것도 해리와 같지 않습니까?" 나도 같은 생각을 해왔으나 소리 내어 입 밖으로 말할 용기가 나지 않았기 때문에, 나는 그 학생에게 감사를 표했고 나 또한 학생이 옳다고 생각한다고 말했다.

나는 필립 브롬버그의 글에서 정신분석적 사고와 해리에 관한 지식의 세계를 통합하는 열쇠를 찾았다. 그의 작업은 나의 내담자와의 작업에 있어서도, 그리고 나의 생각에도 그의 작업을 보여주는 안내의 빛이 되어주었다. 나는 처음에는 그의 발치 아래 앉아있었다. 그러나 이제는 그의 어깨 위에 서 있다.

비슷한 시기에 나는 뉴욕시에 있는 여성 심리치료사들의 모임인 Women's Institute의 회원이었다. 어느 시점에서 우리는 특정 주제를 연구하기 위해 하위 그룹으로 분리하여 연구하기로 결정했고, 그 후 다시 모여 연구 보고를 했다. 나는 마조히즘masochism에 대한 그룹에 가입했다. 나는 마조히즘에 관한 신구 문헌을 읽으면서 '마조히즘'의 증상이

트라우마 증상이라는 것을 깨달았다. 이것은 나에게 아주 놀라운 발견이었다. 나는 그 주제에 대해 두 편의 논문을 썼다.

또한 같은 기간에 해리성 정체감 장애dissociative identity disorder[DID]를 앓고 있는 세 명의 내담자가 있었지만 당시에는 진단을 하지 못했다. 나는 누군가가 자기를 때린다고 하며 몹시 괴로워하는 내담자의 전화를 받았을 때에야 비로소 DID의 현실을 깨닫기 시작했다. 거기에 누가 있었느냐는 나의 질문에 그녀는 “아무도 없다”라고 말하면서도 그녀는 계속해서 누가 자기를 때린다고 주장했다. 오래지 않아 나는 그것을 조합하기 시작했고 그녀의 해리된 부분인 분신an alter이, 그녀를 때리고 있다는 것을 깨달았다. 그러나 그녀는 다른 사람이 자신을 때리는 것으로 경험했던 것이다.

1995년에 나는 외상장애로서의 마조히즘에 관한 국제 외상 및 해리 연구 학회International Society for the Study of Trauma and Dissociation[ISSTD]에서 논문을 발표했다. 콘퍼런스와 워크숍에서 트라우마와 해리에 대해 점점 더 많이 알게 되면서 심리학과 정신건강 치료에 대한 진정한 교육이 본격적으로 시작되었다고 느꼈다. 이때는 이미 임상 심리학 박사 학위, 2년의 박사 후 과정 및 4년의 분석 훈련을 마친 후였다. 트라우마와 해리에 대해 점점 더 많이 알아감에 따라 나의 학습이 계속되고 있음을 느낀다. 나에게 특히 중요한 것은 자기-상태 모델을 포함하여 자아의 다중 자기-상태 모델에 대해 배우게 된 것인데, 이 모델은 Philip Bromberg, Stephen Mitchell 등이 정신분석에서 공식화했지만 Frank Putnam의 단절된 행동적 정신적 상태에 대한 연구에 의해 강력하게 승인되었다.

나는 다른 많은 사람들과 함께 삶의 특정한 문제들이 외상과 해리의 매트릭스에서 어떻게 발달하는지를 이해하는 다양한 방법을 개발했는데, 그것은 곧 치유의 길을 열 수 있는 방법들이었다. 다음 페이지들에서 나는 트라우마와 해리에 대해 어떻게 생각하는지, 그리고 그것이 왜 심리치료에 적절한 언어라고 생각하는지 설명할 것이다.

이 책에서는 내가 왜 트라우마를 해리의 원인으로 정의하는지, 왜 문제적이거나 정신병리학적 분열이 Sándor Ferenczi(1949)가 '공격자와의 동일시'라고 명명한 과정에서 발생한다고 생각하는지, 왜 애착문제로 인한 특정 형태의 해리를 초자아에 버금가는 것으로 보고 있는지, 그리고 해리의 중요성을 바라보는 다른 방식들에 대해 설명할 것이다.

내담자와 치료자 사이를 포함하여, 사람 안에서 그리고 사람들 사이에서 오가는 정보와 정동의 종류를 말로 완전히 포착하는 것은 불가능하다. 우리는 일어나고 있는 일이 왜 일어나고 있는지 설명하는 데 도움이 되는 더 나은 이론적 모델을 찾기 위해 이론가로서 작업을 한다. 임상가로서 우리의 목표는 내담자들 안에서, 우리 안에서, 그리고 우리 사이에서 일어나는 일을 인지적으로 완전히 이해할 수 없는 경우에도 내담자들이 우리에게 얘기하는 것에 도움이 될 수 있는 반응을 하고자 하는 것이다.

나는 트라우마와 해리가 점점 더 드러남에 따라 그것들에 대한 인식이 증가하면서, 사회적, 개인적 저항이 비록 그것을 늦추려 할지라도, 이는 계속될 것이라고 생각한다.

머리말

우리는 임상치료사가 사람의 마음을 이해하는 방식에 있어서 큰 변화의 정점에 와있다. 대략 1980년대 후반부터 현재에 이르기까지 정신건강 분야에서 트라우마에 대한 관심이 폭발적으로 증가하고 있다. 그러나 점점 증가하는 것은 단지 트라우마에 대한 지식만이 아니다. 우리는 또한 인간의 마음이 어떻게 해리적으로 구성되어 있는지에 대해서도 배우고 있다. 실제로, 심리적 외상의 의미는 마음의 해리 현상을 유발하는 것이라고 말할 수 있다.

자아를 바라보는 다양한 방식이 새로운 트라우마-해리 모델에서 통합된다. 트라우마-해리 모델은, 이론적으로 특정 병원체를 특정 질병과 동일시하며 의사라는 인격체가 환자라는 인격체에서 제거되며 의사의 치료가 환자의 장애를 고친다는 기존의 암묵적인 의료모델에서 벗어난다. 우리는 외인성 트라우마의 실제적이고 지속적인 손상을 무시하거나 모호하게 하면서 정신결정론과 무의식적 중재를 주로 강조하는 모델로부터 벗어나고 있다. 우리는 정신역동이 주로 개인 내면의 힘과 환상에서 비롯된다는 '한-사람' 모델을 뒤로하고 관계적 상호작용을 인정하는 '두-사람' 모델을 수용하는 방향으로 나아가고 있다. 트라우마와 해리에 기반한 접근법은 정신병리 혹은 삶의 문제를 이해하는 방식을 변화시킨다. 인격장애는 해리에 기반한 것으로, 대부분의 정신병은 외상후 장애로 이해될 수 있다. 과거에는 신경증을 가혹한 초자아에서 비롯된 것으로 이해되었던 것이 이제는 애착에 기반한 해리로 이해될 수 있다.

이러한 초점의 변화는 삶의 유기적이지 않은 문제에 적용되는 한 정신건강 분야 전체에 적용된다. 프로이트의 억압과 성격 구조 모델은 대행권agency을 의미하는 반면, 트라우마 모델은 무력감을 인식한다. 프로이트의 도그마에 영향을 받지 않은 것처럼 보이는 인지행동치료와 같은 심리치료에 대한 다른 접근 방식은 종종 자아/이드/초자아 및 억압과 같은 프로이트의 개념에 의해 침투되어 있다.

우리의 내면은 성적이고 공격적인 환상을 불러일으키는 이드 충동의 가마솥이 아니라, 다양한 감정 상태와 경험, 애착인물과의 관계에 대한 표현이 일치하는 여러 버전의 우리 자신으로 가득 차 있는 곳이다. 이들은 서로 다양한 정도로 연결되거나 단절되어 있다. 새로운 모델에 따르면, 상담사와 내담자는 모두 트라우마를 입었고 결함이 있는 인간으로서, 내담자의 치유를 목적으로 하는 심리치료라는 상호 과정에서 서로 영향을 주고 받는다. 치유는 질병maladies의 치료나 질병diseases의 완치, 심지어 억압의 해소를 통해서가 아니라, 내담자가 자신의 말을 열심히 들어주고 정서적으로 조율해 주는 사람 앞에서 자신의 해리된 부분을 포함하여 자기 자신에 대해 말하고 들을 수 있게 됨으로써 일어난다. 그러면 듣는 사람은 내담자의 경험에 대한 증인이 된다. 치유에는 해리되어 트라우마를 안고 있는 자아의 일부를 수용하고, 인정하고, 애도하는 과정이 포함된다.

인간의 마음에 대한 새로운 사고의 전환은 관계성과 인간 연결의 중요성을 강조한다. 인간은 태어날 때부터 관계에 내재되어 있으며, 좋든 나쁘든 관계의 연결고리 안에서 발달이 진행된다. 우리는 말, 감정, 몸짓, 언어의 어조, 태도, 초기의 중요한 타인과의 전반적인 관계, 그리고 우리가 살고 있는 문화로부터 우리가 누구인지 배워왔다. 이러한 관계적 매트릭스에서 애착의 필요성은 의식에 남는 것과 관계의 어떤 측면이 해리되어야 하는지를 결정하는 주요한 힘이다. 관계성에 대한 최근의 개념은 페미니스트 작가들의 연구에 의해 정립되었다. 특히 1970년대와 1980년대의 Jean Baker Miller와 Carol Gilligan은 상호의존성과 관계성의 개념을 정리했다.

관계성은 발달과 심리치료의 두-사람 모델을 의미한다. 두-사람 모델은 가해자와 학대자의 존재를 인정하며, 바로 이러한 구조로 인해 한-사람 모델이 동화될 수 없는 현실을 인정한다. 대부분의 내담자들은 관계 및 발달적 트라우마로 인해 파생되는 어려움 때문에 우리를 방문한다.

트라우마는 무력감에 뿌리를 두고 있다. 트라우마와 해리를 인식한다는 것은 취약성을 인식한다는 것을 의미한다.

해리성 자아상태는 아동에게 너무 압도적이어서 지속적인 내러티브 기억에 동화될 수 없는 정서, 사고, 실제 상호작용에 대한 기억을 포함하는 자아의 일부로 이해된다. 외상성 정서적 압도감은 뇌에 해리 반응을 일으킨다. 아이의 사랑과 신뢰를 배신하는 사건과 같이 동화될 수 없는 사건에 아이의 마음이 압도되면, 정상적인 해리 과정은 이러한 경험을 차단하여 견딜 수 없는 생각, 감정, 기억들을 캡슐화하는 해리된 자아 상태를 초래한다. 결과적으로 마음은 자신과 자신의 과거를 부분적으로만 알 뿐이다.

관계적 트라우마로 인한 해리성 손상은 종종 사람들로 하여금 자기 자신을 무가치하고 무능력하며 수치심을 느끼게 만든다. 그것은 타인과 자신의 의도에 대해 사람들을 혼란스럽게 하며, 자기-비난과 타인-비난이라는 사고의 패턴을 만들어낸다. 치료 작업의 대부분은 내담자들이 대인관계 트라우마를 생각할 수 없는 것에서 생각할 수 있는 것으로, 알 수 없는 것에서 알 수 있는 것으로, 견딜 수 없는 것으로부터 견딜 만한 것으로 변형하도록 돕는 것이다. 이러한 작업을 통해 내담자는 트라우마를 다른 경험과 연결할 수 있게 되고, 트라우마가 지나간 일이라는 것을 알 수 있게 된다. 이것은 이러한 경험을 안전한 관계적 환경에서 공유할 수 있을 때 발생한다. 치료 행동의 핵심은 외상을 입은 내담자의 해리성 자아뿐 아니라 치료자와의 관계에도 존재한다.

트라우마와 해리는 일련의 새로운 사고방식을 뒷받침한다. 이제 우리는 트라우마가 신체에 암호화되어 있으며 이것이 해독되고 상징화될 수 있기 전까지는 트라우마를 종종 말로 표현할 수 없다는 것을 인식한다. 우리는 트라우마가 경험을 서술적 기억으로 처리하는 것을 어떻게 방해하는지 이해한다. 트라우마의 신경생물학적인 결과는 흔히 견딜 수 없는 경험의 서술적 등록이라기보다는 감각 운동인 것이다. 트라우마는 정서 조절 장애, 신체 조절 장애를 일으키고 기억된 경험의 연속성에 공백이 생길 수 있다.

신경생물학과 자아(혹은 자아 상태)의 생리적, 정서적, 정신적 상태의 패턴 조직 및 발달 연구에서의 발견은 자아 모델에 크게 기여해왔는데, 그것은 자아의 통합이 주어진 것으로서 받아들여지지 않는 맥락에 의해 크게 영향을 받은 것이다.

이 책에서는 트라우마와 해리구조 기반 심리치료의 다양한 측면에 대해 논의하는데, 각 장의 요약은 다음과 같다.

[제1장] 프로이트는 어떻게 트라우마를 묻었는가

프로이트는 자신의 초기 유혹 이론(외상 이론)을 거부하고 오이디푸스 및 억압에 기초한 정신분석 이론으로 대체함으로써 인간의 감정적 고통의 많은 부분을 이해하고 치유하는 데 장애물을 놓았다. 그는 피에르 자넷에 의해 설명되었고 그 자신이 이미 승인하였던 트라우마 사고로부터 실무자들의 관심을 돌려놓았다. 그리스 신전을 덮고 있는 현대 교회처럼, 그의 새로운 정신분석 이론은 기본적으로 외인성 트라우마의 현실을 묻어버린 것이다.

심리학적으로 사고하는 많은 사람들에게 20세기는 심리적 결정론과 억압을 전제로 하는 프로이트의 기념비적이고 정교한 이론적 체계인 프로이트의 정신분석과 함께 시작되었다. 감정 치유를 위한 이런 흥미로운 새로운 접근은 인기를 얻었으나 현실보다 환상을 우선시하는 프로이트, 그의 새로운 오이디푸스 이론의 수용, 그리고 외인성 외상에 대한 대부분의 부인은 다음과 같은 결과를 가져왔다. (1) 정신분석과 문화 전반에 걸친 실생활, 외인성 외상에 대한 광범위한 이론적, 문화적 거부 (2) 자신의 경험에 대해 혼란스러워하거나 믿지 않는 많은 사람들의 고통이 바로 그것이다.

21세기가 진행됨에 따라 외상과 해리는 부인할 수 없는 일이 되었고, 더 나은 치유 방법이 점차 공식화되어 적용되고 있다.

[제2장] 해리로서의 트라우마

이 장은 어떻게 트라우마가 해리를 불러일으키는 것으로 이해될 수 있는지 그 의미를 다룬다. 이 개념화는 트라우마의 의미를 명확히 한다. 그것은 외상, 특히 초기의 만성적이고 중증인 외상이 발달하는 뇌와 정신, 자신의 감정을 조절하는 능력, 다른 사람과 관계하는 능력에 초래하게 되는 심각한 손상을 강조한다. 해리의 이점과 해악이 모두 논의되고 해리에 근거한 외상 치료의 방법에 대해 설명한다.

[제3장] 외상과 해리의 편재: 마음과 몸에 미치는 영향

이 장은 트라우마와 해리의 편재, 그리고 사람들의 마음과 몸에 대한 직간접적인 영향을 다룬다. 상향식 및 하향식 요법과 함께 정신과 신체의 연결이 논의된다. 트라우마 및 해리와 관련된 부정적인 아동기 경험[ACE]의 만연함에 대한 의미가 논의된다. 트라우마는 신체적 질병과도 연관되어 있으며 그 자체로 정신건강에 큰 타격을 준다. 이 장은 또한 트라우마와 해리에 대한 전문적 진단에서의 혼란을 강조한다.

[제4장] 상처 입은 한 쌍으로서의 임상적 한 쌍

외상과 해리의 높은 유병률을 감안할 때, 임상의 자신들도 면역되지 않는다. 정신건강 전문가들은 그들 자신이 그들이 제공하는 치료의 일부라는 사실에 대해 오랫동안 인식하지 못했음에도 불구하고, 개인 심리치료를 전달하기 위한 매개체가 곧 상처 입은 한 쌍이라는 사실을 인식하기 시작했다. 심리치료는 더 이상 의사가 치료하는 질병과 적절하게 비교될 수 없는데, 그러한 치료에서는 임상가와 내담자는 사람으로서는 부재한 형태이기 때문이다.

이 장에서 나는 내 고객과 나 사이의 관계를 재현하는 임상적 소품을 제시한다. 이러한 재현은 우리 각자가 어떻게 내담자가 그녀의 삶에서 중요한 사건에 대해 생각하는지에 대한 의미를 해리해왔던 방식에 관한 것이다. 이 상호 해리의 확인 및 해결은 치료의 진행을 증진시켰다.

[제5장] 해리, 억압, 그리고 무의식

이 장에서는 트라우마와의 관련성을 강조하면서 억압, 해리, 무의식이라는 용어의 용법과 의미를 논의한다. 억압과 해리를 사례와 함께 설명하고 차별화한다. 무의식과 잠재의식의 의미를 논의하고, 이에 상응하는 억압된 무의식과 해리된 무의식의 새로운 범주를 제시한다. DID가 있는 내담자의 사례 소품은 해리구조가 어떻게 작동되고 치료에서 사용될 수 있는지 보여준다. 마지막으로, 정신 치료 작업에 대한 밖에서 안으로의 접근 방식과 반대되는 안에서 밖으로의 접근 방식의 장점에 대해 논의한다.

[제6장] 해리로서의 혼란애착

와해된 애착은 해리성 문제의 주요인으로 설명된다. 애착딜레마, 다중해리, 그리고 어떻게 대안 행동 체계가 애착결핍을 방어하기 위해 사용될 수 있는지를 논의한다. 그 결과 균열된 성격 조직은 압도된 아동의 무너진 정신이다. 이 장은 이러한 딜레마에 대한 심리치료적 접근을 다룬다.

[제7장] 자기-비난과 자기-공격의 난제

이 장은 사람들이 자신을 지나치게 비판하고, 위험에 처하게 하며, 자신을 적절하게 평가하지 못하는 것과 같은 애착딜레마에 따른 영향을 설명한다. 나는 Ferenczi의 공격자와의 동일시, Fairbairn의 내부 파괴자, Freud의 초자아, 수치심의 영향에 이르기까지 애착딜레마와 자기-비난의 관계를 설명하는 다양한 이론적 구성을 조사한다. 사례 예는 이러한 딜레마를 처리하는 방법을 보여준다.

[제8장] 외상을 입은 개인의 심리적 조직의 구조적 모델

이 장에서는 해리된 정신의 다양한 구조적 모델을 설명한다. 이 모델의 공통적인 측면은 외상 후 성격이 해리된 외상 경험을 중심으로 구성된다는 것이다. 그것들은 외상적 경험을 자아의 해리된 부분들로 추방하는 것을 공통적으로 강조한다. 그것들은 격리의 정확한 형태에서 다르고, 각 저자가 가장 충격적이고 또한 피해야 할 것으로 여기는 잠재적으로 외상을 입히는 경험이라고 여기는 내용에서 다르다. 그러나 중요한 공통점은 자기의 주요 부분이 비록 다른 이론가들에 의해 다르게 기술되더라도 '나'에 대한 자신의 자서전적 감각을 가지고 있다는 것이다.

[제9장] 치료자가 실제가 될 때 닫힌 체계로부터 탈출함

트라우마와 해리는 닫힌 체계를 만들어 내는데 이 시스템에서 내부 분열은 내담자와 초기 애착인물들 사이의 외적 대인 간 거리를 복제한다. 중요한 과제는 내담자가 닫힌 체계에서 벗어나 신뢰, 관계 및 대인관계를 육성할 수 있는 방법을 찾도록 돕는 방법이다.

[제10장] 결론: 심리적 치유를 향하여

이 장은 트라우마를 입은 해리적 자아와 치유 과정에 대한 새로운 연구와 사고방식으로 책을 마무리한다. 어디에나 존재하는 트라우마에 대한 우리 시대의 더 적절한 신화는 Osiris의 신화라고 제안한다. Osiris는 잘린(분할된) 나일강의 신이었으나, 그의 아내 Isis의 사랑으로 조각난 것이 합쳐지고 생명을 되찾았다. Osiris 신화는 해리와 심리적 치유를 의미하며 프로이트 정신분석의 핵심인 아버지를 살해하고 어머니와 결혼한 오이디푸스의 유명한 이야기와 대조된다.

그러나 프로이트는 이야기가 아동 성학대 범죄로 시작된다는 것을 포함하지 않았다. 이 장은 그 이야기의 누락된 부분을 다시 이야기한다.

Osiris 신화는 외상 치료와 우리 시대에 더 적합하고 희망적인 이야기이다. Osiris 신화는 또한 발달 연구를 통해 다중 자아 모델을 분명히 표현하고 상황-의존성과 분열에 대한 인간의 취약성을 기록한 Frank Putnam의 최첨단 연구 및 사고와도 교차한다. Putnam의 연구는 인간이 여러 가지 행동 상태로 삶을 시작하는 방법과 우리가 종종 그것을 알지 못하더라도 상태 변화가 우리의 삶을 특징짓는 방식을 보여준다.

이 장은 꿈 작업에서 나온 예시로 끝을 맺는다. 어떻게 내담자가 이전에 숨겨지고, 부끄럽고, 자기 비난적인, 내담자의 자기-상태와 접촉하였는지, 그리고 어떻게 치유가 뒤따랐는지를 보여준다.

제 1 장

프로이트는 어떻게 트라우마를 묻었는가

프로이트는 다른 모든 사람들을 능가하고 이 세상에서 위인으로서 자신의 위상을 확고히 할 수 있는 이론을 추구하고 창조했다…. 자기-분석에서 그가 발견한(혹은 발명한) 자신의 오이디푸스 콤플렉스를 즉시 보편적 법칙으로 승격시켰다.

– Louis Breger(2000, p. 3)

일부 대중의 의견과 달리 지그문트 프로이트Sigmund Freud는 무의식을 발견하지 못했다. 프로이트의 훌륭하고 방대한 작업의 중요성과 영향력은 부인할 수 없다. 프로이트는 무의식적 결정론unconscious determinism의 개념과 범위를 *대중화*했다. 무의식적인 섹슈얼리티와 공격성에서 비롯된 문제에 대한 그의 설득력 있는 분석을 통해 억압과 갈등과 방어에 대한 그의 공식화, 꿈, 환상, 상징에 대한 그의 작품, 전이, 역전이 및 저항의 그의 공식화, 그리고 훨씬 더, 그의 야망과 그의 작품에 대한 소식을 제자들에게 퍼뜨리는 것과 관련하여 정치적인 재치와 함께 그는 한 세기가 넘는 기간 동안 지적 및 심리학적 문화의 서사를 바꾸어 놓았다. 프로이트 이론의 헤게모니는 또한 그에 앞서 왔던 트라우마와 해리에 관한 똑같이 중요한 지식 체계를 무색하게 했다.

특히, 프로이트는 트라우마 이론을 유기하고 오이디푸스-심리성적oedipal-psychosexual 이론을 발전시켰을 때 인간의 감정적 고통의 많은 부분을 이해하고 치유하는 데 장애물을 놓았다. 그는 자신의 무엇보다 중요한 마음 이론의 초석인 억압repression의 발견으로 전진하면서 대부분의 트라우마와 트라우마의 결과인 해리에 대한 인식을 길가에 내버렸다. 이것은 지난 100년의 대부분 동안 심리학 이론과 많은 사람들의 삶에 중요한 결과를 가져왔다. 오이디푸스 콤플렉스, 억압, 단일 무의식에 대한 프로이트의 정신분석학적 강조는 정신 역동과 정신 구조가 트라우마에 기반하는 것과 해리 과정에 의해 영속화되는 방식에 대해 더 명확하게 생각할 수 있는 능력을 차단했다. 이 일이 어떻게 일어났고 더 광범위한 결과가 무엇인지에 대한 질문이 이 장의 주제이다.

해리와 무의식의 초기 연구

무의식의 개념은 적어도 5세기 동안 서구 문화에 존재해 왔다. 이미 1500년대에 저명한 스위스 의사 Paracelsus는 '무의식'이 질병을 유발할 수 있다고 제안했으며 최면을 치료적으로 사용했다(Ellenberger, 1970). Franz Anton Mesmer의 발견을 통해 1700년대 후반이 되어서야 '제2의 의식'과 해리 현상에 대한 과학적 연구가 시작되었다(Fromm, 1987). Mesmer는 그가 '자기적magnetic' 방법(현재 말로 *최면*hypnosis)이라고 부르는 방법을 사용하여 다른 마음 상태와 접촉함으로써 질병 증상을 제거할 수 있음을 증명하였다. 그와 그의 추종자들은 '자기적 수면magnetic sleep', 또는 최면의 유도가 인식하지 못하고 있던 '자신의 연속적인 삶을 갖고 있는 (새로운) 성격'의 출현을 이끌어낼 수 있다는 것을 발견했다(Ellenberger, 1970, p. 145). 최면술에 관한 과학 문헌에서 기억 상실과 정체성 상태 사이의 전환에 대한 논의는 일반적이었다(Middleton, Dorahy, & Moskowitz, 2008).

정신과 의사이자 역사가인 Henri Ellenberger에 따르면, "19세기 전체는 이 두 마음의 공존과 서로의 관계에 대한 문제에 몰두해 있었다"(1970, p. 145). 이는 19세기에 무의식의 개념이 얼마나 친숙하고 널리 퍼졌는지를 보여주는 예로써, 노예제도를 탈출한 호평을 받은 웅변가 Frederick Douglass는 1840년에 '무의식적 인종차별'에 대해 말했다. 이것은 지그문트 프로이트가 1856년에 태어나기 16년 전의 일이다! 분명히, 프로이트가 글을 쓰기 시작한 1800년대 후반에 서구 문화의 지적 풍토는 무의식에 대한 발견의 열풍으로 가득 차 있었다.

특히, 해리와 해리 정신 상태에 대한 지식은 당시의 주요 심리학적 질병인 히스테리를 치료하는 데 매우 중요했다. 히스테리에는 오늘날 우리가 신체형 장애somatoform disorders로 이해하는 것과 같은 많은 종류의 심리적 고통이 포함된다. 경계선 장애, 외상 후 스트레스 장애[PTSD], 병력 장애, 연극성 장애, 불안정한 기분 상태를 포함한 만성적인 복합 외상 장애 및 해리성 장애, 그리고 정체성 전환switches of identity 진단은 주로 여성에게 적용되었으며(남성이 히스테리를 일으킬 수 있는지에 대한 지속적인 논쟁이 있었지만) 용어 *히스테리*는 자궁uterus을 의미하는 고대 그리스어 *히스테라*hystera에서 파생되었다. 초기 그리스의 믿음은 배회하는 자궁이 히스테리 증상을 일으킨다는 것이었다. 히스테리의 의학적 의미는 시간이 지남에 따라 바뀌었지만 1700년대부터 1900년대 후반까지 진단 용어로 남아 있었고 그 이후에는 진단 및 통계 편람에서 제외되었다.

1800년대 파리에서 저명한 의사이자 신경학자인 Jean Martin Charcot는 "갑작스러운 외상은 자동암시autosuggestion가 발생하는 동안 자발적인 최면-같은 상태를 유발할 수 있다"라고 관찰했으며(Dell, 2009, p. 727), 최면으로 신체적, 심리적 증상을 일으킬 수 있음을 보여주었다. 샤르코Charcot는 트랜스 상태, 최면, 히스테리의 심리적 질병을 연결했지만 히스테리에는 생리학적 근거가 있다고 주장했다. 샤르코의 실험은 너무나 강력해서 젊은 지그문트 프로이트와 동시대의 Pierre

Janet의 관심을 끌었다. 자넷은 1880년대 중후반에 외상, 해리 및 히스테리의 연관성을 개괄한 Salpêtrière Clinic(샤르코도 근무한 곳)에서 환자와 함께 자신의 연구를 통해 샤르코의 발견 사항의 의미를 크게 확장했다. 자넷은 히스테리의 본질을 해리에 대한 최신의 지식과 관련하여 간결하고 적절하게 "*심리적 불행*psychological misery, 즉 개인의 통합 능력 감소"(Van der Hart, 2016, p. 48)로 설명하지만, 또한 그는 의식의 영역에서의 후퇴retraction와 마음과 몸의 고도로 해리된 상태를 특징으로 하는 것으로 설명했다. 그는 환자들의 기능이 손상되고 정서적으로 큰 고통을 겪었던 것을 성공적으로 추적하여 해리되었던 이전의 충격적인 사건들을 추적했다. 따라서 자넷에게 심리적 치유는 이전에 해리된 외상 경험을 개인의 나머지 삶과 통합하는 것을 목표로 했다.

피에르 자넷의 선구적인 작업

Pierre Janet은 정신건강 분야에서 최근에야(주로 Henri Ellenberger가 1970년에, 더 최근에는 Onno van der Hart에 의해) 부활했지만, 프로이트와 동시대에 산 사람이자 전임자인 그는 잘 알려져 있고 당대의 높이 존경받는 임상의이자 작가였다. 프로이트 이전에 자넷은 무의식 결정론(또는 자넷의 용어로 '잠재의식')에 대한 아이디어뿐만 아니라 잊힌 트라우마의 중요성과 영향을 강조했다. 히스테리에 대한 그의 초기 출판물(1885, 1886, 1887, 1888, 1889)이 프로이트보다 몇 년 앞서 있었기 때문에 그는 외상과 해리의 연관성을 설명하고 이 연관성을 히스테리의 이해와 치료에 자세히 적용한 최초의 사람이었다. 자넷은 또한 정신 역동적 깊이의 심리학을 최초로 체계화했다. 마음의 해리된 부분이 서로 어떻게 상호 작용하는지에 대한 그의 설명은 정신 역동 이론을 구성한다. 자넷은 또한 어떻게 카타르시스를 치료적으로 사용하였는지에 대해 기록했다(Van der Hart & Friedman, 1989, 2019).

'외상 후 스트레스 분야의 창시자'(van der Hart, 2016, p. 44)라고 불리는 자넷은 우리가 현재 PTSD라고 부르는 것을 설명했으며 그는 여전히 최첨단인 단계-지향적인 외상 치료를 창시했다. 자넷의 트라우마와 해리 이론의 핵심 전제는 오늘날 트라우마 이론의 기초가 된다; 그가 이름 붙인 격렬함, 흔히 무서운 감정에 압도될 때, 그 경험을 그들의 나머지 개인 역사와 동화하거나 연결하지 못한다. 트라우마의 압도적인 경험은 경험의 응집성을 방해하여 정신 기능을 종합하는 데 실패한다.

자넷은 오늘날 종종 과도한 각성hyperarousal으로 생각되는 극도로 고조된 감정적 각성이 어떻게 외상적인 기억의 통합을 방해하여 의식적 자각에서 분리시키는지를 설명했다. 이러한 외상적인 기억의 측면은 현재와 무관한 과거 경험의 분리된 단편인 잠재의식적인 '고정 관념fixed ideas'에 기여한다. 증상을 강력하게 조직화할 수 있는 이러한 고정된 관념의 원인은 대개 마음이 동화할 수 없는 외상적인 사건이다. 그것들은 의식에 사용할 수 없기 때문에 이러한 분리된 고정 관념은 의식에 침투하여 행동과 생각에 영향을 미칠 수 있다. 자넷은 외상적 잔류물을 고정된 관념과 연결하고, 경험의 다중적이고 무의식적인 센터(서로를 알지 못하며 종종 서로 충돌함)와 연결하면서 그것들의 정신 역동적 힘을 설명했다(Janet, 1889, 1907, 1925; Van der Hart, 2016; Van der Kolk & Van der Hart, 1989).

자넷은 또한 신체 심리치료의 할아버지로 불려 왔다(Boadella, 2011, Ogden [2019]에서 인용). 그의 사례는 트라우마 기억이 어떻게 신체에 암호화되고 저장되는지, 그리고 이러한 트라우마 기억이 어떻게 감각운동 및 정동적인 구성 요소를 포함하는지를 보여주었다. 자넷은 시각이나 언어와 같은 감각운동 장애에서 어떻게 "무의식적이고 자동적인 움직임은 유지되는 반면 자발적인 움직임은 손실되는지"를 설명했다 (Janet, 1907, p. 206).

특히 오늘날의 신체 요법과 최근의 신경 과학과 관련이 있는 것은, 충격적인 사건에서 완료될 수 없었던 운동 및 정신적 행동이 증상을 일으키는 방법에 대한 자넷의 설명이다. "그러한 환자들은 … 그 일이 일어났을 때의 행동을 지속하거나, 혹은 행동에 대한 시도를 지속한다. 그리고 그들은 끊임없는 재개re-commencements를 지속함으로써 그들 자신을 소진시킨다."(Janet, 1925, p, 663) 환자들은 무의식적으로 과거의 정신적 충격을 주는 사건을 해결하기 위해 의도된 행동을 완성하려고 시도한다. 그러나 압도적인 외상은 승리의 감각을 낳을 유능한 완성의 가능성을 막았고, 이러한 *행동 완료*to complete the action에서의 실패는 피로와 의지의 상실을 발생시킨다. 그들은 승리하거나 탈출하거나 그렇지 않으면 "승리 단계의 특징적인 행동을 수행"(1925, p. 669)을 할 수 있기보다는 복종, 피로 또는 붕괴의 정신생물학적 상태에 갇히게 된다. Bessel van der Kolk, Peter Levine, Babette Rothschild 및 Pat Ogden과 같은 현대 임상가들은 외상을 입은 사람들이 *행동을 완료하*도록 돕고, 이에 따라 효율적인 행동의 느낌을 회복하고 외상을 자서전적autobiographical 기억에 통합하는 데 도움이 되는 인기 있는 치료 방법을 발전시켰다.

히스테리에 관한 연구

Josef Breuer[1]와 그의 제자인 젊은 Sigmund Freud가 *히스테리에 대한 연구*(1893~1895)를 저술했을 때, 그들은 당시에 현재 사용되고 있던 해리 개념의 관점에서 저술하고 있었다. 자넷과 마찬가지로, 그들은 2차 의식의 개념에 기초한 외상 이론과 치료법을 분명히 했다. 「히스테리에 대한 연구Studies on Histeria」에서 브로이어와 프로이트는 히스테리의 증상과 고통을 완화하기 위한 이해와 방법을 제시했다. 특히, 연구의 첫 번째 장인 '예비 의사소통preliminary Communication'에서, 그들은 이러한 증상을 해리, 즉 '두 번째 의식'의 존재와 연결시켰다.

> 우리가 이러한 현상에 더 오래 사로잡혀 있을수록 우리는 잘 알려진 고전적 사례에서 '*두 겹의 양심*'[2]의 형태로 *매우 두드러진 의식의 분열이 모든 히스테리에서 기본적으로 존재함을 확신하였고, 그러한 해리 경향과 더불어 비정상적인 의식 상태의 출현('최면'이라는 용어로 통합할 것임)은 이 신경증의 기본 현상임을 확신하게 되었다*(Breuer & Freud, 1893~1895, p. 12, 원문 이탤릭체).

이러한 해리의 중요성을 강조하면서, 브로이어와 프로이트는 히

---

1) 죠셉 브로이어(Josef Breuer, 1842.1.15.~1925.6.20.)는 신경생리학 부문의 주요 발견을 이룩한 의사. 빈에서 태어났고 아버지 레오폴드 브로이어는 빈의 유대인 공동체에서 종교를 가르침. 안나 오. 라는 부인을 최면 상태에 있게 한 뒤, 문제가 되었던 증상을 다시 경험하도록 하여 그와 관련된 감정을 말로 표현하게 함으로써 증상이 사라지게 했다. 이는 그의 학생이었던 프로이트가 히스테리 증상에 깊은 관심을 가지게 되는 계기가 되었고, 후에 이러한 카타르시스 요법으로 환자들을 치료한 경험으로 히스테리 연구를 프로이트와 함께 공동 발표하였다. 인용: 다음 위키백과, 네이버 지식백과(역자 주).

2) 프랑스어 용어 '이중 의식'

스테리의 "*기초이자 필수 불가결한 것*"(그렇지 않은 것)은 "최면[해리] 상태의 존재"(p. 12)라고 말했다. (*최면 상태*는 브로이어가 샤코르[Breger, 2000]로부터 채택한 용어로, 몽유, 트랜스 상태를 나타낸다.) 최면 상태는 최면과 유사하게 의식의 나머지 부분과 단절된 강렬한 관념으로 특징지어진다. 트라우마, 해리, 히스테리를 연결하여, 저자는 증상의 배후에 트라우마가 있다고 기술했다. 브로이어와 프로이트는 히스테리 증상이, 병리적으로 된 외상기억에 해당되는데 이는 그것들이 남아있는 의식과 관련된 접촉으로부터 단절되어왔기 때문이며 또한 "억제되지 않은 연합 상태에서의 해제반응abreaction과 재생산reproduction의 방식에 의한 정상적인 소모과정을 부정하였기" 때문이라고 설명했다(Breuer & Freud, 1893~1895, p. 11). 그들은 그들이 발견한 기억remembrance과 해제반응abreaction이라는 치료법을 발표했다. 이는 증상은 치유되었는데, 기억과 외상이 말이나 행동, 혹은 두 가지 모두를 사용하여 내보내어지고, 해제되었을 때 일어난다. 관념의 "질식된 정동strangulated affect"(p. 17)이 "말을 통해 빠져나갈 수 있을 때"(p. 17), 그것은 나머지 의식과 연결될 수 있으며 증상은 사라진다.

*연구*의 중심이 되는 사례는 브로이어의 환자인 Anna O.였으며 그의 실제 이름은 Bertha Pappenheim이었다. 사실상, 이 시기의 초기(1893~1895)에 프로이트는 안나 오의 해리성 증상에 대한 브로이어의 이해를 바탕으로 정신분석이 시작된 것으로 보고 브로이어에게 공을 돌렸다. 브로이어의 강렬하고, 배려심이 있으며, 경청하고, 협력적인 현존에 대한 반응으로(Breger, 2011), 이 매우 총명하고, 몹시 불안정하고, 극도로 해리적인 환자는 자기가 마음의 '굴뚝 청소chimney sweeping'라고 불렀던 '말하는 치료법'을 개발했다(Breuer & Freud, 1893–95, p. 30), 그녀의 외상적인 가족 관계는 그녀의 의식에서 너무나 고통스러워서 오

직 증상적으로, 신체적으로, 그리고 상징적으로만 표현될 수 있었다. "그녀가 감정적으로 충전된 경험을 말로 표현하도록 도우면서 브로이어는 그 시점까지 의식하지 못했던 것을 의식하게 하여 그 과정을 되돌렸다."(Breger, 2011, p. 36) 안나 오는 아마도 해리성 정체감 장애[DID]를 가졌을 것이다. 그녀는 서로에 대해 기억하지 못하고, 영어, 독일어, 프랑스어와 같은 다른 언어를 사용하는 서로 다른 정체성 상태를 나타냈다. 그녀가 아팠을 때 그녀는 브로이어에게 자신이 "진짜 자아와 사악한 자아"라는 두 개의 자아를 가지고 있다고 불평했다(Breuer & Freud(1893~1895, p. 24). 비록 어려운 일이었지만, Bertha Pappenheim(안나 오)에 대한 브로이어의 치료는 매우 성공적인 외상 치료였다. 파펜하임은 정진하여 능력 있는 사회복지사가 되었다. 그녀는 여성의 권리를 증진하고 성매매 피해자 여성을 돕는 일에 적극적이었다.

Louis Breger(2000, 2011)에 따르면, 프로이트가 나중에 정신분석이라고 주장한 이론에 영향을 준 것은 가장 형태적이고 궁극적으로 가장 유용한 아이디어를 제공한 이 환자와 브로이어의 협력 작업이었다. "베르타와의 작업을 통해서, 브로이어는 정신분석의 핵심이 된 두 가지 개념, 즉 무의식적 마음과 심리적 갈등의 상징적 표현을 개발했다(Breger, 2011, p. 35)." Breger(2011)는 "지난 30년에서 40년 동안의 작업을 통해서 대체로 브로이어의 개념이 프로이트의 개념보다 더 타당했음이 드러났다"라고 덧붙였다(p. 118). 아이러니하게도, 해리가 그토록 두드러지게 연구되고 정신분석학의 발상지였던 이 초기 시기를 프로이트와 그의 추종자들은 회고적으로 전-정신분석 시대pre-psychoanalytic라고 불렀다(Davies, 1996).

Michael Fitzgerald(2017)에 따르면 "피에르 자넷과 죠세프 브로이어는 정신분석학의 진정한 창시자이다. 프로이트는 그들의 발견에 대해 매우 자세히 설명했다. 프로이트는 처음에는 이러한 사실을 인정했지만 나중에는 부인했다."(p. 358) 자넷의 '기능의 실제function of reality'와 프로이트의 '실재 원리reality principle'와 같은 자넷의 개념과 프로이트의 개념 사이의 유사점에 주목하면서 Ellenberger(p. 539)은 다음과 같이 썼다. "사실 Regis와 Hesnard가 내린 결론으로 오지 않고 자넷의 심리학적 분석과 프로이트의 정신분석의 초기 시기를 연구하는 것은 어렵다. 프로이트의 방법과 개념은 자넷의 그것들을 모델로 삼았으며, 두 사람의 길이 갈라질 때까지 프로이트는 그로부터 지속적으로 영감을 받은 것으로 보인다."(p. 539~540)

그들의 경로가 갈라진 후, 프로이트의 다국적 제국 건설자로서의 능력과 함께 신화와 은유를 능숙하게 사용했던 프로이트의 화려하고 훌륭하고 웅장한 이론의 무게와 인기는 이전에 강조했던 해리와 자넷의 중요한 작업을 상당 부분 묻어버리는 효과를 가져왔다. Ellenberger는 자넷의 작업을 화산재로 뒤덮인 고대 도시 폼페이에 비유했다. "매장된 도시의 운명은 불확실하다. 영원히 묻힌 채로 남겨질지도 모른다. 약탈자들이 약탈하는 동안에는 숨겨진 채로 있을 수 있다. 하지만 언젠가는 발굴되어 다시 살아날지도 모른다."(p. 409)

프로이트, 아동 성적학대를 히스테리의 원인으로 지목

*히스테리에 대한 연구*에서 브로이어와 프로이트(1893~1895)는 히스테리의 치료법을 찾았지만 그 원인을 찾지 못했다고 말했다. *연구*Studies를 출판한 직후 새로운 논문 「히스테리의 병인학The Aetiology of Hysteria」(1896/1962)에서 프로이트는 자신이 히스테리의 근본 원인인 아동 성적

학대를 발견했다고 말했다. 그는 자신의 발견에 아주 자신 있어 했기 때문에 이를 신경병리학에서 "*caput Nili*"(나일강 강의 머리)라고 언급했다(Freud, 1896/1962, p. 203). Peter Gay(1988)가 말했듯이, 이 발견인 "나일강의 근원인 천 년 된 문제의 해결책"(p. 93)은 프로이트를 위한 것이었다. 프로이트는 "성기의 자극, 성교와 같은 행동 등으로 구성된 어린 시절의 성적 경험은, 마지막 분석에서, 트라우마로 인식되어야만 하는데 이는 사춘기의 사건들에 히스테리 반응을 일으키고 히스테리 증상의 발달로 이어지는 외상으로 가게 한다"라고 기록했다(pp. 206~207). 프로이트(1896/1962)는 히스테리의 근원적인 원인이 친척이나 신뢰하는 양육자에 의한 성적 학대라는 발견에 대해 분명하고 열정적으로 설명했다.

> 이러한 유아적 성적 장면에 대한 아이디어는 성적으로 정상적인 개인의 감정에 매우 혐오감을 준다. 여기에는 방탕하고 성교불능인 사람들에게 알려진 모든 학대가 포함되며, 그중 구강[입 안]과 직장이 성적인 목적으로 오용된다…. 한편으로는, 성인 … 완전한 권위와 처벌할 권리로 무장한 사람… 다른 한편으로는, 아이, 임의적인 의지에 따라 무력한 상태에 있는, 모든 종류의 감각에 따라 미숙하게 흥분하는… 이 모든 기괴하면서도 비극적인 결과는 도장을 찍어둔 것 같이 나중에 개인의 발달과 그의 신경증에 무수하게 영구적인 영향으로 드러난다(pp. 214~225).

프로이트는 18명의 환자에서 성적학대에 대한 증상을 성공적으로 추적했으며 그중 2명에서 이를 확증했다고 서술했다. 내가 보기에, 프로이트가 제시한 이 공식은 용기 있는 것이었다. 그의 생각은 그를 성적 가해자들에 대한 식별과 잠재적 책임으로 이끌었다. 그는 이러한 환자의 아버지든, 가족 친구들이든, 또는 친척들이든 아마도 존경할만한 학대 당사자들이 기뻐하지 않을 것이라고 어느 정도는 추측하지 않았을까? 아니면 발견에 대한 그의 열정과 자부심이 더 중요했는가?

새로운 내러티브: 심리성적 이론과 오이디푸스 이론

답은 명확하지 않다. 프로이트는 『히스테리의 병인학』(1896/1962)이 발표된 후 1년 반도 채 되지 않아 아동의 딜레마에 대한 그의 견해를 극적으로 바꾸었다. 그는 진로를 바꾸고 자신의 *유혹 이론*seduction theory이라고 불리는 것을 버리고 새로운 심리성적 이론과 오이디푸스 이론으로 대체했으나 둘 다 실제 삶에서 확증되지는 못했다.

프로이트의 입장 변경에 대해 많은 이유가 제시되었다. 프로이트 자신(1896/1962)은 『히스테리의 병인학The Aetiology of Hysteria』에 제시된 그의 공식이 잘 받아들여지지 못했고 그가 '진실the truth'과 대면했을 때 동료들이 그를 버렸다고 느꼈다. 그는 친구 Fliess에게 "당나귀들은 그것을 냉담하게 받아들였다"라고 썼다(p. 189). 몇 주 후, 그는 Fliess에게 다시 편지를 썼다. "나를 버리라는 말이 나왔고, 내 주위에 공허함이 형성되고 있다."(Masson, 1984, p. 10) 그러나 Ellenberger(1970)에 따르면 "당시 문헌에서는 적대감의 표현을 찾을 수 없었다."(p. 490)

프로이트의 발표와 과정 변경 사이의 중간 17개월 동안 그의 아버지는 사망했고 Fleiss에게 보낸 편지에는 자신의 아버지가 형제들을 성추행했을 수도 있다고 생각한다는 내용이 나와 있다(Masson, 1984). 프로이트가 그의 공식formulation을 포기한 것에 대해 내린 공식적인 견해 중 하나는 히스테리 환자의 수를 고려할 때 그렇게 많은 가해자가 있을 수 없다는 것이었다. "모든 경우에 있어서, 아버지는, 내 아버지를 제외하지 않으며, 성도착이라는 비난을 받아야 했다."(Masson, 1985, p. 231, Brothers, 1995, p. 8에서 인용) 프로이트는 아마도 많은 성적 가해자들이 다수의 희생자를 갖는, 때로는 수천 명에 이르는 경향이 있다는 것과(Salter, 2003), 따라서 가해자와 피해자의 수 사이에 일대일 대응이 적용되지 않는다는 것을 몰랐을 것이다.

많은 사람들이 프로이트의 방향 전환에 대한 이유에 무게를 두었고, 그것은 프로이트 자신의 내적 갈등의 측면을 포함하고 있다(Breger, 2000, 2011; Brothers, 1995; Davies and Frawley, 1994; Freyd, 1996; Gay, 1988; Kupersmid, 1993; Ahbel-Rappe, 2006; Pines, 1989; Salyard, 1988; Tabin, 1993). 최대한으로 볼 때, 이유들은 복잡해 보였다. 프로이트 기록 보관소에 접근할 수 있었던 『진실에 대한 공격Assault on the Truth』의 저자인 Jeffrey Masson도 간단하고 명쾌한 대답을 줄 수 없었다. 그럼에도 불구하고 매슨(1985)은 프로이트의 편지를 읽은 후 유혹 이론이 옳다고 믿었고, 프로이트는 사회적으로 수용되지 못할까 봐 두려워서 그의 이론을 변경한 것이라고 주장했다.

그의 유혹 이론을 계속 지지하는 것은 아마도 프로이트 자신의 직업적인 야망을 좌절시켰을 것이다. Fitzgerald(2017)와 Breger(2001, 2011)은 각각 모두 젊은 성인이었을 때에도 프로이트가 명성에 대한 갈증이 있었고 자신을 영웅으로 상상했다고 언급했다. Gay(1988)의 말에 의하면 프로이트가 태어날 때 산파가 그의 어머니에게 아들 지그문트가 훌륭한 사람이 될 것이라고 예언했다고 했다. 왜냐하면 그가 caul(신생아의 머리나 얼굴에 붙어 있는 양막 주머니의 한 조각으로, 종종 특별함의 표시로 여겨진다)에서 태어났기 때문이다. 브레거(2000)는 프로이트가 아버지의 사업 실패에 대한 경제적 굴욕과 그가 대처해야만 했던 만연한 반유대

주의anti-semitism를 포함하여 자신의 초기 외상을 되돌리려는 프로이트의 욕구와, 인간 정신의 정복자로서 역사에 남을 것에 대한 그의 욕구에 영향을 주었다고 제안한다. "프로이트의 명성에 대한 욕구가 커짐에 따라, 그는 위인이 되고자 하는 자신의 소망을 성취하기 위해 하나의 포괄적인 법칙이 필요했고, 그는 성적 갈등과 오이디푸스 콤플렉스에 집착했다."(Breger, 2011, p. 100) 우연히도, 그리고 아마도 편리하게도, 이 새로운 이론은 이전의 유혹 이론을 부인했다. 이 이론은 이후의 검증, 정교화 및 교정을 위해 거의 사용할 수가 없었다.

프로이트는 그의 새로운 이론에서 *성적 외상*이 억압된다는 『히스테리의 병인학』에서 제시된 공식을 성적 및 오이디푸스적 *욕망*이 억압된다는 공식으로 대체했다. 거의 외과적 절단으로 그는 아동 성적 학대의 트라우마에 대한 이전의 확신을 뒤집고 대신 신경증의 증상을 다른 성의 부모와의 성적 관계에 대한 환상과 욕망에 대한 내부 갈등과 연결했다. (프로이트는 여러 가지 점에서 어린 시절의 성적 학대가 일어날 수 있고 지속적으로 해로운 영향을 미칠 수 있다고 허용했지만, 그는 이것을 정상인 것보다는 기형적인 것으로 보았다.[1]) 이제 신경증 증상의 원인은 외인성exogenous(외부) 트라우마가 아니라 아동 자신의 환상에 의해 시작된 내인성endogenous(내부로부터 발생)인 것이었다.

성적 외상에 대한 '양자택일'의 양극화 효과

먼저 성적 트라우마가 모든 히스테리의 근본 원인이라고 말한 다음, 대부분의 경우 전혀 일어나지 않았다고 말함으로써(대신, 아이는 부모와의 성관계를 원했다) 프로이트의 자기모순은 트라우마 문제에 대한 잘못된 이분법으로 이어진다. '성적학대가 발생했는가? 아니면 발생하지 않았는가?' 이러한 선입견은 성적 또는 기타 외인성 트라우마의 일반적인 현실의 중요성으로부터 주의를 돌리는 효과가 있었다. 프로이트가 아동 성적학대를 일컬어 히스테리의 원천이라고 말하는 것은 잘못된 것이다. 왜냐하면 그는 애착트라우마, 발달 트라우마, 다른 형태의 관계형 트라우마, 자연재해, 전쟁, 기근 등과 같은 다른 심각한 트라우마 경험으로부터 그리고 이 모든 트라우마의 조합으로부터 주의를 다른 곳으로 돌리고 있었기 때문이다. 불행히도 히스테리 증상의 유일한 원인으로서 성적학대의 우선순위에 대한 고도의 논쟁은 그러한 증상의 실제적이고 근본적인 원인인 트라우마와 해리가 간과되는 양극화를 만들었다.

홀로코스트Holocaust 트라우마에 대한 다음 섹션은 이 점을 생생하게 보여준다.

오이디푸스에 의해 가려진 홀로코스트 트라우마

제2차 세계대전이 일어나는 동안, 그리고 그 이후에 많은 프로이트 추종자들은 나치의 위협에 직면하여 정신분석적 운동을 보존할 필요성 때문에 더 교조적으로 바뀌었고 현실에 충격을 주는 것을 덜 수용하게 되었다(Kuriloff, 2013). 처음에는 반직관적으로 보일 수 있는 방식으로, 오이디푸스 교리에 대한 엄격한 준수는 홀로코스트 거부의 이상한 형태에 기여했다. 독일과 오스트리아의 홀로코스트 기간 동안 정신분석학 기관들이 나치 정권의 독단에 의해 장악되고 유대인 구성원들이 추방되거나 살해됨에 따라 정신분석학의 가르침이 위태로워졌다(Kuriloff,

2013). 이주하는 프로이트 학파의 정신분석학자들이 이론의 현상 유지status quo of theory의 필요성을 느꼈던 것은 이해할 만하다. 하지만 비극적이게도, 많은 사람들에게 홀로코스트에 대한 그들 자신의 경험은 종종 너무나 견딜 수 없는 것이었기 때문에 그들은 해리되었고 통합을 이룰 수가 없었다. 그들 자신의 트라우마를 처리할 수 없었기 때문에, 이들 분석가들 중 다수는 그들의 환자를 위해 이 작업을 수행하거나 이론을 수정할 수 없었다(Kuriloff, 2013). 예일 대학교의 홀로코스트 증언 기록 보관소를 공동 설립한 Dori Laub에 따르면, "이민자 정식분석학자들, 그리고 홀로코스트의 공포로부터 도피했던 많은 사람들 중 정교회는 그들의 갑옷이 되었고, 그 이론은 그들의 갑옷이 되었는데, 이것은 어떤 기억을 위한 개방을 하지 않도록, 어떤 일이 일어났던 건지에 약간의 인식 정도만을 하도록 했다."(Kuriloff 인용, 2013, p. 43)

「마지막 증언Last Witnesses: 홀로코스트의 아동 생존자들」이라는 제목의 돌아가는 원탁 토론에서 4명의 심리치료사인 Dori Laub, Sophia Richman, Clem Lowe, Eva Metzger Brown은 홀로코스트 동안의 어린 시절 경험이 자신의 삶과 분석에 어떤 영향을 미쳤는지 설명했다(Brown et al., 2007 참고). 일반적인 주제는 그들 분석가들이 겪었고 그들을 심각하게 손상시킨 끔찍하고 외상적인 경험보다 오이디푸스 콤플렉스에 더 관심이 있다는 것이었다. Clem Lowe가 말했듯이 "우리 중 많은 사람들에게 홀로코스트 사건은 [초기 분석가들에게] 그다지 중요하지 않았다."(Brown et al., 2007, p. 32) 또 다른 원탁 회원인 Sophia Richman은 그녀의 첫 번째 분석가에 대해 다음과 같이 말했다:

> 그가 집중하고 싶었던 것은 오이디푸스의 문제였다. 그리고 나는 내 [홀로코스트] 경험에 대해 이야기했지만 매우 분리된 방식으로

> 이야기했다. 나는 정말로 매우 해리된 상태에 있었고, 그것이 무엇인지 알지 못했다. 나는 그것을 매우 기계적으로 말하곤 했는데, "이것들은 사실이고, 이것들이 일어난 일이며, 이것이 나의 어린 시절이다"라는 식이었다. 그러나 거기에는 아무런 감정이 없었다. 나는 로봇과 같았다…. 그리고 그는… 그것으로 어떤 것도 할 수 없었다(p. 33).

교리적인 정신분석가들이 오이디푸스 이론에 눈이 멀어 어떻게 홀로코스트 생존자였던 환자들을 도울 수 없었는지에 대한 이야기가 충분히 존재한다. 아마도 외인성 트라우마로부터 주의를 돌리는 효과가 있는 성적 학대에 대한 양극화가 없었더라면, 이 생존자들이 경험하고 보고했던 끔찍한 트라우마를 더 쉽게 인식할 수 있었을 것이다.

새로운 내러티브의 추가 결과: 내담자의 자기-비난

프로이트는 인간 삶의 진보와 그 진보의 의미에 대한 새로운 서사를 확립했다. 새로운 내러티브에서는 근친상간 욕망이 아이를 피해자가 아닌 범인으로 만들었다. 이것은 아동학대에 대한 그의 초기 공식을 완전히 뒤집었을 뿐만 아니라 그 시대에 떠오르고 있었던 마음에 대한 서사를 바꾸어버렸고, 트라우마와 해리의 영향에 대한 인식을 크게 가리게 되었다. 이상하게도, 외인성 트라우마에 대한 프로이트의 크게 감소된 관심은 트라우마 자체가 인간의 기억에 미치는 마음에 대한 지식의 역사에도 영향을 미쳤다. 그것은 응집되지 않은 지식의 조각들로, 그리고 해독할 수 없는 깨진 경험의 파편들로 둘러싸인 빈자리를 남겼다.

아동 성적학대가 히스테리의 원인이라는 초기 공식에 대한 프로이트의 거부는 결과적으로 문제의 양극화와 함께 양육자에게 학대를 받은 많은 환자들의 실제 경험에 대한 치료사들의 불신에 기여했다. 특히 많은 생존자들이 자신의 기억과 마음에 대한 불신을 조장하게 했다. 아동과 청소년기에 성적학대를 받았던 나의 많은 내담자들은 자신의 기억이 거짓이라는 생각(프로이트의 오이디푸스 이론에 따르면, 그들의 기억은 자신의 소망에 대한 거짓 왜곡이었다)이 자신의 마음을 의심하게 만들고 증상을 증가시켰다고 얘기했다.

아동의 자기중심적 믿음의 비준

프로이트가 오이디푸스 콤플렉스와 심리성적 단계에 근거한 새로운 서사에서 외상과 해리를 무시한 것은 대안적인 설명을 제공함으로써 아동 성적 학대의 현실에 의문을 제기하는 것 이상이었다. 학대를 당했다는 의심이나 기억이 있는 사람들만이 자신을 의심하게 만든 것뿐만이 아니다. 또한 사람들이 다르게 해석할 수 있는 세계에서 자신의 경험에 대한 지식을 밝히는 것을 꺼리게 만든 것뿐만도 아니다. 이 새로운 이론은 또한 아동의 초기 발달에 적절한 자기중심적 믿음egocentric beliefs과 애착-기반attachment-based의 심리적 방어가 학대를 인정하지 않도록 비준하는 효과가 있었다.

Janet의 사고에 영향을 받은 Piaget[3](Ellenberger, 1970)이 지적했듯이

3) Jean Piaget(1896~1980). 스위스 심리학자, 어린 시절부터 자연, 특히 생물학에 관심이 많았다. 그가 주창한 인지발달이론은 인간이 인지하고, 지식을 동원하여 문제를 해결하고 세상을 이해하는 과정을 설명한다. 이 이론에 따르면 인간의 인지발달은 환경과의 상호작용을 통한 지속

유아기의 전조작기pre-operational 사고는 아직 논리적이지 않으며 타인의 관점을 포괄하지도 않는다. 이 발달 기간 동안 아이들은 종종 자신이 그것을 야기시켰기 때문에 어떤 일이 일어났다고 생각한다. 따라서 학대를 당하는 것은 그들이 잘못을 저질렀기 때문이고 나쁜 일이 일어나면 아이가 그것을 일으킨 것이다. 여기에 추가하여 가해자는 종종 아이들에게 다음과 같이 말한다. "그들은 나쁜 일을 했거나 원했기 때문에 상처를 받은 것이다."

학대 인정에 반하는 애착-기반 방어의 비준

더욱 중요한 것은, 아이의 환상과 소망에 대한 오이디푸스 이론이 아이의 애착에 기반하여 자기비난 방어를 *승인한다*는 것이다. 학대자와 애착대상이 하나이며 같은 사람일 때 아이는 어떻게 해야 할까? 아동은 자신을 비난하고 학대에 대해 알고 있거나 강한 감정을 갖고 있는 자기의 측면들을 분리함으로써 애착을 유지한다(이렇게 하면 온전함과 생존이 향상됨). Sándor Ferenczi(1949)는 학대를 받거나 겁을 먹은 아이들이 가해자의 나쁨의 짐을 그들 자신이 짊어짐으로써 부모나 양육자의 좋은 면을 의식적으로 보존하고, 그렇게 함으로써 그가 공격자와 함께 '민감한 상황situation of tenderness'이라고 불리는 상황을 유지하는 방법을 설

적이고 확실한 방식이나 계획(도식)의 산물이다. 인지발달에는 새로운 정보, 사건 및 문제해결 방법이 기존체계에 통합되는 동화와 주위환경과의 상호작용 및 경험으로부터의 학습을 통하여 기존체계에서 변화가 일어나는 조절의 두 가지가 있다. 피아제의 인지발달 단계는 4단계로써 감각운동기, 전조작기, 구체적 조작기, 형식적 조작기로 구분한다. 인용: 네이버 지식백과(역자 주).

명했다. 요약하면, 마음은 무섭다고 느끼지만 필요하고 일반적으로 사랑하는 애착인물과의 애착관계를 수용하기 위해 자기-비난으로 그 자신을 수정한다.

따라서 공식 이론과 학대받는 아동의 방어가 꼭 들어맞을 때, 우리는 그러한 이론의 가능한 의원성 질환iatrogenic의 효과에 대해 경계해야 한다. 예를 들어, 내가 아는 한 사람은 어린 시절에 성적학대를 받았고 청소년기 후반에 자신의 이름을 연극 「Kiss Me Kate」(셰익스피어의 희곡, 「말괄량이 길들이기Taming of the Shrew」를 바탕으로 남편이 순종적이지 않고 성미가 고약한 새 아내를 어떻게 길들이는지에 대해)의 이름을 따서 Kate로 개명했다. 그녀가 새 이름을 사용한 것은, 학대하는 아버지가 아닌 바로 *그녀*가 길들이기가 필요한 사람임을 시사했다. 나중에 그녀는 어머니를 살해한 그리스 희곡의 Electra의 이름을 따서 그녀의 개(정체성과 애정의 대상으로서)의 이름을 Electra로 지었다. 지적인 청소년이었던 그녀는 오이디푸스 테마를 마음에 두었다. 그녀는 마음에서 자신은 말괄량이이자 살인자였지, 아버지의 부적절하고 무감각한 성적 행동의 희생자가 아니었다. (그가 여전히 프로이트의 내부 서클의 일원이었을 때, 칼 융은 아이스킬로스의 고대 그리스 희곡 3부작인 「오레스테이아」로부터 오이디푸스 콤플렉스의 여성 상대를 엘렉트라 콤플렉스라고 명명했으며, 오레스테이아에 따르면, 엘렉트라는 그녀의 형제인 오레스테스와 함께 클리타임네스트라Clytemnestra의 남편(그리고 엘렉트라와 오레스테스의 아버지) 아가멤논의 살인에 대한 복수를 위해 어머니인 클리타임네스트라를 살해한다). Kate는 무의식적으로 자기 탓을 하는 신화에 너무 빠져서 중년이 될 때까지 아버지가 자신에게 한 일에 대해 명확하게 생각할 수 없었다. 그때까지 그녀는 자신의 내면세계가 죄책감에 관한 것만이 아니라 그녀에게 어처구니 없는egregiously 해를 끼친 다른 누군가가 관련되어 있다는 것을 이해할 수 없었다.

학대자의 자리가 없는 오이디푸스 이론

프로이트의 사이코섹슈얼 이론과 오이디푸스 이론은 가해자가 존재할 여지를 남겨두지 않는다. 그것은 주로 개인의 충동, 방어 및 환상에 초점을 맞춘 한-사람의 심리학이다. 여기서 아동은 성적 공격적 충동에 대한 유일한 죄인이다. 이와 대조적으로 트라우마-해리 이론은 본질적으로 관계적이며 학대자를 위한 여지가 있는 두-사람의 이론이다.

불행하게도, 오이디푸스 이론은 소아 성애자pedophiles들을 덮어준다. 아이들이 학대에 대한 기억을 조작한다는 명제는 프로이트의 제자이고 전기 작가이며 프로이트의 비밀 위원회이자 궁전 경비의 마지막 남은 구성원인 Ernest Jones의 무죄 판결에도 사용되었다. 이전에 성적 학대 혐의로 여러 직위에서 해고된 적이 있는 존스는 자신이 돌보는 아이들을 성적으로 학대한 혐의로 재판을 받았다. 이 재판에서 나온 아이들의 거의 동일한 증언과 식탁보에 묻은 정액 얼룩을 포함하는 증거는 반박할 수 없는 것처럼 보였다. 하지만 존스는 무죄를 선고받았는데, 부분적으로는 아이들의 증언이 받아들여지지 않았기 때문이다.

프로이트의 새로운 내러티브에서의 외상과 해리의 유기는 더 풍부한 이론의 발전을 저해하였다

유혹 이론에 등을 돌린 프로이트는 필수적으로, 실제 외상을 다루는 것에서 물러났으며, 또한 마음의 구성을 하나의 의식과 하나의 무의식으로 축소했다. 정신분석의 기원은 이원론과 다중성에 대한 연구에 그 기원을 두었음에도(예를 들어 Breuer와 Freud(1893~1895)의 히스테리에서 '이중

double 의식'에 대한 초기 관찰) 프로이트는 이 개념을 포기하고 하나의 단일one unitary 무의식을 선호했다. Grotstein(1999)이 관찰한 것은, 정신분석이 "프로이트가 이중 '나'에 대한 이중 의식의 더 깊은 특성을 파악하는 데 실패함으로써 고통을 겪었다"는 것이다(p. 36).

게다가, 프로이트는 해리에 등을 돌림으로써, 보다 보편적이고 포괄적인 이론, 즉 억압*과* 해리의 이론을 발전시키는 것을 막았는데, 이 이론은 정신이 해리뿐만 아니라 고의적인 억압의 방어에 의해 구성된다는 이론이며, 외상에 의해 초래된 해리성 통합 실패와 방어로 사용된 해리성 모두를 포함한다. (나는 이 두 가지 유형의 해리와 억압에 대해 5장에서 논의한다.)

완전한 서클 그리고 전진

학생인 Sigmund Freud가 그의 선생님인 Martin Charcot에게 그의 임상 혁신이 기존 이론과 부합하는지 물었을 때 샤르코는 대답했다. "이론은 좋은 것이지만 존재하는 것을 막지는 못한다." 샤르코의 대답은 프로이트가 가장 좋아하는 인용문 중 하나가 되었으며, 샤르코의 장례식 때 그가 추도사에서 반복한 것이기도 하다(Freud, 1893, p. 13). 이것이 프로이트의 일부 이론에 대한 나의 정신the spirit 반응이다. 이러한 이론은 여러 면에서 훌륭하지만 다른 것이 존재하는 것을 막지는 못한다. 프로이트의 탁월함과 기념비적인 발견에도 불구하고 오이디푸스 콤플렉스와 억압에 대한 그의 독점적인 강조는 정신 역동과 정신 구조가 어떻게 트라우마로 인해 그리고 해리 과정에 의해 영속하게 하는지에 대한 인식을 너무나 오랫동안 방해했다.

그것은 마치 프로이트가 큰 시냇물의 흐름을 가로질러 거대한 바위를 놓아두어서 인류의 본질, 한계 및 장점에 관한 많은, 종종 상호 연결되고 상호 작용하는 생각과 이론의 거대한 저수지를 만든 것과 같다. 그러나 외상과 해리에 관한 지식과 이론으로 가득 찬 오래된 시내의 일부 개울들은 현재의 역사로 계속되었고 이 개울들은 모여서 강이 되었다.

현재 우리는 전쟁 트라우마, 애착트라우마, 기타 발달 및 관계 트라우마, 여성과 어린이(남성뿐 아니라)에 대한 일상적 트라우마에 대한 인식, 그리고 트라우마가 어떻게 뇌에서 처리되고 신체에서 암호화되는지에 대한 늘어나고 있는 정보를 축적해왔다.

자넷과 초기 프로이트가 언급한 여성의 질병으로 추정되는 히스테리의 증상은 제1차 세계대전의 병사들 사이에서 전면적으로 나타났지만 이름은 *셸 쇼크*shell shock[4)]로 변경되었다. 제1차 세계대전의 의사이자 심리학자이자 자넷의 제자이며 1914~1918년(1940년) 『Shell Shock in France』의 저자인 Charles Myers는 부상 당한 병사가 회복하는 동안 종종 두 가지 분리된 행동 패턴이 나타나는 것을 관찰했다. 그는 이것을 정서적 인격the emotional personality[EP]과 겉보기에 정상적인 인격the apparently normal personality[ANP]이라고 불렀다(Myers의 관찰은 나중에 Van der Hart, Nijenhuis 및 Steele(2006)의 『성격의 구조적 해리 이론』에 통합되었으며, 이는 8장에서 다루어진다).

---

4) 셸 쇼크(Shell Shock)는 제1차 세계대전 당시, 영국의 심리학자 찰스 사무엘 마이어스가 만든 용어로, 전쟁 중에 많은 병사들이 고통을 겪은 외상 후 스트레스 장애의 유형이다. 융단폭격, 전투 등 격렬한 상황에서 느낀 공포로 인해 정상적인 생각이나, 수면, 걷기, 말하기가 불가능해진 상태를 말하거나 혹은 다양한 무력감을 의미한다. 출처: 위키백과(역자 주).

베트남 전쟁 이후 정신적 피해를 입은 많은 수의 군인들이 귀국하면서, 트라우마와 트라우마적 해리의 영향은 부인할 수 없게 되었다. PTSD는 이전의 *셸 쇼크*shell shock와 *전투 피로*battle fatigue를 대체하는 공식적인 정신과 진단이 되었다. 여성 운동의 도래와 함께 Laura Brown(1991)과 Judith Herman(1992)과 같은 작가들은 전쟁으로 피해를 입어 황폐해진 희생자는 군인들 뿐만이 아니라 여성과 어린이들 또한 *일상을 벗어난 것이 아닌 방식으로*in a way that is not outside the ordinary 폭행, 성폭행 등으로 상처를 받았다는 사실을 관찰했다. 얼마 지나지 않아 아이들에 대한 학대와 방치는 잦은 외상 후의 신체적, 해리적인 결과와 함께 프로이트가 유혹 이론을 저버린 지 거의 한 세기 이후에 대중의 의식으로 더 쉽게 접근할 수 있게 되었다.

최근의 지식과 이론은 트라우마와 해리의 중요성을 부활시켰다. 100여 년 전에 Pierre Janet(1907)이 외상에 의해 유발된 '격렬한 감정vehement emotions'이 기억의 통합을 어떻게 방해하는지에 대해 기록했다. 그것들은 통합될 수 없기 때문에 외상 기억의 측면은 남은 의식으로부터 분리된 상태로 유지된다. 그것들은 플래시백, 비자발적 움직임, 불안, 흐릿함 또는 빠르게 재-해리될 수 있는 공식화되지 않은 공황과 같은 경험에 주기적으로 그리고 겉으로 보기에 설명할 수 없을 정도로 침투한다. 오늘날 우리는 외상 경험이 뇌에서 어떻게 처리되는지, 그리고 이것이 외상적이지 않은 경험의 부호화 및 통합과 중요한 방식으로 어떻게 다른지에 대해 훨씬 더 많이 알고 있다.

트라우마가 어떻게 신체에 부호화되어 있는지에 대한 Janet의 강조를 확장하는 것은 중단되었고, Babette Rothschild(2000)는 다음과 같이 썼다.

> 몸은 외상적인 사건들을 트라우마와 연관된 감각, 움직임, 그리고 정서들을 뇌에서 부호화하는 과정을 통해서 기억한다. 치유는… 몸에서 일어나는 일과 더불어 마음에서 이루어지는 해석에 주의를 기울이는 것을 필요로 한다. 언어는 명시적 기억과 암묵적 기억을 연결하여 정신/신체 간극에 다리를 놓는다. 신체 기억은 개인의 역사가 되는데 [외상]의 충격이 아주 약해져서 사건이 마침내 내담자의 과거에서 적절한 위치에 놓였을 때가 된다(p. 173).

Bessel van der Kolk(2014)는 "몸은 기억한다the body keeps the score" 라고 웅변적으로 말했다. 그밖에 Onno van der Hart(2006, 2019), Bruce Perry(1999), Lenore Terr(1990, 1994), Pat Ogden(2019), Ellert Nijenhuis(2000), Peter Babette Rothschild(2000), Peter Levine(1997, 2015)과 Robert Scaer(2001)은 신체형 해리의 힘을 설명했다. 그들은 국소적이지만 설명할 수 없는 신체 통증이 어떻게 바로 그 신체 부위에서의 외상성 부상의 재경험이 될 수 있는지에 대해 썼다. 본질적으로 트라우마는 경험이 내러티브 기억에 통합되는 것을 방해했다. 따라서, 외상성 기억은 통합되지 않은 감각 운동 양상으로 캡슐화된 상태로 남아있다. Allan Schore(1997, 2003ab, 2009, 2019)는 우리가 경험하는 것과 뇌가 작동하는 방식의 연관성, 현상학적인 것과 신경학적인 것 사이의 연관성을 설명하는 작업으로 가장 주목할 만하다. 2장에서는 트라우마가 경험을 내러티브 기억으로 처리하는 것을 어떻게 방해하는지에 대해 더 자세히 논의한다.

다른 중요한 발전은 치료적 관계의 영역에 있어왔다. Breuer가 Anna O.와 함께 한 성공은 그녀가 '말하는 치료법'(Breuer & Freud, 1893~1895)이라고 별명을 붙인 발달 과정에서 그녀와의 상호 작용이 크게 기여했다. 외상과 해리에 대한 최근 우리의 지식은 치료적 관계와 치료사의 경청 자세의 측면을 중요한 새로운 방식으로 이해하는 데 도움을 주었다. 우리는 이제 실제를 타당화해주는 것 그리고 기분과 정서의 중요성과 더불어, 해리된 정서를 경청하는 것이 얼마나 결정적으로 중요한 일인지 알고 있다. 게다가, 정동 변화는 해리된 자기-상태의 핵심 지표이다. 우리는 신체가 트라우마를 얼마나 깊이 담고 있는지 더욱 잘 인식하고 있고, 신체와 신체 감각뿐만 아니라 언어적 마음 또한 효과적일 수 있도록 작업해야 한다는 것을 알고 있으며, 호흡과 자세의 변화와 같은 신체 변화를 주시하고 있다. 우리는 언어의 해석을 덜 강조할 뿐만이 아니다. 트라우마 임상가로서 우리는, 트라우마를 입은 내담자에게 해석이 어떻게 침입적으로 될 수 있으며 또한 도움이 되지 않을 수 있는지 인식하고 있다. 그리고 마지막으로, 트라우마 치료사는 관계에서 내담자가 느끼는 안전감의 필요성을 절실히 인식하고 있다. 이 모든 것들은 치유에 필요하고, 기억의 통합과 애도 작업을 포함한다. 후자는 트라우마 자체뿐만 아니라, 내담자가 해를 입었거나 트라우마로 인해 다른 사람들에게 해를 입혔을 수도 있는 방식들도 포함된다.

제 2 장

해리로서의 트라우마

트라우마는 인간 경험의 진원지였으며 지금도 계속되고 있다.

– Peter Levine(2015, xix)

트라우마와 해리는 우리의 일부이다. 그것들은 우리의 모든 삶에 내재되어 있다. 트라우마는 마음, 뇌, 몸을 악화시킨다. 사람들의 삶의 초기부터 트라우마, 스트레스 호르몬, 해리는 우리 몸과 마음에 영향을 미치고 조직화한다. 우리의 삶에서 외상이 발생했을 때 그 심각성이나 만성화, 그리고 시기는 우리의 신경생물학적 유기체에 영향을 미치는 것으로, 내분비계, 면역계, 위장계, 심혈관계, 신경계 등에 영향을 주는데, 이 모든 것들이 서로 짜여있어 서로에게 영향을 주고받는다. 트라우마는 해리와 직간접적으로 얽혀 있다. 트라우마와 해리에 대해 실제로 가장 알기 어려운 것은 그것들이 단지 추가되는 개념이 아니며, 추가된 또 다른 것이 아니라는 것이다.

해리가 우리 삶에 어떻게 내재되어 있는지 알아보기 위해 자아 경험에서 분열의 일반적인 측면을 드러내는 일상 언어를 살펴보자. 사람들은 자신 또는 다른 사람이 "붙어있지 않다", "내 옆에 있다", "어떤 상태에 있다", "무너져 내린다"라고 말한다. 종종 사람들은 자아의 일부가 분리되어 함께 작동하지 않는다는 의미로 "(그들 자신을) 하나로 모으라"라는 권고를 받기도 한다. 또는 더 긍정적으로, "그녀는 나의 가장 좋은 부분을 끌어낸다"와 같은 말을 할 수도 있다. 이러한 언어적 증거는 종종 해리로 인식되지 않는다.

해리란 무엇인가? 해리는 정상적으로 연결될 수 있는 것들을 연결하지 않고 분리하는 것을 의미한다. 해리는 과정인 동시에 구조이기도 하다. 과정으로서의 해리는 최면, 책이나 영화에 빠져들거나 무아지경에 빠지는 것, 압도적이고 스트레스적인 상황에서 정서를 차단하는 것 등 다양한 것들을 말한다. 구조로서의 해리는, 감정, 생각 및 기억을 포함한 경험들이 서로 벽이 되어 서로에게, 그리고 나머지 자아에게 접근하지 못하게 되는 것을 말한다. 자아의 분리 된 부분들, 또는 분리된 자아-상태는 생각과 행동에 강력하지만 종종 숨겨진 힘을 가할 수 있는데 그것은 의식적으로 경험하는 자기에게 일반적으로는 설명할 수 없는 것이다.

여러 가지 면에서 해리는 숨겨져 있다. 그것은 보통 다른 사람들에게서 알아차리기 어려운데, 우리 자신에게서는 더욱 그럴 수 있다. 근접-트라우마적peri-traumatic 해리(트라우마 당시와 직후에 일어나는 해리)에서는 그 당시에는 멍해지고 흐릿해지며 나중에는 분명하지 않게 되고 아마도 그 일이나, 혹은 일어난 모든 일에 대해 기억하지 못할 수도 있다. Sándor Ferenczi(1949)는 아동학대 피해자가 어떻게 트랜스 상태로 가면서 '자동인형automata'이 되는지와 기계적으로robotic 되는지 설명했다. 트라우마를 떠올리게 하는 것이 나타나거나 유사한 트라우마가 또 발생하면 비슷한 흐릿함이 나타날 수 있으며 너무 빨라서 눈치조차 채지 못한 채 그냥 지나칠 수 있다. 이것은 감정을 인식하고 처리하고 조절하는 능력의 결핍을 포함하여 기억과 감정에 일종의 공백을 만들어 우리 자신에 대한 깊은 지식 부족으로 이어질 수 있다. 사실상, 우리가 이해하지 못하는 것에 대한 인식의 부족이 있다. 만일 기억하지 못하면, 기억하지 못한다는 것을 기억할 수 없다.

트라우마는 일반적으로 경험, 기억, 감정 및 신체 감정이 결합되는 방식에 틈을 만든다. 비유하자면, 당신의 스웨터에 구멍이 생긴 것이다. 함께 짠 천의 연결 실이 특정 위치에서 사라진 것이다. 그들은 더 이상 서로를 지지하고 얽혀있지 않는다. 천에 더 많은 압력을 가하면 구멍이 더 찢어져 더 많은 실이 풀릴 수 있으므로 주의해야 한다. 트라우마는 연결되어야 하는 것들의 분리를 가져온다. 사람들은 이미지, 감정, 생각 또는 기억이 의식에 존재해야 함에도 불구하고 의식에 존재하지 않는 것을 인식하기 어렵다. 다른 사람이나 다른 환경적 증거로부터 기억을 잃어버렸다는 확증적인 증거가 없는 한 기억상실증을 포함하여 이러한 연결성 결여에 대해 알기는 어렵다. 어떻게 이런 일이 생기는가? 트라우마란 무엇인가?

트라우마란 무엇인가?

신체에 대한 트라우마는, 글자 그대로, 상처를 뜻한다. 유사한 점이 있긴 하지만, 마음에 대한 트라우마는 더 복잡하다. 최근 트라우마라는 단어는 매우 다양한 방식으로 때로는 너무 마구잡이로 사용되어 그 의미를 잃을 위험에 처해 있다. 예를 하나 들어보자면, 때때로 학대 그리고 트라우마라는 단어가 상호 뒤바뀌어서 사용되기도 한다. 학대가 항상 압도적이거나 트라우마적인 것은 아니지만, 흔히 그렇게 사용되고 있는 것이다.

트라우마 연구가 급증하였고, 이제 우리 담론의 많은 부분을 차지하지만, 트라우마 자체의 정의에 대한 명확성은 부족하다. 우리는 초기 트라우마와 후기 트라우마, 누적 트라우마, 관계적 트라우마, 발달적 트라우마에 대해 이야기를 한다. 우리는 "빅 T" 트라우마와 "스몰 t" 트라우마(Shapiro, 2001), 그리고 대규모의 트라우마, 그리고 일상에서의 트라우마에 대해 이야기한다. 심리적 외상은 이전의 현실에 대한 개인의 지향을 압도하고, 대신 그 자리에 그것의 잔인하고 두려움에 기반한 규칙을 세운다. 트라우마는 사람의 마음이 이해할 수 있는 것들을 압도한다. 그것은 한 사람의 자기 감각, 주관성에 대한 감각을 강력하게 쓸어버림으로 인해 부적절하게 만든다. David Spiegel(1990)은 외상의 의미를 생생하게 맥락화하였다.

> 트라우마는 대상으로 만들어진 존재로서의 경험으로서 이해될 수 있다. 다른 사람의 분노, 자연의 무심함, 또는 개인 자신의 정신적이고 심리적인 한계의 희생자인 것이다. 고통과 함께 성폭행, 전투 트라우마 또는 자연재해와 관련된 두려움이 견딜 수 있는 무력감의 경계에 있고, 자신의 의지와 소망이 사건의 과정과 무관하다는 것을 깨닫는 것은 자기를 보는 시각이 손상된 것이거나 사건이 부과한 고통과 두려움에 의해, 모욕감으로 오염된 것, 혹은 산산조각이 난 자기 감각을 남긴다(p. 251).

외상 경험에서 개인의 안녕과 기능에 영향을 미치는 핵심 과정이 현저하게 바뀌었다. Richard Chefetz(2015)는 다음과 같이 분명히 말한다:

> 외상적 경험은 갑자기 발생하거나 누적된 경험이 있을 때 발생하는데 그것은 자기-상태들의 조직이나 구성의 변화, 정서적 경험을 할 수 있는 능력, 연합 및 해리 과정들의 균형을 잡을 수 있는 능력, 자기와 다른 사람들과의 관계에서 살아갈 수 있는 능력, 그리고 지속적인 자기감각의 유지를 통해 개인의 발달적인 궤도를 변

경하는 것인데, 그것의 전부는 변경된 신경생물학적 기능에 반영 된다(p. 191).

한 사람의 트라우마는 다른 사람에게는 고민일 수 있다

외상은 어떻게 측정되고 관찰되는가? 객관적으로 외상으로 간주될 수 있는 경험이나 사건을 식별하기 위해 현재 정신 장애 진단 및 통계 편람 제5판(DSM-5, 2013, 미국심리학회, pp. 271)에서는 외상 후 스트레스 장애(PTSD)의 스트레스 요인 사건, 즉 트라우마에 대한 구체적인 요건인 기준 A를 제시하고 있다. 여기에는 생명을 위협하는 사건이나 친한 친구나 친척의 죽음이나 죽음의 위협에 대한 개인의 직접적인 노출, 자신이나 사랑하는 사람에 대한 심각한 상해, 간접 노출(가까운 친구나 가까운 친척이 트라우마에 노출되었다는 것을 알게 된 경우) 또는 트라우마의 무섭고 혐오스러운 측면에 대한 반복적인 간접 노출이 포함된다. DSM-5 정의에는 텔레비전이나 기타 미디어 플랫폼과 같은 미디어를 통한 간접 노출은 포함되지 않는다.

그러나 이러한 객관적인 기준에 의존하는 경우 실패할 수 있는데 이는 죽음이나 폭력적인 상해에 대한 노출을 포함하지 않는 특정 종류의 대인관계 경험을 고려할 때 그렇다. 예를 들어, 전쟁의 잔학 행위 또는 대규모 자연재해의 공포와는 거리가 먼 수치심이나 괴롭힘에 의한 굴욕은, 뇌가 사건을 처리할 수 없고 신경학적 손상을 초래할 수 있는 과도한 과민 반응을 일으킬 수 있다(Teichner, et al., 2003). 또한 누적된 트라우마, 서로에게 쌓인 불안정한 경험들의 짓눌림으로, 서로가 마지막 효과를 증폭시키는 이슈가 있다. Chefetz는 다음과 같이 언급했다.

"큰 망치는 한 번의 강력한 타격으로 못을 나무 조각에 박게 될 것이지만, 또한 천 번의 작은 타격으로도 그 못을 똑같은 깊이로 박을 수 있기도 하다."(개인 대화, 2015년 5월)

트라우마에 대한 객관적인 관점의 또 다른 주목할 만한 문제는 회복탄력성의 문제이다. 모든 사람이 동일하게 객관적으로 측정된 사건에 대해 같은 방식으로 영향을 받는 것은 아니다. 어떤 사람들은 다른 사람들을 압도하여 외상 후 스트레스를 유발하는 동일한 사건에 대해 상대적으로 상처를 입지 않고 극복하는 것처럼 보인다. 게다가, 회복력이 약한 사람들은 경험을 바라볼 때 과거의 트라우마라는 렌즈를 통해서 볼 수 있다. 그 결과, 많은 트라우마 전문가들은 개인이나 개인의 방어력을 압도하는 사건을 트라우마로 정의하는 경향이 있다.

다른 사람들은 객관적인 트라우마 측정이 없으면 단순히 화나게 하는 모든 것이 트라우마로 묘사될 수 있다고 지적하면서 주관적인 접근 방식에 이의를 제기한다. 이러한 딜레마의 불행한 결과 중 하나는 현재 트라우마라는 단어가 객관적으로 파국적인 사건이나 주관적으로 매우 화가 나는 것을 가리키는 매우 다른 두 가지 의미를 모두 포함하고 있다는 것이다. 이러한 과도한 포괄성은 단어의 의미 있는 구체성을 떨어뜨릴 수 있다.

분명히 트라우마는 사건이 아니다. 오히려 그것은 개인이 사건을 어떻게 처리하는지에 관한 것이다. 조금 더 구체적으로 설명할 수 있을까? 나는 객관적인 것과 주관적인 것을 초월하는 트라우마의 정의를 다음과 같이 제안했다. 트라우마는 해리를 일으키는 것, 그것은, 감정을 조절하고 사물을 이해하는 능력의 결핍을 유발하면서 경험에 공백이나 균열을 일으키는 것이다. 이 개념화는 객관적으로 정의된 트라우마(그것에 노출된 모든 사람들에게 외상 후 스트레스를 초래하지 않음)과 주관적인 트라우마(스트레스를 받는 모든 것을 트라우마로 분류할 위험이 있는)의 의미에 대한 논쟁을 우회하는 이점이 있다(Howell, 2005).

최근에, Moskowitz, Heinimaa, Van der Hart(2019)는 트라우마에 대한 유사한 정의를 진행 중인 "사건의 의미를 자신과 세계의 기존 개념에 통합할 수 없는 무능력"으로 제안했다. 그들의 정의는 외상적 사건의 동화가 불가능함을 강조한다는 점에서 나와 비슷하다. 사건을 이해할 수 없거나 개인적인 의미로 삼을 수 없으므로 관념, 정동 및 신체 반응의 분리를 초래한다. 나에게는, 이것이 트라우마가 해리를 일으키는 어떤 것임을 의미한다.

심리적 외상은 압도적이며 마음에 동화될 수 없다. 외상적 경험은 이해라는 직물을 찢어놓는다. 경험이 동화될 수 없게 되면, 그것은 다른 경험과 효과적으로 연결될 수 없고, 그것이 잊히지 않은 경우라도 그렇다. 예를 들어, Jane은 그녀의 어린 자녀와 함께 끔찍한 택시 사고를 당했다. 그녀는 자신의 경험을 설명하면서 "사고 후 큰 충격을 받았다. 다 기억하지만 1분이 채 안 되는 사이에 세 번이나 죽는 줄 알았다. 시간이 느려졌다. 그 후에는 생각이 잘 나지 않았다. 처음의 충격이 사라진 후, 나는 쉽게 촉발되었다. 나는 종종 차의 조수석에 있는 상상 속의 브레이크를 쾅 밟고 있는 나 자신을 발견했다. 나는 거의 1년 동안 PTSD 증상과 해결되지 않는 정서적 고통을 겪었다." Jane은 일어난 일을 기억했지만 위협이 지나간 후에도 오랫동안 그녀의 몸에는 두려움이 남아있었다.

트라우마의 정의는 해리를 유발하는 것으로서의 모든 상황에 적용된다. 어떤 경험이 경험의 연결과 의미에 단절을 일으킬 만큼 압도적일 경우 트라우마가 된다. 네러티브 기억, 심지어 신체 처리에서 조차 마찬가지이다. 어떤 사건이 경험하는 자아의 나머지 부분과 동화될 수 없을 때, Pierre Janet이 그렇게도 잘 묘사했듯이, 그것은 자아의 나머지 부분과 고립되고 단절된 고정된 개념a fixed idea이 된다. 외상적 사건이 다른 경험과 연결될 수 없을 때 크든 작든 해리가 발생한다(Van der Hart, Nijenhuis, Steele & Brown, 2004). 그 정의는 순환적이지 않은데 왜냐하면 해리는 트라우마를 필요로 하지 않기 때문이다. 해리는 최면 및 몰입과 같은 적응 과정을 포함하는 더 큰 범주이다.

트라우마에 대한 나의 정의는 또한 자비로운 다른 사람의 존재가 어떻게 탄력성에 기여하는지를 이해하는 데 도움이 된다. 애착대상, 친구 또는 치료사와 같은 신뢰할 수 있는 다른 사람이 있다는 것은 앎에 대한 짐의 일부를 함께 짊어짐으로써 개인의 인내의 창을 효과적으로 넓혀줄 수 있다(Ogden, Minton, & Pain, p. 27). 이렇게 하면 해리 과정의 잠재적인 외상적 결과가 덜 충격적이고 구조적 해리로 이어질 가능성이 줄어든다. 예를 들어, 베이비시터에게 성희롱을 당한 한 소녀가 자기 엄마에게 말했다. 엄마는 그녀를 안아주고 위로해 주며 성추행자에 대해 적절한 조치를 취했다. 소녀는 혼자 견디고 처리할 필요가 없었기 때문에 외상 후유증을 비교적 적게 겪었다. 이와 유사하게, 포춘오프 홀로코스트 연구 아카이브Fortunoff Archives of Holocaust Studies를 설립한 Dori Laub는 어머니와 함께 홀로코스트에서 살아남았는데, 어머니는 그 환경에서 그녀의 자손을 보호하는 암사자처럼 행동했다(Laub, 2015). 그는 물론 상처 입지 않고 탈출했던 것은 아니며, 자신의 마음과 혼을 다하여 탈출했다. 그는 생동감, 그리고 그의 경험으로부터 의미와 목적을 창조하는 능력을 유지할 수 있었다. 그에 반해, 아무도 보호해줄 사람이 없던 그의 어머니는, 정서적으로 훨씬 더 큰 손상을 입었다.

트라우마, 해리 및 기억

초기, 중증, 만성 트라우마는 발달에 중대한 영향을 미친다. 트라우마는 뇌 구조에 영향을 미치고 해리 경험과 정신적 파편을 만든다. 엄청난 공포와 스트레스 호르몬의 대량 방출은 사람을 치명적으로 압도할 수 있으며, 때가 되면 정신적 평형과 자기감각으로부터 무너뜨릴 수 있다. 요컨대, 트라우마는 경험을 내러티브 기억으로 등록하고 공고히 하는 것을 방해한다. 그러나 이것은 복잡한 문제다. 트라우마는 이상한 방법으로 망각하고, 기억하고, 왜곡하는 결과를 초래한다. Judith Alpert는 다음과 같이 말한다. "트라우마의 '망각'은 언제 시작되는가?" 어떤 이들에게는, 견딜 수 없는 공포가 즉각 소멸된다. 사실상, 그것은 결코 의식으로 들어가지 않는다. 그럼에도 불구하고, 트라우마는 계속해서 우리를 괴롭힌다. 다른 이들에게는, '망각'이 시간이 지남에 따라 천천히 발생한다."(Alpert, 2001, p. 731~732)

내러티브 기억은 새로운 정보, 태도, 맥락에 적응한다. 그 결과, 시간이 지남에 따라 어느 정도 변경되는 것이다. 대조적으로, 외상성 기억은 해리되어 있고 지속적인 경험과는 연결되지 않기 때문에 기본적으로 정적static이다. 따라서 트라우마적 경험을 기억이라고 부르는 것은 잘못된 호칭misnomer일 수 있는데(Janet, 1925), 하지만 그것은 또한 우리가 가지고 있는 최선의 용어이기도 하다.

트라우마 경험은 뇌에서 다르게 처리된다. 주로 서술적narrative 및 선언적declarative 기억보다는 절차적procedural 및 체성감각somatosensory 양상으로 나타난다(Courtois, 1999, 2004; Courtois & Ford, 2009; Chefetz, 2015; Levine, 1997, 2015; Ogden, Minton & Pain, 2006; Scaer, 2001; Terr, 1994; Van der Kolk, 1996, 2014).

선언적 기억(명시적explicit 기억이라고도 함)은 사실과 사건에 대한 기억이다. 자서전적 또는 내러티브 기억은 일종의 서술적 기억이다. 선언적 기억은 운동 기술, 습관, 조건화된 정서적 반응 및 방법(예: "나는 자전거 타는 방법, 균형을 잡고 유지하는 방법 등을 알고 있다")을 포함하는 절차적 또는 암묵적 기억과 대조된다. 이러한 암묵적 지식은 사실적인 언어로 표현하기 어렵다.

외상 시 뇌에서 일어나는 일은 극도로 높은 수준의 감정적 각성이 경험의 조직화 및 통합에 관여하는 해마hippocampus의 부적절한 처리로 이어져 내러티브 기억에 기여하는 것이다. 감각 정보는 먼저 시상thalamus에서 부분적으로 처리된 다음 정서 평가에 관여하는 편도체amygdala로 전달된다. 편도체는 이 감정적으로 평가된 정보를 뇌간brain stem 영역(정보를 호르몬과 정서 신호로 변환)으로 전달한 다음 해마로 전달한다. 정서적 각성의 강도는 해마 기억 통합의 정확도에 영향을 미치는 편도체의 신호 강도에 따라 다르다. 특정 지점까지는, 편도체에서 나오는 정서적 신호가 강할수록 해마가 선언적 기억으로 더 잘 통합된다. 그러나 편도체의 신호가 너무 강하면 해마의 통합 기능이 실패하고 기억은 정동적 상태와 신체감각, 시각 이미지, 청각audible 및 촉각haptic과 같은 통합되지 않은 감각 양식으로 저장된다. Van der Kolk는 다음과 같이 말했다. "경험은 고립된 이미지, 신체 감각, 냄새 및 소리로 저장되었다가 나중에 다른 삶의 경험과는 분리된 이질적인 느낌으로 검색된다. 그것은 해마가 정상적인 역할을 하지 않았기 때문에… 이러한 파편들은 계속해서 고립된 상태로 존재하게 된다. 외상적 기억은 시간을 초월하며 자아-이질적ego-alien이다"(1996, p. 295).

정서적 각성이 견딜 수 없을 정도로 너무 높아지면 뇌는 교감신경 활성화를 차단하고 해리 과정이 뒤따른다(Schore, 2009). 그때 우리는 외상을 입은 사람들의 얼굴에서 공허한 시선을 본다. 그러한 해리 과정이 기억 상실을 초래할 때 기억과 경험에 균열이 생기며 트라우마 경험은 해리된 자아-상태에서 계속 살아간다.

해리된 경험은 자기-경험 및 지식의 일부 다른 측면과 분리되어 내러티브 기억의 진행 중인 흐름에 합류하지 않기 때문에 그 출현은 종종 침입하는 형태로 나타날 수 있다. 해리된 것은 단지 분리된 기억만이 아니다. 정동affect을 포함하여 생생한 경험의 조각들도 해리되어 있다. 신경생물학적 결과는 종종 견딜 수 없는 경험에 대한 내러티브이기보다는 감각운동적 등록으로 나타나지만, 물론, 감각 운동적 결과도 있다. 미해결된 정서적 고통의 경우에는 감각운동 등록과 내러티브 기억이 함께 발생할 수 있다. 이러한 동화assimilation의 부족은 플래시백에 대한 취약성과 사건에 대한 내러티브 기억의 결핍을 초래한다. "따라서 외상 후 스트레스 장애의 핵심 병리는 외상 경험과 관련된 특정 감각이나 감정이 해리되고, 초대받지 않은 방식으로 계속 재발하며, 시간이 지나도 사라지지 않는다는 것이다"(Van der Kolk, 2002, p. 383).

어떤 사건이 플래시백에서 놀랍도록 선명하게 나타나는 경우조차도 현재 맥락이 없고 즉각적으로 이해되지 않는 감각 방식으로 표현될 수 있다. 예를 들어, Janice가 나와 함께 치료를 시작했을 때, 그녀의 전 치료사는 그녀가 어린 시절에 성적학대를 당했을 수 있다고 생각했다고 말했다. 나는 직접적으로 그것에 대해 물어보지 않았지만, 그녀는 우리의 작업에서 나에게 안전감을 획득한 후에, 불길한 어조로 숲속의 창고에 대한 꿈의 이미지를 얘기하기 시작했다. 그 후 그녀는 헛간에서 뛰어다니는 다람쥐들의 불안을 유발하는 침입적인 이미지로 인해 의식적인 깨어남이 시작되었다. 그 뒤에는 남성의 성기에 대한 꿈의 이미지가 이어졌다. 마침내, 우리가 작업을 함께 한 지 2년 후, 그녀는 무서운 플래시백을 본격적으로 경험하기 시작했다. 한 장면에서, 그녀는 자신이 어렸을 때 아버지에 의해 뒤에서 강간을 당하고 몸이 완전히 축 늘어져 있는 자신을 보았다. 그녀는 공포의 시기를 겪었다. 한번은 그녀가 내 사무실에서 아버지의 존재를 환상적으로 본 적이 있었다. 그녀는 그가 내 의자 바로 옆에 서 있는 것을 보았다. 그녀는 겁에 질려 그가 정말로 거기에 있는지 물었다. "내가 그를 보았나요?" 나는 그녀에게 내가 그를 보지 못했고, 그녀가 플래시백을 본 것이라고 말했다. 한편으로는 그가 실제로 거기에 없었다는 것을 깨달았지만, 다른 한편으로는 그녀가 느낀 공포는 거의 압도적이었다. 그녀가 과거를 마치 그것이 현재에서 일어나고 있었던 것처럼 경험하고 있었음에도 불구하고, 그녀는 한 발을 현재에 딛고 있었다. 환각은 과거 경험의 조각이 해리된 자기-상태로 현재에 침투한 것이다. 그녀가 이러한 침투적이고, 해리된 감각 경험에 머물러서 그녀가 살아왔던 삶의 부분으로 허용할 수 있었을 때(과거의 한 측면으로) 현재에서 압도당하거나 재트라우마화 되지 않고, 그것들은 사라지기 시작했다. 그녀가 그것에 대해 더 많이 이야기할수록 성적 학대는 점점 더 내러티브 기억에 통합되었다. 그녀는 그것에 대해 앎으로 인해 산산조각이 나는 것을 느꼈지만, 다른 한편으로 그녀는 더 완전하게 느꼈는데 이는 그녀의 더 많은 부분이 통합되었기 때문이다. 그녀는 점점 더 많은 것들이 이해된다는 것을 알았다. 플래시백과 그에 수반되는 압도적인 정서를 경험할 수 있도록 자신에게 허용한 그녀의 개인적인 용기 덕분에, 이전에 해리되었던 사건들은 개인의 자서전적 기억에서 그녀에게 더 잘 알려지게 되었다. 플래시백은 빈번하지 않고 드물게 되었는데 그녀가 이제 그 정보를 이해했고, 수용했고, 그리고 그 정서를 견딜 수 있게 되었기 때문이다.

비록 해리된 끔찍한 경험을 되찾는 것이 Janice에게 엄청난 고통과 혼란을 주었지만, 치료받기 전에 일어났던 PTSD 침투는 극심한 고통을 지속적으로 일으켰고, 그녀의 기억 상실은 그녀의 삶을 이끄는 그녀의 능력을 심각하게 방해해왔다. 트라우마가 시작되었을 때 그녀의 해리 능력이 얼마나 큰 축복이었는지는 부인할 수 없다. 그 덕분에 그녀는 어린 시절과 청소년기의 기능을 유지하도록 하여 치명적인 기능 상실을 겪지 않고 성인기로 가는 발판a foothold을 얻을 수 있도록 해주었다.

해리 능력의 이득

해리는 정상적이고 유용한 마음의 능력이며 종종 매우 유익할 수 있다. 주의를 집중하고, 그림과 현실을 구분하고, 몰입과 같은 깊은 집중상태에 참여하는 그 능력은 우리 모두가 의존하는 해리 능력을 나타낸다. 진화적 생존 능력(Dell, 2009)일 가능성이 높은 해리는 의례ritual와 샤머니즘적 치유 의례rites of healing에서의 해리적 무아지경trance으로부터 영적 소유의 경험, 그리고 강렬한 몰입과 변형의 비밀스러운 개인적인 신비적 경험에 이르기까지 시간과 문화를 넘어 인간에게 도움이 되어왔다(Ellenberger, 1970; Hilgard, 1977 James, 1952/1958; Somer, 2004). 극심한 역경의 시기에, 해리는 생존을 증진한다. 예를 들어, 산에서 낙하했을 때, 생리학적 트랜스와 같은 상태는 신진대사metabolism를 늦추고 생명을 보존하는 것으로 알려졌다(Dell, 2009).

해리는 또한 정신적으로 견딜 수 없는 사건을 겪고 있는 사람들이 마치 망원경의 잘못된 끝을 통해 사건을 관찰하는 것과 같아서, 그것에 의하여 그들 자신을 지속되는 외상 경험으로부터 분리하여 정서적으로 거리를 두게 한다. 이러한 방식으로 강간, 근친상간, 구타, 심각한 자동차 사고, 자연재해, 전쟁 트라우마 등의 피해자는 자동적이고 비자발적인 방식으로 무감각해지며 정서적 방해로 무력해지지 않고, 해야 할 일을 할 수 있다.

해리는 진정시키는 효과가 있다. 2016년 Na'ama Yehuda의 저서인 『외상 대화Communicating Trauma』에 묘사된 것처럼, 8세의 입양 아동 Travis가 자신의 신체를 꼬집어 몸에 멍이 들었을 때였다. 그녀는 트래비스에게 꼬집는 것이 도움이 되었는지 물었다. "머릿속의 소리를 조용하게 해서 내가 별들에게 갈 수 있게 해줘요"라고 그는 마침내 말했다 "가끔은 그런 것이 도움이 될 수 있다는 걸 이해할 수 있겠어." [예후다Yehuda]가 대답했다. 그는 나를 응시하더니, 조용히 말했다. "슬프면 가슴이 탁 막혀서 숨을 쉴 수가 없어요. 그래서 나는 꼬집고, 그리고 별나라로 가요."(p. 84) 트래비스는 자신을 해리시켜줄 방법을 찾았다. 해리는 트라우마에 대한 반응이지만 일반적으로 처음에는 비자발적인데, 심하게 해리적인 환자들의 보고에 의하면, 트래비스와 비슷하게, 그들은 진행 중인 외상적 경험으로부터 트랜스 상태로 들어가거나, 천장이나 하늘로 떠오르거나, 벽지 속에서 길을 잃거나becoming lost in the wallpaper, 벽 속의 쥐구멍으로 들어가서 자발적으로 사라지는 방법들을 찾았다고 보고한다.

해리할 수 있는 능력은 9·11테러로 불리는 사건, 즉 알 카에다Al Qaeda 테러리스트에 의한 세계 무역 센터에 대한 무참한 공격이 있었을 때 내가 대처하는 데에 도움이 되었다. 2001년 9월 11일의 그 밝고 상쾌한 햇살이 비치는 아침, 나는 지하철에 있었고 일하러 가는 도중이었다. 기차에서 나는 비행기가 세계 무역 센터에 충돌했고 화재가 발생했다는 소식을 다른 승객들로부터 들었다. 들은 것에 대하여 다소 믿기를 부인했고, 단지 작은 비행기가 충돌하여 입은 작은 손상 정도일 거라는 상상을 하면서, WTC 역 바로 전 지하철역에서 내려서 구경하기로 했다. 그 광경은 최면에 걸린 것처럼 충격적이었다. 탑은 성냥개비처럼 빠르게 불타오르고 있었다. 사람들은 이 광경을 응시하고 있었고, 많은 사람들이 그 자리에서 꼼짝도 하지 못하는transfixed 것처럼 보였다. 그곳에 머무르는 것이 위험할 수 있다는 것을 깨닫고는, 나는 몸을 일으켜 지하철을 다시 타려고 돌아갔지만, 속수무책이었다. 단지 지하철이 멈췄다는 것을 알게 되었을 뿐이었다. 그래서 나는 수백 명 군중 속의 부분으로써 브루클린 다리를 건너 집으로 걸어갔다. 내가 볼 수 있었던 것으로는, 모두가 조용하고 마비되어 있는 상태였고, 나처럼, 안전한 곳으로 도피하는 데에만 집중하였다. 나는 한 타워에서 60층 이상의 계단을 내려온 사람과 이야기를 나누었고, 다친 사람은 없는지 물었다. 그는 견딜 수 없는 것을 알지 못하고자 하는 일반적인 깊은 소망처럼, 혹은 알기에는 생리학적으로 무능력함으로 보이는 것을 회고적으로 설명하면서, 그의 충격과 함께, 그가 말하기를, "아니요"라고 말했다. 모두가 괜찮았고 모두 계단을 내려왔다고 말했다. 비록 우리가 걸을 때 검은 구름과 같은 연기, 잔해debris, 인간 유해human remains가 급속도로 우리에게 다가오고 있었을지라도, 나에게는 마비된 고요한 느낌이 만연해 있는 것으로 보였다. 그것은 무서운 시간이었지만, 나는 괜찮다고 믿었다. 그것은, 하루나 그 정도였다.

나는 곧 지하철 안에 있는 다른 모든 사람들, 내가 지하철에서 나왔을 때 내리지 않은 사람들에 대해 걱정하기 시작했다. 내가 내린 직후에 기차가 멈췄으니 그들에게 무슨 일이 일어났을까? 그들은 살아남았을까? 그들이 긴 출구에서의 혼란스러운 미로와 함께 무역 센터 바로 밑에 있는 다음 정류장에서 하차했을까? 그들은 연기와 불 속에 갇혔을까? 나중이 되어서야 나는 나 자신에 대한 불안이 시작되었다. 나는 과민하게 경계했고, 동요되고, 불안해했으며, 그리고 침습적인 생각을 하는, 외상 후 스트레스의 모든 징후였다. 나는 그 사건에 대해 이야기하는 것을 멈출 수가 없었다. 무슨 일이 일어났는지 이해하지 못한 사람들에게는 내가 미친 사람처럼 보였을 수도 있었을 것이다.

나에게 다행스러운 것은, 내 말을 경청해 준 사람들이 있었고, 나의 외상 후 증상은 빠르게 회복되었다. 공감적인 다른 사람들과의 이러한 접촉은, (그들 중 얼마간의 사람들은 비슷한 경험을 공유하였는데) 나에 대한 그리고 현재의 안전함에 대한 인식 안에서 과거의 공포를 맥락화하는 데 도움이 되었다. 만일 믿을만한 타인trusted other이 가용하여 개인이 공포를 처리하도록 도와줄 수 있어서 그것은 지난 일이고 지금은 안전하다(만일 그러한 경우라면)는 것을 깨닫게 되면 트라우마의 충격과 해리적인 과정은 해리적 결과로 이어질 가능성이 훨씬 적어질 것이다.

그러한 상황에서 흔히 있는 일이지만, 상황에 대한 즉각적인 공포는 내 마음에 의해 자동적으로 차단되어, 트라우마 기간 동안 가장 적절한 문제에만 침착하게 주의를 좁히도록 하였고, 나중에는 과대각성과 무섭고도 침입적인 사고가 뒤따랐다.

9·11테러 사건에서 나는 해리 과정을 경험했다. 그러나 압도적인 스트레스가 많은 사건이 너무 오래 지속되거나, 너무 자주 발생하거나, 개인의 인생에서 너무 일찍 일어나거나, 그 개인이 너무 오래 혼자 있게 될 때, 더욱 만성적인 구조적structural 해리 조직으로 발전될 수 있으며, 거기에는 정동적 조절 장애, 인식되지 않은 정서와 경험들, 지속적인 몰개인화, 그리고 기억 상실이 포함된다. 이것은 문제적이거나 병리적인 해리이다. 트라우마 당시에 경험으로부터 관찰하는 사람을 분리하는 몰 개인화임에도 그것은 그 순간에는 적응적일 수 있다. 하지만, 그것이 시간이 지나서도 지속된다면 사람을 쇠약하게 하며, 어떤 사람들에

게는, 극단적인 고통을 유발한다. 비인격화 및 비현실화는 외상을 입은 사람들에게 흔한 현상이다. 임상가가 그것에 대하여 질문하지 않는 한, 내담자의 몰 개인화에 대해 알지 못할 수 있다. 예를 들면 "당신의 몸이나 생각으로부터 분리되는 느낌이 자주 있습니까? 마치 당신이 외부에서 당신 자신을 관찰하는 것처럼 말이죠." "당신이 자신의 주변으로부터 분리된 것처럼 느껴진 적이나 세상이 실제가 아닌 것처럼 느껴질 때가 있습니까?" 매우 자주, 대답은 "예"이다.

해리에는 이유가 있다

일반적으로, 사람들은 극단적으로 불쾌한 정동affect과 지식을 피한다. 그것이 압도적일 때, 그들은 해리된다. 이해할 만하게도, 해리되는 것에 익숙해지는 것은 그리 환영받을 일은 아니다.

> 자신과 타인의 트라우마를 정면으로 마주하기 위해서는 세상의 중심과 방향성을 잃게 만드는 심오하고 타는 듯한 고통이 존재한다는 사실을 받아들이는 능력이 필요하다. 이것은 사람들이 미쳐가고 있다는 그것을 멈출 방법을 찾을 때까지 미쳐가고 있다고 느끼게 만드는 일종의 방향감각 상실disorientation이다. 이것은 사람들을 세상에 집중하고 지향하는 그들의 느낌의 중심axis of feeling에서 벗어나게 한다. 이것이 해리가 하는 일이다. 그것은 말할 수 없이 무서운 미쳐간다는 느낌을 잡아두는arrest 것인데, 그 느낌은 세상은 말이 안 되고 개인의 마음은 지속성이 없거나 예측할 수 없는 형태라는 느낌이다(Howell and Itzkowitz, 2016b, p. 20).

경험을 분리하여 정보가 합쳐지지 않게 함으로써 해리는 실제로는 온전한 정신을 유지한다. Philip Bromberg(1998)가 언급한 것처럼, "양립할 수 없는 의식 상태를 최면적으로 연결 해제하고 불연속적이고 인지적으로 관련이 없는 정신적 경험으로만 접근할 수 있도록 함으로써"(p. 260) 해리는 개인의 일관성, 시간의 연속성, 그리고 온전함sanity의 감각을 보존한다.

성공적인 트라우마 치료가 해리를 감소시키는가?

대답은 자격을 갖춘 예스이다. 종종 트라우마 치료와 해리 치료는 같은 것으로 간주될 수 있지만, 그것은 복잡하게 되어 있다. 트라우마 치료에는 다른 형태들이 있지만, 특별히 해리에 초점을 둔 치료는 해리성 장애의 현저한 개선을 위해서는 종종 필수적이다. Bethany Brand와 동료들(2019)은 우울증과 일반적인 정신과적 증상이 감소되더라도 해리에 초점을 두지 않은 트라우마 치료가 해리성 증상을 감소시키지 못했다는 것을 발견한 여러 연구를 요약하고 있다. 해리성 장애의 주요 문제 중 하나는 기억, 정동affect 및 경험의 경직된 분리이므로, 통합integration이 핵심 목표다. 게다가, 모든 트라우마 치료가 의원성 질환iatrogenic의 압도적인 영향으로 인한 재트라우마화의 가능성에 대해 충분히 주의를 기울이는 것은 아니다.

해리 치료이기도 했던 트라우마 치료의 예는 위에서 논의했던, Janice와의 작업이었다. 제니스는 심리치료에서 수많은 외상적인 공포를 처리할 수 있었기 때문에 그녀는 그녀의 경험의 더 큰 영역으로 더 많이 접근할 수 있었고, 그녀의 해리 장벽은 약화되었다. 그녀가 자신의 삶을 살 수 있는 능력이 향상되었는데 이는 그녀가 해리적인 정신 상태로 촉발되거나 흡수될 가능성이 줄어들었기 때문이다. 여기에는 한 번에 경험되는 외상적 경험의 적정titration량이 요구되었다.

트라우마 재발 방지

트라우마를 입은 사람들과 함께 작업할 때 핵심 이슈는 어떻게 인내를 육성할 것인가 그리고 어떻게 재트라우마를 일으키지 않은 채로 트라우마 경험을 궁극적으로 통합할 것인가의 문제이다. 신경과학의 언어로 서술하자면, Van der Kolk는 "트라우마를 어떻게 처리해서 그것이 타오르게kindled 하기보다는 소멸quenched되게 할 것인가"가 과제라고 말한다(2002, p. 388). (킨들링은 반복되는 트라우마와 편도체amygdala 자극으로 인해 일종의 증가되고 변화된 류changed-in-kind의 민감화이다.)

치료에서 해리된 기억과 정동으로의 노출이 너무 빠르거나, 급속하거나 또는 너무 강렬하면 재트라우마화 될 수 있다. 노출치료에서는 내담자가 자극의 홍수에 놓이는데, 그것이 해리된 외상적 재료의 재경험을 촉발하면 해제반응abreaction(강렬한 정동으로 경험되고 표현되며 고통스럽게 애도함)이 나타나는 것으로, 1980년대와 1990년대에 참전 용사들에게 종종 성공적이었다(Chu, 1998). 그러나 복합 PTSD와 해리성 장애가 있는 사람들에게 동일한 방법을 적용했을 때, 수많은 불필요한 붕괴와 입원이 잇따라 일어났다. 베트남전 참전용사들은 성인이 되어서 트라우마로 고통을 받았을 가능성이 더 높기 때문에 근원적으로 상당히 통합된 성격 구조를 가질 가능성이 더 높지만, 그들과는 달리, 어린 시절에 트라우마를 입은 사람들은 노출치료에 오히려 불안정해질 가능성이 더 크다.

복합 트라우마와 어떻게 작업해야 하는지와 내담자가 견딜 수 있는 인내의 창 안에 머무를 수 있도록 작업하는 방법이 중요한 문제이다. Janice는 그녀에게 가장 적절한 속도 감각을 직관적으로 파악하고 있었기 때문에, 우리의 작업은 수월했다. 이것은 복합 트라우마가 있는 모든 내담자에게 해당되는 것은 아니다. 내담자 중 일부는 가능한 한 빨리 모든 것을 끝내버리고 싶다는 생각을 가지고 있어서, 재트라우마의 잠재성을 인식하지 못한다. 어떤 이들은 너무 해리되어서 치료 환경 안팎에서 스스로 재외상을 일으키는 외상성 반응에 빠지는 경향이 있다.

단계 중심 치료

원래 Pierre Janet이 공식화한 단계 중심 치료 접근법은 도움이 되며 종종 필수적이다. 자넷의 단계 중심 치료 모델에는 (1) 안정화와 증상 감소, (2) 외상성 기억 치료, (3) 성격 통합 및 재활의 세 가지 기본 단계가 포함된다(Van der Hart, Nijenhuis & Steele, 2006). 자넷에 이어 Putnam(1989), Herman(1992), Chu(1998), Courtois(1999, 2004), Courtois와 Ford(2009), Kluft(1999), Van der Hart, Van der Kolk, Boon(1998), Van der Hart, Nijenhuis, Steele(2006) 등의 치료사들은 안전을 최우선으로 하는 단계 순서의 기본 개념을 유지하면서 일부 구체적인 강조점, 단계의 수 및 특정 언어를 수정하기도 했다.

정동 강도 감소 및 조절

Richard Kluft(2013)와 Catherine Fine(1993)은 치료사가 계획된 외상 작업을 의도적으로 더 작은 조각으로 분해하는 '분할 해제반응fractionated abreaction'이라는 기술을 개발했다. Kluft의 '3분의 1의 법칙rule of thirds'(1993)은 일반적으로 치료 세션의 첫 3분의 2에 강렬한 정서적 또는 노출 작업을 완료하는 것이 현명하다는 것이다. 그러면 나머지 3분의 1은 평형 회복을 위해 남겨진다.

클러프트(2013)가 감정에 대한 통제감을 생성하기 위해 설명하는 또 다른 방법은 가상의 가감저항기rheostat를 사용하는 것이다. 전류를 제어하는 대신 스스로 평가한 정동 강도를 제어한다. 먼저 내담자에게 자신의 불안 수준을 약간, 2도 정도 올려달라는 요청을 받는다. 이것을 달성하고 나면, 이제 내담자가 자신의 정동을 어느 정도 통제할 수 있다는 것을 알 수 있다. 그다음에는 정동의 강도 수준을 낮추도록 요청받는다.

해리성 내담자와의 외상 작업 및 EMDR(안구 운동 둔감화 및 재처리)에서 일반적으로 사용되는 방법은 안전한 장소 이미지safe place imagery이다. 내담자는 안전한 장소를 기억하거나 상상하도록 요청받는다. 너무 큰 강도의 정동을 만나기 시작하면 내담자는 위안을 받기 위해 안전한 장소로 가도록 요청받을 수 있다.

외상성 기억의 강도를 완화하는 또 다른 기술은 내담자의 손에 텔레비전 리모컨이 있고 외상성 경험이 화면에서 재생되고 있다고 상상하도록 지시하는 것이다. 그런 다음 내담자는 음소거를 하거나, 그림에서 색상을 빼거나, 그림을 시야에서 더 멀어지도록 이동할 수 있다. 다른 기술은 외상 사건을 안전과 연결하는 원리(안전한 치료 관계 그 자체로

하는 것)를 포함한다. 예를 들면 내담자가 분할 화면을 상상하는 것이다. 한 화면은 충격적인 사건 또는 그 일부를 보여주고 다른 화면은 안전함의 이미지를 나타낸다. 내담자는 두 화면 사이를 번갈아 왔다 갔다 할 수 있다.

해리 중심 치료

이러한 많은 안전한 치료 접근법은 내담자와 치료사가 함께 사용할 수 있도록 공동 가이드의 형태로 작성되었다. 나는 종종 Boon, Steele 및 Van der Hart의 『트라우마-관련 해리장애를 위한 치료: 치료자와 환자를 위한 기술훈련Coping with Trauma-Related Dissociation: Skills Training for Patient and Therapists』(2011)을 추천하고 사용한다.

해리성 장애 및 해리성 정체성 장애에 대한 최신 치료법은 특히 Towson 대학의 Bethany Brand와 그녀의 동료(2009, 2012, 2013, 2016, 2019)에 의해 개발되었다. 이것은 내담자-치료자 쌍에 대한 지속적인 지원, 온라인 심리 교육 및 진행 보고의 조합이 포함된다. 그녀의 작업에 대한 데이터는 DID에 대한 트라우마 치료가 매우 효과적임을 보여준다. 가장 최근(2019)의 연구 결과에는 적응 능력과 감정 조절에서의 대단한 향상 그리고 PTSD 증상에서의 중간 정도의 향상이 포함되었으며 가장 심한 해리 그룹에서 가장 큰 개선이 이루어졌다. 자살 시도도 감소했다. Brand와 그녀의 동료들은 트라우마로 인한 정서적 조절 장애를 핵심으로 보았다. 따라서 강렬하고 고통스러운 감정을 견디는 능력과 감정 조절 능력을 증진시키는 것이 회복의 바탕이 된다.

마지막으로 Richard Schwartz의 내면 가족 체계 모델(1995)에서 내가 특별히 도움이 되었다고 생각한 방법은 내면의 한 부분을 옆으로 물러나게 하여 자기의 다른 부분이 표현의 자유를 더 많이 느낄 수 있도록 하는 것이다. 예를 들어, 대부분의 시간 동안 통제를 집행하는 일반적으로 자기the self로서 경험하는 개인의 파트를 처벌하거나, 비판하거나, 지배하는 파트들이 있을 수 있다. 자기의 특정 파트들에게 옆으로 물러나달라고 요청하면 다른 부분이 더 명확하게 반영될 수 있다. 예를 들어, 한번은 내담자에게 그녀가 '착한 소녀'라고 이름하는, 평소의 자기 자신으로서 경험되고 있는, 두려워하는 강박적인 자기의 파트에게 한발 물러나달라고 요청할 수 있는지 물었다. 처음에 그녀는 이 가능성에 대해 상당히 불안해했다. 그러나 그녀가 그 부분에게 옆으로 물러나달라고 요청했을 때, 그녀의 강박 관념과 다른 사람들의 불필요한 요구에 의해 지배되는 것을 원하지 않는 분노한 파트가 앞으로 나왔다. 그녀 자신의 대리적인 파트를 더욱 허용하게 되면서 자신이 누구인지 또 누가 될 수 있는지에 대한 자신의 감각을 확장하게 되었다. 그 결과, 그녀는 완벽하게 수행해야 한다는 부담감과 마음의 짐이 크게 완화됨을 느낄 수 있었다.

트라우마에 대한 관계적 접근

트라우마로 인해 해리구조화된 마음의 대인관계적으로 가장 해로운 측면 중 하나는 상호 연결된 다양한 자기-타자self-other 구성과 내적 역할 관계의 다양성에 대한 능력이 감소한다는 것이다(Ryle, 2003). 즉, 만성적으로 트라우마를 경험하고 전반적으로 두려움을 느껴왔던 사람들은 흔히 그들의 에너지와 주의를 좁고 긴축적인 형태의 사고와 상호작용에 집중해야 했다(반드시 완전히 의식적인 의도의 필요성은 아닌). 이러한 형태의 사고는 상대적으로 작은 수의 정신적-정서적 및 표현적 채널을 통해 흐르는 것처럼 보이며 종종 다른 사람을 통제하는 데 초점을 맞춘다. 격렬하고 종종 예상치 못한 사랑에 대한 요구 또는 상대를 평가절하 하는 행동과 같은 이러한 형태의 상호작용은 그 순간에 공식화하거나 명명하기 어렵기 때문에 임상가와 다른 사람들을 당황시킬 수 있다. 관계 심리치료가 트라우마와 해리를 치유하는 한 가지 방법은 내담자가 자신의 내적 다양성을 알 수 있도록 도와 더 많은 성찰과 양면성 ambivalence을 경험할 수 있도록 하는 것이다. 관계에서 다양한 자기 자신과 타인의 존재 및 관계 패턴을 경험할 수 있고, 상대방에 대한 각 파트너의 강렬한 감정을 허용하고 경험할 수 있으며, 공감, 배려, 탈-수치심 de-shaming을 통해 치료사는 내담자의 해리된 마음 상태에 대한 관계적 가교로서의 기능을 할 수 있다(Bromberg, 2011). 이를 통해 내담자는 마음의 다양성과 명확성을 더욱 확보하고 혼란을 덜 겪을수 있게 된다.

인간은 맥락 의존적인데 트리거를 불러일으키는 것과 같은 유사한 상황에서 뿐만이 아니라, 인간 상호작용에서의 강력한 힘인 현재 대인관계적 상황에서도 마찬가지이다. 우리 대부분은 보편적으로 대인관계에서 불러일으켜지는 사랑, 권력, 정서적 애착욕구, 수치심, 죄책감 등에 취약하다(Ryle, 2003). 이러한 문제는 치료사와 내담자 사이를 포함하여 사람들 사이에서 자주 발생한다. 이러한 보편적인 문제에 주의해야 하는데 어느 한쪽 또는 양쪽 당사자의 정신적 다양성의 빈곤과 경직된 경험 채널을 가진 상태에서 상호작용할 때, 치료사는 자기 자신을 충분히 잘 알고, 충분히 현존하고, 충분히 방어적이지 않도록 하여, 내담자가 해리 감소와 함께 더 큰 자기-지식과 더 큰 자기-수용을 달성하도록 도울 필요가 있다.

제 3 장

외상과 해리의 편재 : 마음과 몸에 미치는 영향

자신의 자아가 분열의 증거를 드러낼 수 없을 정도로 완벽하게 통합되어 있다고 주장하려면 대담한 사람이어야 할 것이다….

– Ronald Fairbairn(1944/1952, p. 8)

1980년경까지 트라우마는 희귀한 것으로 간주되었고 해리성 장애는 훨씬 더 드물었으며 해리성 정체감 장애[DID]는 거의 존재하지 않았다. 미국에서, 외상을 입은 베트남 참전 용사의 귀환과 외상 후 스트레스 장애[PTSD]의 새로운 진단에 이어, 비전투적인 전쟁 생존자, 폭행당한 여성(그리고 남성), 학대받고 괴롭힘을 당하고 구타당한 어린이들의 외상은 일상생활의 경험이 될 수 있으며, 보통의 삶에서 벗어난 일이 결코 아니라는 것이 인정되었다(L. Brown, 1991; Herman, 1992).

DSM-5 기준을 사용하여 미국에서 외상 사건에 대한 노출은 89.7%로 추정되었다. 여러 가지 외상적 사건에 노출되는 것은 일반적이다. PTSD의 평생 유병률(그들의 삶에서 어떤 기간에 이 장애를 겪었던 인구의 비율)은 8.3%이다(그러나 이 수치는 기준의 변화로 인해 DSM-IV에 의해 산출된 수치보다 약간 낮다[Kilpatrick et al., 2013]). 해리성 장애는 현재 국제적으로 9~18%의 평생 유병률을 갖는 것으로 알려져 있으며, 이들 중 가장 심각한 해리성 정체감 장애[DID]는 일반 인구에서 1~1.5%의 유병률을 갖는 것으로 밝혀졌다(Şar, 2011). 외래 치료에서 해리성 장애의 비율은 12~38%이다(Brand, Lanius, Classen et al., 2009). 해리성 장애는 계속해서 매우 과소 진단되고 있다. 이것은 특히 올바른 진단을 받기 전에 정신건강 시스템에서 평균 5~12.4년을 보낸 DID 내담자에게 해당된다(Spiegel et al., 2011). 해리성 장애의 만연은 비록 과소평가될 수 있지만 관계적 외상에서의 손상이 널리 퍼져있음을 입증한다.

트라우마와 해리는 편재해 있다

『인간 정신의 해리적 본성The Dissociative Nature of the Human Mind』을 기술한 Philip Bromberg(2006)는 발달 트라우마, 즉 발달 중인 아동에게 영향을 미치는 일종의 트라우마가 도처에 존재한다고 설득력 있게 말한다.

> 발달 트라우마는 핵심적인 관계적 현상이며 불가피하게 모든 인간 존재의 성격을 형성한다. 그것은 모든 인간의 정서 조절 장애에 대한 잠재력에 기여하며, 이는 안정 애착이 상대적인 안정성과 유연성을 가져온 사람들에게조차 항상 정도의 문제는 있다. 우리 모두는 우리 자신의 '타자성otherness'과 대면하게 되는 예상치 못한 경험에 취약하며, 때때로 일시적이기는 하지만 우리 마음이 다룰 수 있는 것보다 더 '내가 아닌' 느낌을 받는다. 이것은 인간 조건의 일부이다. 사람들 사이에서 가장 큰 차이는 갑작스러운 정동적인 과각성이 처리되지 않은 발달 외상의 영역에 닿는 정도이며 불쾌할 뿐만 아니라 정신적으로 견딜 수 없고 따라서 인식할 수도 없다(2011, pp. 32~33).

마찬가지로 Ronald Fairbairn은 우리 모두가 분열성schizoid(즉, 해리성)이라고 믿었다. "자아의 분열에 대한 어떤 척도는 항상 가장 깊은 정신적 수준에 존재한다…. 물론, 이론적으로는 최적의 상태로 발달된 완벽한 사람의 경우에 사실이 아닐 것이다. 어떤 상황에서도 분열의 증거가 인식 가능한 형태로 표면에 나타나지 않을 정도로 높은 수준에서 통합되고 안정적인 자아를 가진 사람을 상상하기는 어렵다."(pp. 7~8, 1952)

정통한 트라우마와 해리에 기반한 심리치료는 트라우마의 만연함을 인식할 뿐만 아니라 해리적으로 구조화된structured 마음의 현실을 포용한다. 해리된 자기-상태에 대한 이해와 어떻게 트라우마가 신체에 해리적으로 저장되는지를 통합하는 심리치료는 내담자가 해리된 외상 경험을 점차적으로 동화할 수 있게 됨에 따라 진정한 치유의 전망을 제공한다.

정신/신체 연결: 정신신경면역내분비학

포식predation에 대한 동물의 방어 상태와 인간의 외상 후 및 해리 장애 사이에는 높은 상관관계가 있다(Moskowitz, 2004; Nijenhuis, Vanderlinden & Spinhoven, 1998, 2004; Perry, 1999, Schore, 2003ab, 2009). Van der Hart, Nijenhuis, Steele은 그들의 책 『사로잡힌 자아The Haunted Self』(2006)에서 공포에 뒤이은 인간 행동과 약탈에 반응하는 동물 상태 사이의 유사점을 설명한다. 예를 들어 싸움/도피, 얼어붙음, 그리고 그들이 '완전한 복종total submission'이라고 이름을 붙이는 과소각성 상태는 당연하게도 신체형somatoform 해리는 Van der Hart가 '정신형psychoform' 해리 또는 정신적으로 경험한 해리라고 부르는 것과 높은 상관관계가 있다. 위협과 외상에 대한 생리적 반응의 형태는 우리의 유전자에 있다.

트라우마가 우리 몸에 저장된다는 개념은 단순한 이론이 아니다.

어떤 경우에는 눈에 잘 띈다. 예를 들어, 11세에서 15세 사이에 포주를 포함하여 신체적, 성적학대를 받은 내 고객 중 한 명은 목이 졸리는 플래시백 후 목이 점액으로 가득 차서 무서운 숨을 자주 헐떡였다고 보고했다. 그녀는 최근 부상당한 적이 없지만, 몸을 움직일 수 없는 등 통증을 자주 겪는다. 그러나 통증은 그녀가 심하게 구타를 당했던 등의 특정한 곳에 위치했다. 때때로 나는 그녀의 얼굴이 의학적 설명을 할 수 없는 방식으로 부어오르는 것을 보아왔다. 그녀의 얼굴 옆면은 잔인하게 구타당했다. 북부의 겨울에 난방이 되지 않는 지하실에서 장시간 세탁을 하여 발에 생긴 무감각이 가끔 재발하여 발의 감각을 상실했고 뜻하지 않게 자주 넘어지게 되었다.

싸움/도피(그리고 더 최근에는 동결) 반응은 사람들이 포식의 빈번한 위협에 대응해야 했던 초기의 인간 진화에서는 적응적이었지만 이제 더 이상은 아닌 것으로 종종 언급되어왔다. 이러한 초기 유형의 위협에 대한 반응은 우리 유전자에 있을지라도 그러한 위험이 존재하지 않는 상황에서 종종 부적절하게 촉발되어 (그리고 종종 갇히는) 정신적 고통과 신체적 질병으로 이어진다.

『몸이 아니라고 말할 때When The Body Says No』(2003)의 저자 Gabor Maté는 다음과 같은 대안을 제시한다.

> 싸우거나 도망가기 경보 반응은 오늘날 원래 할당된 동일한 목적의 진화, 즉 우리가 생존할 수 있도록 하기 위해 존재한다. 우리가 우리의 경보 시스템으로서 고안되었던 직감gut feelings과의 접촉 상실이 일어난 것이다. 몸은 스트레스 반응을 보이지만 마음은 위협을 인식하지 못한다. 우리는 고통에 대해 희미한 인식만 하거나 전혀 인식하지 못한 채 우리 자신을 생리학적으로 스트레스가 가득한 상황에 놓이게 한다…. 우리는 더 이상 우리 몸에서 무슨 일

이 일어나고 있는지 감지하지 못하기 때문에 자기-보존적인 방식으로 행동할 수 없다. 스트레스의 생리학은 우리 몸을 갉아먹는다. 그 이유는 그것이 쓸모없어졌기 때문이 아니라 우리가 더 이상 그 신호를 인식할 능력이 없기 때문이다(p. 36).

Maté의 메시지의 중요한 부분은 소위 문명사회의 사람들이 애착 욕구와 사회적 보복에 대한 두려움에 적응하기 위해 고통에 대한 신체 신호를 너무 자주 억압하고 해리시켰다는 것이다. 문제는 몸에서 시작되는 정동affect을 알아차리지 못하면 정동조절의 성취가 어렵다는 점이다. 자기 조절 능력은 Ross Buck(1993)을 따라 Maté가 '정서적 능력emotional competence'이라고 부르는 것이다.

Maté는 심리적인 것이 신경계, 면역계, 내분비계와 불가분의 관계를 가지고 있다고 강조한다. 그는 이 정신신경면역내분비학을 "우리의 행동과 생리적 균형을 조절하는 기관organs과 선glands의 상호 연관된 기능을 연구하는 학문의 이름"이라고 부른다(2003, p. 87).

복잡한 트라우마를 다루는 방식에 대한 접근법에 언어적 심리치료뿐만 아니라 감각 및 신체 기반 심리치료가 포함된다는 것은 놀라운 일이 아니다.

하향식 및 상향식 치료법

하향식top-down 언어 치료는 경험에 대한 인지 및 언어 해석에 초점을 맞춘다. 그러나 하향식 접근 방식은 우리의 몸과 감정에서 정보를 덮을 수 있다. 대조적으로 상향식bottom-up 처리는 감각운동 반응, 신체 상태, 감각 및 정서를 포함한다. 다양한 신체기반 심리치료 기법(Levine, P.,

1997; Ogden, 2019; Ogden, Minton & Pain, 2006; Rothschild, 2000)들은 신체에 남아있는 트라우마를 확인하고 치료하고 신경계를 진정시키는 데 유용하다. 신체와의 작업은 감정을 방출하고, 이것을 이성과 연결하는 것은 "뇌의 이성적이고 감정적인 부분"을 연결하는 것이다(Van der Kolk, 2015, p. xvii).

트라우마는 복부 미주ventral vagal 신경의 조절을 방해하기 때문에(7장에서 논의됨) 외상을 입은 사람은 싸움, 도주, 동결 또는 등쪽 미주dorsal vagal 신경 붕괴 전략을 위해 계통 발생학적phylogenetically으로 덜 발달된 뇌 구조로 되돌아갈 수 있다. 신체 인식 치료사가 하는 일 중 하나는 몸과 호흡에 주의를 기울이는 것과 같은 복측 미주 신경 조절을 가능하게 하는 것이다. 신체 감각에 대한 단순한 주의는 부드러운 노출로 작용하여, 개인이 이러한 감정을 트라우마-관련된 위협으로 보기보다는, 편안하게 느낄 수 있도록 도울 수 있다.

간단한 호흡 운동은 자동적인 상태와 정동의 신체 상태를 전환shift 하는 데 도움이 될 수 있다. 그러나 누군가에게 심호흡을 하도록 요청하는 것만으로도 과호흡hyperventilation을 유발할 수 있다. 나는 넷을 세는 동안 심호흡을 하고, 넷을 세는 동안 멈추고, 여섯을 세는 동안 숨을 내쉬고, 둘을 세는 동안 멈추고, 이것을 여섯에서 열 번의 세트를 반복하는 호흡법을 자주 사용한다. 이 패턴에는 여러 가지 훌륭한 변형들이 있다. 호흡을 세고 관찰하고 있으면 과호흡은 일어나지 않을 것이다.

안구운동 둔감화 및 재처리[EMDR](Shapiro,2001)는 사람들이 양측 자극을 받는 동안 트라우마와 관련된 자신의 감정, 신체 감각, 생각 및 그들 자신에 대한 견해를 기억하도록 돕는 것을 포함한다. 내 생각에 EMDR은 기억의 통합에서 신경 생리학적으로 도움이 되는 것으로 생각되는 양측성 자극 외에도 개인이 트라우마를 처리하도록 도와줌으로써 해리구조를 감소시키기 때문에 효과가 있다. 원래 EMDR을 개발한 Francine Shapiro는 내담자의 얼굴 앞에서 손이 앞뒤로 움직이는 것을 관찰하고 눈으로 움직임을 추적하도록 내담자에게 요청했다. 양측성 자극은 두드리기나 소리와 같은 비시각적 방법을 사용하는 것인데 효과가 있는 것으로 밝혀졌다. EMDR은 트라우마에 대한 연관성을 불러일으키며, 먼저 감정을 고조시킨 다음 일반적으로 감소시킨다.[2]

EMDR에 대한 단서는 노출과 마찬가지로 EMDR이 해리성이 높은 내담자를 촉발하여 외상적 존재 상태가 되게 할 가능성이 있다는 것이다. 아주 경계하여 신중하게 사용해서, 조절할 수 없는 정동의 발생 가능성에 대비해야 한다.

실제로 하향식 프로세스와 상향식 프로세스는 종종 얽혀 있다. 상향식 접근 방식이나 EMDR에서도 하향식과 상향식 모두 감각과 단어가 서로 틀에 넣어져 있다. 민감한 치료사는 두 접근 방식을 의식적이든 무의식적이든 동시에 사용하여 친밀감이나 거리에 대한 내담자의 필요에 따라 목소리를 조절modulate하고 신체 위치를 변경modify한다. 치료사는 이미지와 은유를 사용하여 신체적 및 정서적 상태에 대해 이야기한다.

Allan Schore(2003ab, 2009, 2019)와 Daniel Siegel(1999, 2004, 2007)은 얼굴 표정, 신체 자세 및 눈 접촉에 대한 인식을 포함하는 우뇌 프로세스가 어떻게 시간이 더 많이 소요되는 좌뇌(및 언어) 프로세스를 종종 우회하는 밀리초millisecond 프로세스인지 설명했다. 이러한 무의식적 우뇌-대-우뇌right-brain-to-right-brain 상호작용이 잘 이루어질 때 치료 과정에서 안정적인 애착이 촉진된다. Schore(2019)는 초기 해리된 정동을 처리하기 위해 우뇌에서 우뇌로의 공명 회귀resonant regression(치료사와 내담자의)에 대해 말한다. 이 공명하는 치유의 유대관계는 심리적 성장을 촉진한다.

부정적인 아동기 경험[ACE]

관계 트라우마와 발달 트라우마로 인한 손상은 종종 신체와 질병으로 나타난다. 발달 트라우마와 나중의 신체적 질병으로 오는 역경adversity 사이의 극단적으로 높은 상관관계는 트라우마가 만연함을 간접적으로 증명한다. 학대와 고통스러운 어린 시절 경험이 해리를 유발한다는 의미에서 반드시 트라우마가 되는 것은 아니지만, 종종 그렇다. 그것들은 우리가 트라우마에 대해 이야기할 때 전체 그림의 부분이 된다. 트라우마가 해리만 일으키는 것은 아니며 신체적 건강 또한 손상시킨다. 사실, 정신건강 전문가들이 다루는 많은 문제들은, 비만과 같이, 실제적으로 신체적인 문제들이다. 부정적인 어린 시절 경험에 대한 연구를 살펴보기로 한다.

Vincent Felitti와 Robert Anda와 동료들(1998)은 어떻게 어린 시절 부정적 사건들이 나중에 신체적 건강에 영향을 미치는지를 연구했다. 그들은 현재 건강 데이터는 물론 흡연 및 약물 남용과 같은 현재의 위험 요소 외에도 스스로 보고한 아동기 학대 및 기타 유해 사례를 포함하여 San Diego에 거주하는 중산층의 17,000명이 넘는 카이저 건강보험 Kaiser health plan 회원들에 대한 데이터를 수집했다. 연구자들은 비만과 아동기 외상 및 역경 사이의 상관관계에 대한 이전 연구에서의 부정적 사건 범주에 대한 정의를 바탕으로, 성인 참여자들에게 18세 이전에 다음과 같은 경험을 하였는지에 대해 질문했다.

1. 되풀이되는 정서적 학대
2. 되풀이되는 신체적 학대
3. 성적학대에 의한 접촉

4. 신체적 방치
5. 정서적 방치
6. 가정 내에서의 물질 남용
7. 가정 내에서의 정신 질환
8. 폭력적으로 다루어진 어머니
9. 부모의 별거나 이혼
10. 가정 내 범죄행위, 또는 감금

(Harris, 2018, p. 37; Shonkoff et al., 2012)

각 범주는 1점으로 계산되었으며 가능한 최대 점수는 10점이다. 기본 결과는 역경, 학대 및 외상 유병률에 대한 다른 연구와 일치했다. 인구의 67% 이상이 최소 하나의 ACE를 가지고 있었다. 약 40%는 2개 이상의 ACE를 갖고 12.6%는 4개 이상의 ACE를 보고했다.

이 연구 결과에서 놀라운 점은 이후의 건강 결과와 일관되게 높은 상관관계가 있다는 것이다. ACE 범주의 수와 나중의 좋지 않은 건강 사이에는 용량-반응dose-response 관계가 있었다. 즉, 역경이 많을수록 성인병이 더 커졌다. ACE가 없는 사람에 비해 하나 이상의 ACE가 있는 사람은 자가 면역 질환an autoimmune disorder이 발병할 가능성이 2배 더 높았다. ACE가 4개 이상인 사람은 심장병과 암이 발병할 가능성이 2배, 비만 또는 과체중일 가능성이 2배, 학습 또는 행동문제로 진단될 가능성이 32.6배 더 높다. 7개 이상의 ACE를 가진 사람은 폐암에 걸릴 확률이 3배, 허혈성 심장 질환ischemic heart disease에 걸릴 확률이 3.5배 더 높았다. 그리고 마지막으로 ACE는 DNA 가닥 끝에 위치하여 이를 보호하는 텔로미어와 관련이 있다. 짧아진 텔로미어telomeres는 수명 단축과 관련이 있다. 모든 ACE에 대해 "텔로미어가 짧을 확률이 11% 증가" 했다(Harris, 2018, p. 89).

쉽게 예상되는 바이지만, 증가된 ACE는 흡연, 음주, 성적 난잡함, 신체적 무활동inactivity, 과식과 같은 신체-손상이나 위험한 행동을 하는 것과도 관련이 있다. 4개 이상의 ACE는 ACE가 없는 사람에 비해 흡연할 가능성이 2.5배, 알코올에 의존할 가능성이 4.5배, 정맥 주사로 약물을 사용할 가능성이 10배가 더 높다고 예측했다(Harris, p. 70). 따라서, ACE 증가와 관련된 좋지 않은 건강의 결과는 위험한 행동에 기인하는 것으로 보이고 또한 증가된 ACE와 관련되는 것으로 보인다. 그러나 그것은 잘못된 결론이 될 것이다. 『가장 깊은 행복: 어린 시절 역경의 장기적-영향 치유Deepest Well: Healing Long-Term Effects of Childhood Adversity』의 저자 Nadine Harris에 따르면 "'나쁜 행동'은 질병에 걸릴 가능성의 약 50%만 설명하는 것으로 밝혀졌다."(2018, p. 41)

이러한 모든 결과는 조절되지 않은 스트레스 반응에 기인한다. 호랑이가 당신에게 돌진하거나 누군가 당신 주변에서 칼을 휘두르는 것과 같은 임박한 위험의 존재는 내인성endogenous 스트레스 호르몬, 노르에피네프린(아드레날린) 및 코티솔의 방출을 신호한다. 노르에피네프린의 방출은 심박수와 혈압의 증가와 함께 주의력과 집중력을 높인다. 그러나 노르에피네프린 수치가 너무 높아지면 뇌가 부분적으로 정지하게 된다. 스트레스가 증가하면 HPA 축(시상하부the hypothalamus, 뇌하수체the pituitary 및 부신the adrenals)을 포함하는 피드백 루프의 복잡한 회로가 활성화되어 부신에서 코티솔이 방출된다(Yehuda, 2000). 증가된 코티솔은 면역 체계, 통증 인식 및 소화와 같은 비상시에는 바로 필요하지 않은 시스템을 차단하여 생존을 지원한다. 급성 스트레스나 역경이 단일 사건일 때 그 사건에 맞게 적절하게 높은 수준의 스트레스 호르몬이 방출된 다음에 일반적으로 가라앉는다. 그러나 코티솔이 많이 분비되면 장기적으로는 뇌와 건강에 해를 끼친다. 스트레스가 되풀이되면 스트레스 호르몬이 높게 유지되어 내분비 계통, 염증 계통, 면역 계통, 위장 계통, 심혈관 계통 및 신경계에 악영향을 미친다. 증가된 코티솔은 혈당, 혈압 및 염증을 증가시키고 반성적 사고를 억제할 뿐만 아니라 고당 및 고지방 음식을 갈망하도록 신체에 영향을 미친다(Harris, 2018). PTSD가 HPA 기능 장애와 관련되어 온 것은, 초기의 생활 스트레스가 장기적인 발달 및 기능에 미치는 영향을 함축한다(Bremner & Vermetten, 2007; Simeon & Abugel, 2006; Yehuda, 2000).

독성 스트레스는 DNA 유전 명령의 후성epigenetic 유전학적 변형에 영향을 주어 신경내분비 발현을 변화시킨다. 만성 스트레스는 해마(기억과 관련됨) 및 내측 전전두엽 피질[PFC]에서 뉴런 및 뉴런 연결의 손실과 관련이 있다(Shonkoff et al., 2012). MRI 연구는 뇌에서 측정 가능한 변화를 보여주었다. 증가된 코티솔은 또한 감소된 해마 크기와 관련이 있다. 많은 연구에서 신체적 또는 성적학대를 받은 성인의 해마 크기와 부피가 그렇지 않은 사람에 비해 더 작다는 것을 발견했다(Nijenhuis, 2003). 한 연구에 따르면 완전히 명확한 해리성 정체감 장애[DID]를 가진 사람의 경우 해마 크기가 25% 감소했고, 특정되지 않은non-specified 해리성 장애가 있는 사람의 경우 크기가 15% 감소했다(Ehling, Nijenhuis, & Kirke, 2003). Vermetten과 다른 사람들(2006)은 DID를 가진 여성들이 건강한 대조군보다 해마 부피가 19.2% 적고 편도체 부피가 31.6% 적다는 것을 발견했다. 좋은 소식은 성공적이고 통합적인 심리치료 후에, 이러한 감소의 많은 부분이 회복되었다는 사실이다.

ACE 연구 결과에 대해 열의가 부족한 것에 대응하여 Harris(2018)는 다음과 같이 질문한다. "사람들은 왜 역경의 과학에 그토록 저항했는가? … 세포 수준으로, 생물학적 메커니즘의 수준으로 내려갈 때, 그것은 우리 모두에 관한 것이 되기 때문이다. 역경이 닥쳤을 때 우리는 모두 똑같이 영향을 받기 쉽다. 그리고 그것은 많은 사람들이 듣고 싶어 하지 않는 것이다. 어떤 사람들은 물러서서 그것이 단지 가난한 사람의 문제인 척하기를 원한다."(p. 194) 이와 대조적으로, Harris는 커티지 치즈를 먹으면 암에 걸릴 확률이 3배 증가한다는 연구 결과가 나오면 "인터넷이 중단될 것이고 낙농 로비가 위기관리 회사를 고용하게 될 것"이라고 말한다(p. 40).

Harris의 대답은 일반적으로 트라우마와 질병에 대한 비슷한 질문에 대한 대답과 유사하다. 형이 폐암으로 죽어가고 있을 때 많은 사람들이 가장 먼저 한 질문이 "담배를 피웠나요?"였다(사실상, 그는 10여 년 전에 이미 담배를 끊었는데, 그 당시에는 그것이 어떠한 손상이든 없애는 것으로 생각했지만, 우리는 지금 그렇지 않다는 것을 안다). 다시 말해서, 많은 사람들이 위험을 제거할 수 있는 원인을 그들 자신에게 돌리기를 열망했다. 다른 사람의 잘못으로 돌리려는 생각은 "그것은 나에게 일어날 수가 없어"라는 식으로 안전감에 대한 개인의 욕구와 더욱 일치되는 것이다.

여기서 우리는 트라우마뿐만이 아니라 널리 퍼진 트라우마의 실제를 수용하는 것이 얼마나 어려운지에 관한 것으로 돌아가게 한다. 우리의 정신과 진단psychiatric diagnostic 체계는 외상 문제에 대한 일관성 없는 치료를 나타낸다.

삶의 문제에서 트라우마와 해리의 영향에 대한 전문적 혼란

주로 해리 현상 자체가 정신건강 분야 내에서 매우 분리되어 있기 때문에 DSM 자체는 트라우마 및 해리의 영향과 관련하여 불일치한 것으로 가득 차 있다. Luxenberg와 동료들(2001)이 설명했듯이 "외상-관련 장애들은, 해리장애를 포함하여, 계속해서 심하게 과소 진단되어 있다. 이러한 과소 인식은 이러한 환자들이 나타내는 증상의 다양성에 비추어 볼 때 가장 잘 이해될 수 있으며 그것은 그들의 외상 경험과 관련된 것으로 쉽게 인식되지 않을 수 있다."(p. 377) 달리 분류되지 않는 많은 장애에서 외상과 해리의 근본적인 중요성에 주목하는 것이 더 간단하고 훨씬 더 명확해 보일 것이다.

우선, 외상 후 및 해리 증상은 종종 정신병psychosis과 혼동되어 왔다. 실제로 Schneider(1939/59)가 정신 분열증에 대한 병리 특징적으로 나열한 증상은 실제로 DID에 대한 설명이 더 많다(Kluft, 1987; C. Ross, 1989). 외부 관찰자에게 망상이나 환각을 일으키는 것으로 보일 수 있는 행동은 동화되지 않은 외상적 사건을 재경험하는 것일 수 있다. 무서운 플래시백, 시각, 청각 또는 신체화는 종종 정신병 증상으로 오인된다(Moskowitz, 2008). 예를 들어, 내 내담자 쉐일라Sheila는 손과 다리를 심하게 휘두르며 자주 잠에서 깨어난다고 보고한다. 자세히 알아보았을 때 그녀는 성폭력범과 싸웠던 동화되지 않은 기억을 재연하고 있었다. 예를 들어, 그녀가 병원에서 이런 행동을 하는 것이 목격되었다면, 그녀의 행동은 정신병자로 낙인 지어졌을 것이다.

또 다른 문제는 경계성 인격 장애[BPD]의 진단이다. 경계선borderline은 원래 정신병과 신경증의 경계선에 있는 문제를 지칭했다. 용어는 유지되었을지라도 용어의 현재 의미는 다양하다(Howell, 2002, 2019). "복합 외상"(Herman, 1992) 및 "만성적인 관계적 외상 장애"(Howell, 2019; Howell & Blizard, 2009)와 같은 보다 정확한 용어가 제안되었다.

BPD가 초기에는 정신분열증 스펙트럼에 속하는 것으로 간주되었을지라도 점차 외상의 결과로 이해되고 있다(Gunderson & Sabo, 1993; Herman, 1992; Howell, 2002; Kroll, 1993; Putnam, 1997; Ryle, 1997b; Zanarini, 1997). BPD에 대한 연구는 학대와 방치가 모두 매우 중요한 위험 요소라는 것을 발견했다(Zanarini, 1997). BPD의 필수 구성 요소로 인식되는 정동 조절의 어려움도 PTSD의 주요 징후 중 하나이다(Schore, 2003(ab)). BPD는 PTSD와 상당한 관련이 있는 것으로 밝혀졌다(Mclean & Gallop, 2003). 그러나 세계보건기구(WHO)의 국제질병분류(ICD-11) 개발과 관련된 새로운 연구(Cloitre, Garvert, Brewin, Bryant, & Maercker, 2013)는 제한된 중복만을 발견했다. McWilliams(2011)는 다음과 같이 말했다. "경계선 심리학은 단일 개체가 아니며 대부분의 다른 복합적인 심리적 현상과 마찬가지로 다중 결정적일 가능성이 높다."(p. 54) BPD라는 용어의 부정적인 내포는 그 사용을 바람직하지 않게 만든다.

내 견해로는, 앞서 언급한 비난적인 BPD 진단(Kernberg, 1975)과 종종 연관되는 분열(자신과 타인에 대한 좋은 인식과 나쁜 인식이 번갈아 나타나는 것으로 특징지어지는)은 해리적이며 DID의 상태 전환과 유사하다(Howell, 1999, 2002). 분열에는 의식에서의 정동적인 전환이 있다. (한때 천사로 여겨졌던 사람이 지금은 악마가 되었다.) 비록 그 사람이 기억의 연속성을 유지하고 행동과 정동의 극적인 변화를 인정할지라도, 그 의미는 부정disavowed된다. BPD에서 전환에 대한 기억 상실이 없기 때문에, 그것은 부분적이며, 완전한 해리가 아니다.

외상 장애 및 해리 장애에 대한 불일치와 혼동에 대한 논평에 추가하여, Colin Ross는 그의 (2009) 전자 간행물 「전문가 논평: 해리구조 모델이 DID와 PTSD를 통합하는 방법Expert Commentary: How the Dissociative Structural Model Integrates DID and PTSD」에서 해리 양식의 존재에 대해 많은 장애에서 관찰했다.

[해리적] 침입intrusion이 생리적 감각일 때 DSM-IV-TR 언어에서 우리는 그것을 신체화somatization라고 부른다. 침입이 당신의 머리에서 머리카락을 뽑으려는 충동, 혹은 분노 상태의 갑작스러운 침입일 때, 우리는 그것을 충동 조절 장애impulse control disorder라고 부른다. 그러나 침입이 반복적으로 손을 씻고자 하는 충동일 때, 우리는 그 충동을 강박이라고 부르고 OCD로 진단한다…. 플래시백 에피소드가 침입하면 해리성 플래시백 에피소드라고 부르며 불안 장애로 진단한다. 침입이 환청일 때 DSM-IV-TR 매뉴얼에 따라 정신병psychosis이라고 부른다. DID에서도 같은 증상이 나타날 때, 우리는 그것을 해리성 증상이라고 부른다.

제 4 장

상처 입은 한 쌍으로서의 임상적 한 쌍

잔학 행위에 대한 일반적인 반응은 의식에서 추방하는 것이다.

– Judith Herman(1992, p. 1)

정도의 차이는 있지만, 우리 모두는 외상을 입고 해리적이다. 그렇다면 어떻게 임상적 한 쌍dyad이 상처를 입은 한 쌍이 될 수 있는가? 우리 중 누구도 발달 트라우마에서 벗어날 수 없다. 어떤 사건의 경험이 너무 압도적이어서 한 개인의 부분으로 받아들여지기 어렵게 되면, 이러한 경험은 의식의 검열을 통과할 수 없기 때문에 우리 자신의 해리된 조각들로 남는다. 그리고 이것은 우리의 일상 속에서 자주 보이지는 않는데, 그럼에도 그것은 우리 안에서 힘을 발휘하고 있다. 이러한 우리 자신의 조각들은 우리의 의식에서는 공백 상태가 되는데, 우리가 그것들을 고정 관념, 콤플렉스, 또는 우리 자신의 해리된 부분들이라고 부르든 아니든 상관없이 막강하게 지각, 인지 및 행동을 움직이는 힘이 있다. 이러한 방식으로, 우리 모두는 해리된 마음을 가지고 있다.

임상적 한 쌍을 상처 입은 한 쌍으로서 바라보는 견해는 이전 패러다임으로부터의 극적인 변화이다. 우리는 빈 화면으로써 존재하는 치료사의 입장, 그것은 객관적인objective 환자의 객관적인 병인을 객관적으로 치료하는 의사라는 의료모델로부터 유래되어 온 것인데, 이러한 치료사의 입장으로부터 더욱 복잡해진 이인 한 쌍two-person dyad에 대한 이해로 넘어갔다. 그것은 내담자의 유익을 위해 존재하는 동안 실제적인 방식으로 양쪽의 주관성subjectivity을 포함하는 일이다. 이제 우리는 심리치료의 과정에 대해 매우 다르게 생각하게 되었다. 구 패러다임은 이 새로운 영역을 계획하지 않았다.

모든 변화하는 모델과 마찬가지로 이전 모델로부터 남겨진 잔여물에는 해결되지 않은 문제점들이 남아 있다. 이 새로운 패러다임에서 풀어내야 할 여러 이슈들 중에는 보편적인 정신적 지점의 묵직한 상호작용들이 있는데(지배, 복종, 욕구, 굴욕, 증오, 갈망 등), 상처받은 주관성들의 패턴들은 언제나 의식적인 알아차림으로 떠오르지 않을 수 있다. 이 어두운 영역에서, 수치심과 비난은 종종 풍토적endemic이고 강렬하다. 비록 공동참여자a coparticipant임에도 불구하고 내담자는 의존성을 상기시키는 역할을 하는데, 그것은 종종 최면적인 의존이다. 두 당사자들의 상처는(일부는 알려지고 인식되어지고, 일부는 그렇지 못하는) 필연적으로 의식 아래 또는 의식을 넘어서 상호작용하는데, 이것은 어느 한쪽보다 더 크게 작용한다. 피할 수 없는 재연에서 우리는, 치료자로서 우리 자신의 해리된 부분의 사각지대blind spots를 인식하고, 소화metabolize하고, 다루어야 한다. 또한 우리는 내담자가 이를 명확하게 알아차릴 수 있는지를 인식해야 할 의무가 있다. 그러한 내담자 관찰은 신중하게 고려되어야 하며 전이 왜곡transference distortions으로 간과해서는 안 된다.

한 사람 모델에서 두 사람 한 쌍 모델로

의학적 모델과 프로이트의 모델에서 관심의 주제는 한 사람의 심리적 구조, 역동 및 문제들이었다. 치료사는 개인의 불편함dis-ease을 치료하는 의사와 같은 것으로 이해되었다. 치료사의 인격이나 사각지대blindspots는 포함되지 않았다. 다른 사람을 객관적으로 볼 수 있다고 하는, 맥락적인 관찰요소가 결핍된 이러한 실증주의적 견해는, 관찰의 결과가 과정과 분리될 수 없다는 견해와는 구별된다. 후자의 상호적인 입장이 두-사람 모델과 더 일관된다.

한 개인의 정신적 결정론과 방어가 초점이 되는 한-사람 관점은 궁극적으로 자기중심적egocentric이다. 대조적으로, 두-사람의 외상 모델은 공유된 인간성shared humanity과 사회적 책임감social obligations을 제안한다.

두-사람 모델(실제로 두 사람에게 국한되지는 않지만, 지금으로서는 그것이 가장 최선의 표현)은 발달적으로 사람이 관계의 맥락에서 형성되고 마찬가지로 개인 심리치료가 두-사람 관계라는 것을 인정한다. 두-사람 모델에서 내담자의 치유는 각 당사자의 해리된 자아-상태를 포함하여 자아 상태의 공명, 리듬 및 상호 작용을 포함하는 과정인 공동 과정의 결과이다. 이러한 상호적인 과정은 궁극적으로 인식되고 작업될 수 있는 특정 홈에 정착하는 것처럼 보이는 거의 무한한 수의 패턴을 잠재적으로 생성한다. 말할 것도 없이 이 과정은 단 두 사람의 것보다 크다. 상호주관성 이론(Benjamin, 1990; Stolorow, Atwood, & Orange, 2002)은 자신의 주관성을 경험하고 주장하는 것의 중요성, 즉 사람들의 주관적인 세계가 상호 작용하는 심리적 영역에 묻혀 있다는 인식을 추가한다. 두-사람 모델의 주요 성장 촉진 측면은 다른 사람들과 상호 작용하는 방식에 대한 이해를 발전시키는 것이다. 이는 Kohut(1959, 1971, 1984)이 강조한 개념인 공감의 중요성과 관련이 있다. Jennifer Leighton(2016)은 "공감에 관한 Kohut의 1959년 논문은 새로운 관계적 패러다임을 명확히 하는 데 중요한 역할을 했다. 우리가 내담자를 알고 치유하고자 한다면, 우리 자신이 내담자의 경험과 그의 발달적 맥락에 몰입해야 한다"(p. 129)

라고 말했다.

두-사람 모델이 허용하는 패턴 중 하나는 심리치료에서의 내재된 권위적 구조를 검토하는 것이다.

권위 구조

심리치료 사업의 의도는 아닐지라도, 권위 구조의 설계는 부모-자녀 관계의 설계를 모방하거나 반복한다(Newton, 1973). 그 효과는, 치료사와 내담자 모두에게 종종 무의식적으로 나타나는데, 이는 명확히 해야 할 필요가 있다. 이것은 전이에 대해서 말하는 또 다른 방법이 아니다. 이것은 특정인에게로의 전이를 넘어 권위 상황에서의 구조와 역할과 관련이 있다. 핵심 문제는 치료 관계에서의 치료사의 권위와 힘의 문제이다. 개인적 권위의 환상을 전문적 권위의 역할 관련 망토mantle로 착각하기 쉽고, 상호성, 공동 건설 및 상호 주관성의 언어를 사용하는 경우에도 권위가 치료사로서 개인적으로 우리에게 속한다고 가정하기 쉽다. 치료의 틀을 세우고 안내하는 것이 치료사의 역할일지라도 치료사는 역할의 권위라는 망토 뒤에 무의식적으로 숨어 있기 쉽다. 전문 분야에 대한 치료사의 훈련에도 불구하고 권위의 역할로 인해 전문가의 역할이 붕괴되어서는 안된다. Truman 대통령은 "당신이 박수를 보낼 때, 그것은 나를 위한 것이 아니라, 대통령직을 위한 것임을 기억하라"라는 취지의 말을 했다는 소문이 있다. 치료사가 스스로에게 물어야 할 중요한 질문은 그들이 다른 상황에서보다 치료사의 역할에서 더 많은 지식과 통찰력을 자신에게 돌리는 것인지의 여부이다.

역할은 강력한 정체성-형성자identity-shapers이다. 역할의 힘에 대한 대표적인 예는 연구에 참여한 학생들에게 죄수 또는 교도관의 역할을 할당했던 사회 심리학 실험인 필립 짐바르도Philip Zimbardo의 스탠포드 감옥 실험Stanford Prison Experiment(Zimbardo, 2007)이다. 학생들은, 특히 교도관 역할에 배정된 학생들은, 누구도 예상하지 못했던 기세로 그들의 역할을 강력하게 수행했는데 자주 폭력적이고 가학적이었다.

익숙한 역할은 일치하는 상황에서 불러일으켜진다. 심리치료 관계에서의 학대가 역할 혼란에 의해 어떻게 영향을 받을 수 있는지에 대해 불쾌하지만 때때로-전해졌던 사례로는 젊고, 문화적으로도 개인적으로도 무력하고, 의존적인 여성에 대한 중년 남성 정신과 의사(또는 치료사)에 의한 성적 착취가 있다. 경계 위반은 일선에 의하면 잘-분석 받은well-analyzed 치료사들에 의해서도 여전히 발생한다(Gabbard & Lester, 1995). 내가 한 명 이상의 예비 내담자에게서 들은 얘기로는 그녀의 이전 치료사는 그녀에게 도움이 되리라고 생각했었기 때문에 그녀와 성관계를 했던 것이라고 말했다고 한다. 물론 성별이 반대인 경우에도 성적 착취 및 기타 종류의 착취가 일어날 수 있다. 남성 치료사나 여성 치료사 어느 쪽도 예외가 없다. 성적이든, 모성이든, 부성이든 간에 욕망은 관계에 내재되어 있다. 심리치료 내담자는 본질적으로 전문가에게 도움을 구해야 하는 의존적인 위치에 있다. 그들은 치료적 한 쌍으로서 함께 구축되어 있지만, 이것이 똑같이 동등하다는 것을 의미하지는 않는다. 그것은 동등한 운동 경기장이 아니며, 치료사는 틀을 유지하는 일을 한다.

해석의 오류

심리치료에서 권위의 역할이 미치는 영향의 한 측면은 해석과 관련이 있다. 우리 중 많은 사람들이 훈련에서 올바른 해석이 치유의 기본이라는 것을 배웠다. 그러나 해석이 얼마나 타당할까? 임상가로서 우리는, 다른 사람에게 있어서 무엇이 진실이고 무엇이 무의식인지를 정말로 알 수 있는 것일까? 거의 알 수 없다는 것을 나는 제안한다. 그러한 해석이 정확하다고 할지라도, 그것은 내담자를 그들 자신의 경험으로부터 멀어지게 할 수 있다. 내담자의 경험에 대한 임상가의 통찰의 순간이 엄청나게 도움이 될 수 있다고 할지라도, 나는 이러한 통찰이 연결성의 맥락 안에서 주의 깊게 소통되어야만 하는 것이지, 높은 곳에서부터, 우리가 안다는 교만한 생각으로는 아니라고 믿는다. 나는 다음과 같이 말하는 것이, 후자보다 나은 표현이라고 믿는다. "당신이 이해했던 이런저런 방식들이 당신의 과거 경험 때문이라고 보면 맞을까요?" 그리고 후자는, "당신이 아직 인식하지는 못하겠지만 과거의 빛에 비추어보면 이것을 잘못 해석한 겁니다." 해석에는 잠재적으로 내재된 수치심을 가지고 있다. 일반적으로는 질문을 하는 것이 더 낫다. 질문은 내담자를 초대해서 탐색의 공동 모험에 참여하도록 하는 것인데, 정답을 가지고 해석을 전달하는 것과는 대조된다.

외상 경험에 다가가기 어려움

많은 트라우마를 입은 사람들이 외로움을 두 배doubly로 느끼는데, 첫 번째는 외상 자체로부터 느끼는 것이고, 두 번째는 다른 사람들이 그들을 자주 외상으로부터 멀어지게 하고 또 문제를 발달시켜서, 고립감과 수치심을 증가시키기 때문이다. 이것이 치료사의 정서적 수용과 반응이 중요한 이유 중 하나이다. 주의 깊게 내담자의 경험에 가까이 다가가는 것이, 흔히 작업의 핵심이 된다. 하지만, 그것은 자주 외상을 입은 사람들과 함께하는 우리의 작업에서 가장 어려운 부분 중 하나이기도 하다.

Judith Herman(1992)은 "잔학 행위에 대한 일반적인 반응은 의식에서 그들을 추방하는 것이다"(p. 1)라고 썼다. 외상 작업에서 임상가는 공포를 처리하도록 요청받는데 또한 그것을 내담자에게 처리하도록 요청한다. 이것이 의미하는 것은 우리에게 말해졌던 공포를 본능적인 것조차, 우리 자신의 경험으로 들어오게 해야 한다는 것이다. Richard Gartner(2014)는 "결국, 우리 중 누가 아이의 고통스럽고, 굉장히 자극적이고, 파괴적인 경험에 대해 진정으로 듣고 싶어 하겠는가?"라고 썼다(p. 614). 문화적 무지blindness는 잔인함, 사디즘, 그리고 그것에 취약한 많은 어린이들이 다루어지는 것에 대한 인간 개인의 무지가 복합된다. 내담자와 임상가 모두가 비양심적인 것을 의식으로 떠올리기가 어렵다. 하지만, 비양심적인 것은 너무나 쉽게 해리되기 때문에, 무의식 속에 박혀 있다. 외상을 입은 내담자들과 그들의 치료사들에게도, 결백은 없다.

Richard Gartner(2014)는 새로운 개념과 용어인 역외상countertrauma을 도입했다. *역전이*와 유사하지만 동일하지는 않은 역외상은 특히 내담자의 외상에 대한 반응이다. 그는 역외상을 "대리vicarious 외상"(Pearlman & Saakvitne, 1995)과 대조하여, 그 역외상은 우리 자신의 것인데(우리는 내담자의 외상을 경험하는 것이 아니라, 오히려 우리 자신의 외상을 경험하는 것인데), 이것은 우리 자신의 해결되지 않은 문제를 포함하여, 우리 내담자의 외상에 대한 응답인 것이라고 했다. Gartner는 외상의 처리와 언어화가 내담자에게 중요한 것으로 고려할 때, 그것은 똑같이 치료사로서 우리에게도 중요하다고 강조한다. "우리는 우리의 경험을 언어적으로 부호화할 방법을 찾고, 우리의 내적 반응을 병리적으로 다루지 않는 환경에서 그것에 대해 자세히 이야기하고, 그렇게 함으로써 우리 자신이 덜 수치스럽게 느낄 수 있고 전문적으로도 덜 고립되어 있다고 느낄 수 있게 한다."(p. 614)

치료사는 내담자의 외상에 압도될 수 있다. 예를 들어, 한 사례에 대해 논의하는 동안 수퍼바이지supervisee는 특징지을 수 없는 덜커덕거리는 움직임으로 그녀의 머리와 팔을 너무나 많이 움직여서 내가 어지러울 정도였다. 마침내, 나는 말했다. "이것이 정말로 당신의 내면을 자극해서, 당신에게 너무 많은 것을 느끼게 하는 것처럼 보이네요." 그러자 내 수퍼바이지는 "네, 압도되네요"라고 말했다. 우리가 그 상황에 대해 그녀에게 압도적인(즉, 외상적인) 것이 무엇인지 논의하는 동안, 그녀의 몸이 움찔하던 것을 멈췄다.

내담자에 의한 촉발

우리가 내담자의 경험을 받아들일 수 있고 압도당하지 않을 때 내담자는 해롭게 느낄 위험이 줄어들고 내담자의 트라우마와 고통을 도울 수 있는 더 나은 위치에 있게 된다. 압도당하는 것을 피하는 것이 항상 그렇게 쉬운 것은 아니다. 무엇보다도 내담자의 경험은 우리 자신의 외상 기억을 유발할 수 있으며, 이는 항상 잘 처리되지 않을 수도 있다. 우리는 내담자가 경험하고 있는 것과 우리가 경험하고 있는 것을 구별할 수 있어야 하고, 우리 자신의 개인적인 반응을 분리하여 담을 수 있어야 한다. 그렇지 않으면, 재연enactment될 위험이 있다.

Stuart Perlman(2004)은 이러한 딜레마를 삽화로 예시하였는데 고객의 주차 미터기에 돈을 넣으러 나갔을 때의 일이었다. 그가 돌아왔을 때 그녀가 그녀 자신을 찔렀고 카펫에 심하게 피를 흘리고 있는 것을 발견하였다. 그는 이렇게 썼다.

> 이것은 나에게 강력하게 당황스러운 순간이었다. 순간 내 안에 많은 생각과 이미지가 스쳐 지나갔다. 나는 피를 보고 소름이 돋았다. 지금 돌이켜보면, 그것이 내가 열 살 때 차에 치였던 사고를 겪었던 것으로써 신체적인 재-경험을 촉발시켰다는 것을 깨달았다. 물리적인 충격을 느낄 수 있었다. 내가 볼 수 있는 모든 것은 피, 교통사고로 인한 피 그리고 그녀의 팔에서 내 카펫 위로 떨어지는 피뿐이었다. 나에게 느껴지는 것은 마치 그녀가 나를 물리적으로 때리는 것과 같았다. 나는 그녀를 두려워하였는데, 이런 반응은 그녀가 나에게 한 행동이 아니라 자동차 사고에 대한 기억이 되살아난 것을 포함하고 있다는 것을 깨닫게 되었을 때 비로소 멈출 수 있었다(p. 101).

내담자가 우리에 대해 아는 것

내담자가 우리에 대해 많은 것을 알고 있지만, 우리가 사적인 것으로 지킬 수 있다고 생각했던 것으로 우리에 대한 것들을 그들이 알고 있는 것처럼 보일 때, 이탈하는 느낌을 느낄 수 있다. Perlman의 감동적인 에세이의 또 다른 예에서, 한 내담자가 그에게 어떻게 말했는지를 다음과 같이 묘사했다. 그녀는 어떤 사람이 성적학대를 당했는지 알 수 있다고 말했다. 그리고 그가 10세 때 사고를 당한 이후에 성적으로 학대를 당했을 것으로 믿는다고 말했다. Perlman(2004)은 처음에는 속으로 격렬한 부정을 느꼈지만, 그다음에는, 그가 목에서 발끝까지 깁스를 한 몸으로 되돌아간 경험을 했고, 성기와 뒷부분만 뚫린 구멍이 있었다고 썼다. 그는 "내가 배변한 후에 사람들이 나를 닦아야 하고 내 성기와 뒤를 씻어야 했을 때의 자신의 취약성과 굴욕을 기억했다. 간호사들이 갑자기 들어와 침대 시트를 벗기고 나를 자기 몸에 대한 권리가 없는 것처럼 씻기곤 했다…. 그렇지만 … 나는 법적으로나 기술적으로 성적학대를 당한 것은 아니고, 다만 심하게 침해당하는 기분이 들었고, 무력하며 육체적으로 갇혔다고 느꼈다."(p.105)

한번은 내 내담자 중 한 명과 놀랍도록 비슷한 경험을 한 적이 있다. 세션이 시작될 때, 내게 자매가 있는 줄도 모르는 내 내담자가 갑자기 나에게 질문했다. "당신의 자매가 자살했나요?" 나는 그녀에게 기술적으로 진실인 대답을 했는데, 그것은 "아니오"였다. (Perlman의 경우와 마찬가지로 내 내담자의 질문 뒤에는 어느 정도 진실이 있었다. 내 여동생은 루프스에 걸렸고 죽고 싶어 하지 않았지만, 그녀의 죽음에 기여한 요인이 있었다.) 내담자의 특색이 없는 침입에 놀라면서도 "왜 그런 질문을 하지요?"라고 물었다. 그녀는 "그녀는 당신을 대신해서 맞았다고 하네요"라고 대답했다. 나는 나의 여동생이 정말로 나를 위해 맞았다고 대답했다. (내 여동생은 아버지에게 성적으로 학대를 당했으나 나는 그런 적이 없었다. 내담자가 이것을 알 리가 없었다.) 나는 그녀의 대화에 고맙다고 말하고 나서 세션을 지속하였는데, 그것은 그녀에 관한 것이었다. 만약 내가 그 상황에 다시 있게 된다면, 이러한 드러남이 그녀에게 주는 의미에 대하여 좀 더 질문할 것이고, 또한 우리 사이의 상호작용이 어떻게 그녀에게 그런 직관felt sense이나 지식을 줄 수 있었는지 물어보았을 것이다. 나는 너무나 놀랐기 때문에, 당시 내가 할 수 있는 가장 최선은 돌이켜서 세션을 진행하는 일이었다.

상대방에 대한 우뇌 지식

사람들이 우리에 대해 알 수 있는 지식을 넘어서서 순전히 인지적이거나 감각적인 방식으로는 설명할 수 없는 것처럼 보이는 것은, 사람들이 우리 또는 그들이 의식적으로 알고 있는 것보다 여러 방식으로 서로에 대해 훨씬 더 많이 알고 있다는 것이다. 감정은 일상적인 언어적 의식으로는 접근할 수 없는 방식으로 신체 상태, 신체 리듬 및 표정에 의해 절차적이고 암묵적으로 전달된다. Allan Schore는 우뇌에서 우뇌로의 정서적 반응 방식으로 사람들 사이에서 발생하는 그러한 소통에 대한 여러 기사와 책을 저술했다. 특히 얼굴 표정은 종종 좌뇌의 마음에는 묘subtle하고 미묘한nuanced 차이가 있을 수 있으며, 매우 빠르게(초 단위로) 일어나서 의식적인 인식이 가능하지 않다. 하지만, 그가 지적했듯이, 이러한 의사소통은 우뇌에서는 그렇게 미묘한 차이가 없는데, 이는 정보를 총체적으로 처리하고 "30밀리초 이내에 얼굴에 표현된 감정적 신호를 평가할 수 있는 … 인식 수준과는 먼 저변에"(Schore, 2003a, p. 71) 있기 때문이다. 쇼어Schore는 어떻게 이 과정이 '내담자와 치료사가 공동으로 구성하는 상호 주관적 영역 내에서 주고받는 정서적 거래의 매우 빠른 순서'를 포함하는 양방향인지를 강조한다(2003a, p. 73). 따라서 내담자와 임상가는 의식 아래subliminally에서 거의 끊임없이 소통을 하고 있다.

치료사의 어두운 정신에 대한 내담자의 인지

직관적인 암시적 지식과 관련하여 내담자가 우리에 대해 아는 또 다른 방법이 있다. 인간의 정신은 어둡고 모호하며 불완전하다. 치료사가 종종 긍정적인 시각으로 보이기를 바라는 것은 이해할만하다. 그러나 Chefetz(1997)는 다음과 같이 기민하게 지적한다. "내담자는 과거로부터 너무 잘 알고 있던 살인적인 분노, 가학적인 생각과 행동, 공모한 배신, 자기-대상 평가절하의 잠재성이 치료사 안에 있다는 것을 정확하게 인시한다. 내 경험으로는, 이러한 가능성에 대한 치료사의 의식적 또는 무의식적 거부는 외상 후 장애를 가진 사람을 치료하는 데 있어서 가장 공통적인 난관의 근원이 된다."(p. 259)

외상적 전이

종종 비양심적인 치료를 경험하고 치료사를 포함하여 인간의 잔혹한 잠재력에 대한 직관적인 지식을 가진 외상을 입은 사람들이 외상적인 전이를 갖게 될 수 밖에 없는 것은 놀라운 일이 아니다. '외상성 전이 traumatic transference'라는 용어는 "치료사가 명백한 도움과 관심이 있음에도 불구하고 자신의 자기애적 만족을 위해 환자를 착취할 것"이라는 (일반적으로는) 무의식적인 기대를 의미한다(Spiegel, 1986, p. 72, cited in Loewenstein, 1993, p. 57). 이것은 해리된 기대에 대한 보다 구체적인 사례를 포함하며, 종종 치료사가 이전 학대자가 했던 것과 같거나 유사한 것을 하려고 한다는 지각적 환상a perceptual illusion이 수반된다. 후자의 아주 극명한 예는 DID를 가진 내 의뢰인이었는데, 그는 전환a switch 직후에, 내가 그녀를 학대할 의도가 있는지 물었다. 처음에는 분명하지 않을 수 있지만, 트라우마 내담자는 어떤 식으로든 착취가 있을 것이라고 가정할 수 있다. 외상성 전이는 생각하는 것보다 더 일반적이며 종종 평가하기가 더 어렵다. 예를 들어, 어떤 경우에는 치료사에 대한 내담자의 과잉 순응행동이 눈에 보이는 것 이상일 수 있다. 그것은 대립적이거나 불쾌하다는 이유로 처벌받는다는 근원적인 공포에 대한 반응일 수 있다.

수행

수행enactment이라는 단어는 과거에 내담자가 이전의 경험, 관계 또는 감정 상태를 재연再演, reenactment하는 것을 나타내기 위해 사용되었다. 나는 이전 경험의 반복이라는 한-사람 측면을 지칭하기 위해 재연이라는 단어를 사용하고, 현재의 관계적 사고에서 흔히 볼 수 있듯이 내담자와 치료사의 공동 상호작용을 지칭하기 위해 수행이라는 단어를 사용하는 것을 선호한다. 수행은 상호 해리, 두 사람 모두에게서 해리된 자기-상태의 난관에 빠진 상호 작용, 상대방과 해리적으로 상호 작용하고, 그들 사이의 문제를 표현하지만, 또한 그들 각자가 이전에 이해되지 않았던 것들을 포함한다(Bromberg, 2006). 수행에서 해방(및 학습)은 한쪽 또는 양쪽 당사자가 자신의 맹점에 대한 통찰력을 개발할 때 발생한다. 이것이 분명하게 말해질 수 있을 때, 내담자(그리고 치료사 또한)는 자신의 경험을 볼 수 있는 더 넓은 조망을 갖게 된다.

다음은 나의 여러 수행enactments들 중 한 사례에 대한 묘사이며 그것으로부터의 공동 회복 및 배움에 대한 것이다.

샐리의 사례

샐리Sally는 매우 지적이고, 매우 개성 있고, 재능이 있고, 배려심이 많으며, 해리 성향이 높은 사람이다. 어린 시절에 그녀는 심한 거부, 경멸, 그리고 부모 모두로부터 빈번하게 극단적인 처벌과 학대에 노출되었다. 그녀는 나중에 성인이 될 때까지도 왜 그랬는지 이해할 수가 없었다. 우리가 함께 작업하는 동안, 그녀는 선물의 의미로 그녀의 어머니를 온천에 데려갔다. 그 당시 샐리의 모친은 치매가 시작되어 그 영향 아래에 있었고, 샐리가 아버지의 생물학적 자녀인지 결코 알지 못했었다고 고백했다. 결혼한 상태였지만, 샐리의 어머니는 남편이 출장으로 멀리 가 있는 동안 인도 남자와 바람을 피웠다. 얼마 지나지 않아 그녀는 샐리를 임신하게 되었다. 그녀는 남편인 샐리의 아버지에게 불륜에 대해 말했다. 샐리의 어린 시절을 통해 양쪽 부모는 샐리를 마치 외계인처럼 대했으며, 그녀의 '올리브' 피부에 대한 잦은 언급을 하기까지 했는데, 실제로는 보기에 꽤 괜찮은 피부였다. 이를 돌이켜보면 모친이 자신의 죄를 딸에게 전가시켜 잔인하게 체벌을 하던 지점들을 연결할 수 있게 된 것이다. 모친의 고백에 따라 샐리는 그녀의 아버지에게 DNA 검사를 요청하였고 결과를 받았는데, 그것은 자신의 DNA와 일치했다. 이 결정적인 지식을 알고 나서, 그녀의 아버지는 그녀에게 더 친절해졌다.

샐리는 병약한 아이로서의 삶을 시작했으며 심지어 목에 탯줄을 감고 태어났다. 그녀가 그 당시에 신성할 수 없었기 때문에, 그녀의 어머니는 머리빗으로 그녀를 자주 때리곤 했고, 샐리가 신체의 다른 부분을 보호하려고 할 때, 그녀의 손을 때리기까지 했다. 그녀는 어린 나이일 때부터 (어머니가 때린 손으로) 마사지를 하여 어머니를 기쁘게 하려고 노력했다. 그녀의 어머니는 그녀가 유치원생이었을 때 열이 있게 되면 그녀에게 소리를 지르곤 했는데, 왜냐하면 그녀는 아이와 함께 집에 있어야 했고 카드 게임 사교모임을 가지 못하게 됐기 때문이다(학교는 열이 있는 아이를 교실에 들여보내지 않았을 것이다). 샐리는 8살 때 어머니의 스타킹으로 목을 매달아 자살을 시도했다.

그녀의 형제자매들과 달리 샐리는 여러 면에서 가사 노예 취급을 받았다. 그녀는 중학생이 되었을 때 집에 와서 가족들을 위해 저녁 식사를 준비해야 했기 때문에 방과 후 활동에 참여할 수 없었다. 경제적으로 어렵지 않았지만, 그녀는 언니의 웨딩드레스와 신부 들러리들의 드레스뿐만 아니라 자기 자신의 옷도 꿰매야

했다. 그녀의 여동생과 남동생은 부모에 의해 짜인 패턴을 따랐고 이에 따라 샐리를 가차 없이 경멸하고 모욕하고 해를 입히는 것이 허용되었다. 그녀가 어렸을 때, 군사 심문 훈련을 받은 그녀의 아버지는 종종 그녀를 아주 오랫동안 의자에 앉게 하고 그녀를 거짓말쟁이, 도둑, 사기꾼이라고 무자비하게 체벌했다(그 중 어느 것도 사실이 아니었다).

그녀에게 한 가지 위안이 된 것은 그녀의 아버지의 상사와 그의 아내가 그녀를 좋아했다는 것이다. 그들은 그녀의 지성, 재능, 창의성을 높이 평가했다. 그들은 그녀의 존재를 환영했고 그녀는 청소년전기와 청소년기의 여름방학을 기쁘게 그들과 함께 보냈다. 이 사람들에 대한 애착의 필요성이 너무나 컸기 때문에 그녀는 그 상사가 매일 밤 그녀의 침실을 방문하여 그녀를 성추행한 것에 대해 해리했다. 그녀에게 첫 아이가 태어난 후, 이러한 기억들이 그녀에게 넘쳐나게 되었고, 그녀는 매우 심한 증상의 외상 후 스트레스 장애[PTSD]를 일으켰다.

샐리는 강박적으로 밝은 면을 보고, 다른 사람의 필요에 집중하고, 다른 사람을 이상화하고, 그녀가 받은 잔인한 처우에 대해 자신을 비난함으로써 어린 시절 학대에 대처하는 법을 배웠다. 그녀는 우스꽝스러운 표정으로 사람들을 웃게 할 수 있는 집안의 광대이자 예능인이 되었다. 압도적인 버림받음과 슬픔과 실망을 부정하고 해리함에도 불구하고 그녀의 '앞면 얼굴'은 명랑했다.

우리가 함께 일하면서 샐리는 그녀가 확실히 해낼 것이라고 확신하는 그녀의 멋진 새로운 사업에 대해 여러 번 나에게 말했다. 하지만 그것은 효과가 없었다. 이런 일이 반복되자 나는 그녀에게 질문을 하기 시작했고 그녀가 멋질 것이라고 느끼는 새로운 사람이나 새로운 계획에 대해 의심을 표명했지만, 그녀가 모든 잠재적 함정을 알고 있고 모든 것을 통제하고 있다는 확신에 단지 침묵하게 되었다. 다시 말하지만, 일은 잘 풀리지 않았다. 나는 크게 슬퍼하고 좌절감을 느꼈고, 그녀를 보호해야 한다는 절박함에 몇 번이라도 "서명하기 전에 나에게 먼저 보여주세요"와 같은 말을 하며 부모 노릇을 하기 시작했다.

샐리 자신이 이상화했을 뿐만 아니라 집을 사거나 남자와 데이트하는 것과 같은 새로운 프로젝트에 대해 설명하면서 그녀는 (나를 포함하여) 매우 설득력이 있었다. 그녀는 자신이 다른 사람들에게 극도로 설득력이 있다고 말했고, 그들을 설득한 후에는 자신도 납득할 수 있었다고 말했다.

내가 설명하려고 하는 수행의 한 부분은, 나 자신의 트라우마 때문에, 나 또한 이상화할 수 있다는 것이다. 나 자신의 방어 스타일은 그렇게 심각하지는 않지만 그녀와 일치했다. 나는 그녀가 나에게 말하는 놀라운 것들을 매우 믿고 싶어 했다. 일찌감치 그녀의 높은 희망과 이를 뒤이어서 극단적인 실망 그리고 실망을 부인하는 패턴을 더 잘 알게 되자, 나는 (그녀에 대한 나 자신의 높은 희망으로 인해 나의 참여에 대해서는 완전히 인식하지 못하고) "이제 당신이 얼마나 많이 감정을 회피하는지 알았으니, 문제를 신중하게 검토하는 것이 중요해요"라고 말했고, 나중에는 정신을 차려서 이렇게 말하기도 했다. "이러한 것들은 주의 깊게 살펴봐야 해요."

한 세션에서 그녀는 나에게 훌륭하게 보였던 한 남자와의 또 다른 실패한 관계에 대해 이야기하고 있었다. 그녀는 그가 그녀를 위해 집을 짓고 있고 그들이 결혼할 것이며 그녀가 그와 함께 있기 위해 다른 주로 이사할 것이라고 말했다. 염려하며, 내 질문에 대해 거의 잔인하게 느끼면서, 나는 그가 그녀의 손가락에 반지를 끼워주었는지 그리고 그가 결혼을 약속했는지를 물어보았다. 그녀의 얼굴은 갑자기 극도의 슬픔으로 가득 찼고 그가 어느 것도 하지 않았다고 말했다. 그러고 나서 그녀는 가슴에 사무치게 말하기를 "나는 작은 부스러기를 취해서 그것을 아름다운 웨딩 케이크로 만들 수 있어요"라고 했다. 이 고통스럽게 슬픈 진술에 대한 나의 반응은 내가 받은 충격을 처리하는 것과 그녀가 나를 설득했다고 말해주는 것이었다. 그녀는 자신이 사람들을 설득하는데 재주가 있다며 내 말에 긍정적으로 대답했다. 그런 다음 나는 그녀가 결혼에 대한 논의가 있기 전에 이사하는 것과 결혼을 계획하는 것은 상당히 비약적이라고 생각한다는 것을 표현했다. 그러나 그렇게 함으로써, 나는 그것을 알아차리지 못하고, 나는 그녀와 거리를 두고 이전에 나를 설득할 수 있었던 그녀의 능력(나 자신도 그것이 내가 하고 있는 일이라는 것을 별로 의식하지 않고 참여했던)에 대해 어떤 의미에서 그녀를 비난하고 있었다. 그때는 세션의 끝 무렵이었고, 그녀는 '실망한bummed out' 느낌은 사라지지 않을 것이라고 나에게 말했다.

그녀가 떠난 후, 나는 몇 분 동안 그녀가 나에게 실망했다고 말하고 있다는 명백한 사실을 스스로 부인했다. 그러고 나서 나는 나의 마지막 말에서 얼마나 거리를 느꼈었는지, 그리고 그녀의 부분이 정말로 부스러기로 웨딩 케이크를 만들 수 있다는 것을 사실상 내가 어느 정도 알고 있었다는 것을 알아차리게 되었다. 나는 갑자기 그녀의 실망과 외로움에 대한 극도의 고통을 알아차리게 되었고, 나는 울었다. 나는 그녀의 이상화가 그녀가 가족에 대해 느꼈던 압도적인 학대, 수치, 버림받음 및 공포로부터 그녀를 보호하였던 극단적인 정도를 더욱 집중적이고 본능적으로 깨달았다. 자신을 속이는 그녀의 능력은 어린 시절 내내 하루하루 셀 수 없이 그녀를 구했고, 그녀는 견딜 수 없는 삶의 환경에 대한 견딜 수 있는 관점을 만들 수 있었다. 나는 내가 그녀와 함께 그녀의 외로움과 공포에 충분히 닿아있지 않았다는 것을 깨닫기 시작했다. 이제 문제는 그녀가 자신을 속이는 것을 그만둬야 한다는 것뿐만이 아니라(그녀의 자기기만이 실제로 그녀에게 어린 시절에 살 희망을 주었음에도 불구하고) 그녀가 잘되고 보살핌을 받기를 바라는 나 자신의 일부에 귀를 기울여야 한다는 점을 깨달았다. 요컨대, 나는 그녀의 이상화되고, 항상 희망적인 부분과 공명하고 있는 내 부분에 관심을 기울이고, 바로잡을 필요가 있었다. 나는 이런 것들이 진실이기에는 너무 좋다는 것을 희미하게 알고는 있었지만 확실히 알 수는 없었다. 마침내 진실의 소리를 들을 수 있었을 때, 그것은 나에게 분명해졌다.

다음 세션에서 나는 그녀의 공포, 수치심, 외로움, 버림받은 감정에 대해 더 많이 묻기 시작했다. 우리 둘 다 너무 괴로웠지만, 그것은 "당신의 부인하는 경향을 조심해야 해", "우리는 그것을 조심해야 해"라는 말보다 훨씬 유익했다. 우리는 어머니의 스타킹으로 목을 조르고 싶어 하는 어린 8살짜리 소녀의 경험으로 들어갔다. 왜냐하면 그녀는 자신이 결코 보살핌을 받을 수 없고, 자신이 영구적으로 버려지고, 어머니가 자신을 미워하고, 그리고 그녀는 항상 실망할 것이라는 것을 느꼈거나 알고 있었기 때문이다. 이제 마침내 자신의 감정을 진실로 말할 수 있게 된 이 작은 8살짜리 소녀는 과거가 영원하지 않으며 시대가 바뀔 수 있다는 것을 알고 있다.

결혼 케이크가 없다는 것을 샐리에게 알게 해서 그녀를 실망시켰고, 내가 그녀의 감정을 상하게 했다고 말한 것에 대해 내가 얼마나 멀어져 있었는지를 마침내 깨달았을 때, 나는 그녀의 해리된 절망감을 더 잘 주목할 수 있게 되었다. 그녀는 이러한 것들에 대해 더 잘 말하고 또렷하게 생각할 수 있게 되었다. 그녀는 자신의 강박적인 쾌활함과 지나치게 낙관적인 자기-기만self-deception을 애도했고, 그것들은 크게 줄어들었다. 세션에서의 그녀의 존재는 더 많은 무게감을 가졌다.

Karen Hopenwasser(2008)에 의해 "해리적 조율"이라고 불리는 이러한 종류의 무의식적 공명은 "체계적으로 자기-출현적인self-emergent 순간에 복합적인 자기-상태들이 투사 이외의 다른 방식들에 의해서 공유되는 것으로" 구성된다(p. 349). 더 나아가, 그것은 "당신에게 하거나 나에게 하는 경험이 아닌 [상호적으로 유지되는 조율 상태]이다. 그것은 비선형적이고 양방향이라는 것을 아는 동기화된 동시적인 인식이다."(p. 351) 샐리와 나는 동시에 같은 파장의 이상화에 공명하고 있었다. 샐리에게 동조하면서 나는 그녀에 대한 나 자신의 인지적, 정서적 반응보다 훨씬 더 많은 것을 경험하고 있었다. 조율의 일부는 자신도 알아차리지 못하는 사이에 그 안에서 상대방의 무드의 음악과 리듬을 경험하는 것이다. 따라서 해리적 동조는 그 자체로 생명이 있는 정서적 공명과 공감적 동조를 포함한다. 이 경우에는 애착트라우마와 그 이면의 트라우마에 대한 이상화 방어가 포함되었다. 샐리의 쾌활함과 대조되는 것은 그녀의 절망적인 울부짖음이었는데, 우리 둘 다 그 소리를 완강히 거부했다. 이 경우 처음에는 그녀의 심한 고통에 대해 듣는 것이 어려웠기 때문에 결국 그녀의 말을 듣기 위해 그녀를 다치게 해야 했던 것과 같다. 그녀의 말을 듣게 되자 우리는 의식의 경험으로 들어가기에는 너무 견딜 수 없는 고통과 상실감을 더 잘 슬퍼할 수 있게 되었다.

상처입음과 수치심

상처에는 본래 내재된 수치심이 없다. 그것은 우리 모두에게 일어난다. 그러나 트라우마, 특히 관계 트라우마에는 종종 심한 수치심을 동반한다. 이것은 취약성을 부인하고 강하고 강인해야 하는 문화적 의무의 추가적인 부담을 지고 있는 남성에게 특히 그러하다(Betcher & Pollack, 1993; Gartner, 1999; Gilligan, 1982). 트라우마에 대한 수치스러운 감정은 어느 정도 강렬해지면 해리를 초래할 수 있다. 내담자와 임상가 모두 해리된 수치심을 가질 가능성이 있다. 따라서 트라우마 작업의 상당 부분은 수치심을 드러내고, 처리하고, 이해하고, 배우는 것이다. 필립 브롬버그(1998)는 상징화되지 않은 외상적인 물질의 핵심 부분이 수치심 감정이며 이는 정당하게 양 당사자에게 속한다고 기록했다. 그는 수치심이 내담자의 경험에서 수치심으로 가득 찬 부분shame-filled parts과 정서적 거리를 유지하도록 치료사에게 동기를 부여할 수 있다고 설명한다. 그러한 거리두기는 수행enactment을 낳을 가능성이 높으며, 수치심은 종종 이러한 수행의 핵심이다. 그럴 때 치료사의 특정 측면은 내담자의 특정 측면과 공명하지만 소통하지는 못한다.

이것이 샐리와 나 사이에 일어난 일이다. 우리는 너무 많이 공명했으나 충분히 소통하지는 못했다. 그 운명적인 날에 반-치료적인 거리를 두게 되도록 나에게 영향을 미친 것은, 그녀의 과도한-이상화ultra-idealizing에서의 그녀의 수치심에 대해 내가 인식한 것에 대한 반응으로서, 그것은 부분적으로는 나의 수치심이었다. 마침내, 우리는 서로에게 나아갔고 또 둘 다 나아졌다.

샐리는 우리 작업의 이 특정 부분에 대한 나의 글을 읽었을 때 일시적으로 슬픔에 잠겼다. 내가 우리의 작업에 대해 쓴 것을 처리하는 그녀의 능력은 치료의 부분이 되었다.

제 5 장

해리, 억압, 그리고 무의식

우리가 무의식이라고 부르는 것에는 자아-상태 사이의 연결이 중단되거나 악화되어 자아의 특정 측면들이 각각의 정동, 기억, 가치 및 인지 능력과 함께 같은 의식 상태 안에 있는 인격에 접근하는 것을 금지하는 것을 포함한다.

– Philip Bromberg(1993, p. 182)

사람들은 억압된 기억에 대해서 자주 이야기하는데, 이는 어린 시절의 학대, 흔히 성적학대를 언급한다. 일반적으로, 이러한 맥락에서, 사용할 더 정확한 단어는 해리된 기억 또는 해리된 경험일 것인데, 왜냐하면 그러한 어린 시절 학대의 강렬한 경험은 마음에 너무도 압도적이어서 트라우마가 될 수 있고 따라서 해리되는 경향이 있기 때문이다. (물론, 어떤 사람들은 학대에 대한 기억을 한 번도 잊은 적이 없다.)

억압과 해리

억압과 해리의 유사점과 차이점을 살펴보자. 종종 사람들은 이 단어를 서로 바꾸어서 사용하는데, 부분적으로는 둘 다 동일한 결과를 가져오기 때문이다: 경험의 한 영역을 다른 영역과 분리하고, 무의식을 의식과 분리하며, 또한 기억 상실도 유발한다. 특히 초기에 프로이트는 자넷파 Janetian의 해리처럼 들리는 방식으로 억압이라는 단어를 자주 사용했으며(Davies, 1996), 때때로 단어를 바꾸어서 사용하기도 했다(Erdelyi, 1990, 2001). 그러나 나중에 그는 주로 억압이라는 용어를 사용했다. 결과적으로 억압은 흔히 디폴트 용어default term이다. 그러나 억압과 해리는 매우 다른 두 가지 과정이며 심리적 구조psychic structure에서 다르게 나타난다.

우선, 억압은 특정한 종류의 해리이다(Erdelyi, 1990, 1992; Fairbairn, 1929/1994). 억압과 해리 모두에서 마음이 분할되는데, 그것은 경험의 특정 측면들에 대해 알아차리지 못하게 되는 방식이다. 둘 다 사람들이 종종 자신이 한 행동이나 말한 것을 알아차리지 못하는 방식을 관찰함으로써(이것은 무작위적인 건망증과 관련될 수 없는 그러한 양상인데) 알려지기를 바라는 이러한 무의식의 것들을 만드는 어떤 원인이 있을 것이라고 추론할 수 있다.

억압 속에서, 한때 알려지고 공식화되었던 특정specific 기억들은 마음에서 사라졌다. 대조적으로, 해리는 특정 내용을 배제하기보다는 해리된 경험과 해리된 자기-상태의 잠재의식 센터와 같이 분리되어 온 정서적으로 가득 찬 경험의 측면을 의미한다. 억압된 내용은 "정신적 삶의 한때 친숙하고 재발견된 측면으로 경험된다…. [그것은] 이전에 경험되고, 심리적으로 소화되고, 암호화된 다음 잊혀진 것이다"(Davies & Frawley, 1994, p. 66). 이러한 기억들이 돌아오게 되면 그것들은 온전히 형성된다.

대조적으로, 해리된 경험은 사전에 형성된 것이 아니다. Donnel Stern은 해리를 *공식화 되지 않은 경험*unformulated experience으로 설명한다. 방어기제로서의 그것의 역할을 강조하면서 그는 "경험을 해석하지 않고 [하지만] 방어적인 이유로 공식화되지 않은 상태로 남겨두려는 무의식적인 결정"(1997, p. 31)을 강조underscore한다. 억압이 불쾌한 일을 처리하는 방어인 반면, 해리는 견딜 수 없고 따라서 동화될 수 없는 경험에 의해 야기된다. 필립 브롬버그(2006)는 다음과 같이 설명했다.

억압은 과정을 정의한다…. 불쾌한 정신내적 갈등을 초래할 수 있는 거부된 정신 내용을 피하기 위해 고안되었다. 해리는 정신적 *내용*contents 그 자체의 측면을 부인하는 것이 아니라 주어진 순간에 '나'에 대한 자신의 경험과 불일치하는 *자아*self의 측면으로부터 오는 환자의 소외를 통해 그 특징이 나타나는 것이다. 그것이 기능한 이유는 갈등이 마음에 견딜 수 없기 때문에 작동하는 것이지 불쾌하기 때문에 작동하는 것이 아니다(p. 7, 원문 강조).

내 작업에서의 두 가지 임상 사례는 각각 억압과 해리 사이의 차이점을 보여준다. 첫 번째 예는 억압이다. 그것은 내담자의 꿈을 보고하는 것을 포함한다. 그 꿈에 대한 검토는 그녀의 마음에 이전 세션에 대해 떠올리게 하였는데, 그것은 내가 그녀의 기분을 살짝 상하게 했던 어떤 말을 한 것이었다. 나는 그것에 대해 충분히 공감적인 탐구로 이어가지 않았다. 그녀는 그 이야기가 꿈속에 나오기 전까지는 별생각을 하지 않았다. 우리가 이전 세션에 대해 이야기했을 때, 그녀는 세션 직후에 의식적으로 생각을 했지만 더 이상 이것에 대하여 생각하고 싶지 않았다고 보고했다. 우리가 그것을 논의했을 때, 그녀는 전체 사건을 완벽하게 기억하고 있었고, 우리는 이전에 말하지 않았던 문제 중 일부를 해결할 수 있었다. 그녀는 고통으로 인해 이 기억에 대해 더 이상 생각하고 싶어 하지 않았고, 그러고 나서 그녀는 그것을 억압했다. 그러자 꿈은 그녀에게 그것을 기억나게 했다.

두 번째 예는, 촉발되고 해리된 자기-상태의 출현으로, 내담자가 세션에 가는 길에 불안 발작을 일으킨 시간과 관련되어 있었다. 그녀는 방금 전 친구와 점심 식사를 했는데, 그 친구가 폴란드 혈통인 내 내담자에게 했던 농담은, 전구를 바꾸는 데 얼마나 많은 사람들이 필요한지에 대한 것이었다. 그런데 거기에는 일반적이고 경멸적인 용어가 사용되었다. 이 농담은, 재미있을 것으로 보였지만, 수용적이고 포용적인 상황에서 말하지 않으면 굴욕적이고 경멸적이며 대부분의 민족에 관련된 농담과 같다. 그 농담은 내 내담자에게는 전혀 포용적이라고 느껴지지 않았다. 그녀는 웃으려 했지만, 실제로 그 농담은 그녀에게 모욕적이었고 분노를 가져다 주었다. 그 당시 그녀는 수치심과 분노의 감정이 고조되어 있었기 때문에 그에 상응하는 WASP[1] 농담을 기억할 수 없었다. 그 농담은 그녀의 친구에게 (그리고 나에게) 적용되는 특정한 고정관념이었다. 세션에 오는 길에 그녀는 WASP 농담을 떠올렸지만, 그것에 대해 더 생각하거나 즐기기도 전에, 몇 분 동안 본격적인a full-fledged 공황발작에 빠졌는데, 극도로 크고 말할 수 없는 불안, 급격한 심장 박동, 그리고 그녀가 숨을 쉴 수 없게 될 것이라는 두려움과 함께 왔다. 내 사무실의 문을 열고 들어왔을 때에서야, 그녀는 회복되었다. 우리가 그것에 대해 이야기했을 때 WASP 농담이 나에게도 적용된다는 것을 깨달았다. 비록 폴란드 농담에 의해 자아낸 WASP 농담으로 표현된 보복적인 분노가 그녀의 친구를 겨냥한 것이었지만, 그것은 또한 일종의 꿈 논리나 무아지경 논리로 나를 같은 범주(주로 혼합된 영어, 스코틀랜드, 아일랜드, 웨일스 혈통)에 포함시키는 것으로 교차되었다. 평소에는 해리되어 있던 그녀의 분노 상태rage state는 두려운 공포 상태fear state를 자아냈고, 그 공

1) 와스프(WASP)는 백인 앵글로-색슨 개신교도(White Anglo-Saxon Protestant)의 두문자를 따서 줄인 말이다. 이는 미국에서 시작된 사회학적, 문화적, 민족지칭어이다. 백인 앵글로 색슨 개신교의 후손들을 지칭하기 위해 사용되었다. 그러나 정확한 정의가 없으며, 서로 매우 다른 그룹을 묘사하기 위해 사용될 수도 있다. 애초에는 파워 엘리트를 형성한 상류사회인 북동부 특권계층 사람들에게 적용하면서 쓰기 시작했다. 와스프라는 용어는 많은 의미를 갖는데, 사회학적으로는 나라를 세우고 서유럽에 그들의 뿌리를 두고 있는 일부 미국인을 가리킨다. 그 말은 대체로 부정적인 의미로 쓰인다. 출처: 위키백과(역자 주).

포 상태는 그녀의 모든 힘을 불안 발작, 소중한 연결의 원천을 잃는 것에 대한 초기 불안early anxiety으로 몰아넣었다. 이 내담자는 심하게 방치되었던 가정에서 자랐기도 했지만 게다가 단순한 불만의 표현만으로도 버림받음, 수치심, 벌을 받을 수 있는 가정에서 자랐다. 그녀가 어떻게 대우받았는지에 대한 그녀 자신의 감정에 대한 해리는 그녀가 아이로서 필요했던 부모와의 애착을 유지할 수 있도록 해주었다. (이 사건은 물론 7장에서 설명할 가혹한 초자아로도 설명될 수 있다.)

공간적 은유

억압과 해리는 종종 공간적 은유spatial metaphor로 묘사된다. Heinz Kohut(1971)과 Ernest Hilgard(1977)가 독립적으로 제안한 억압과 해리를 구별하기 위해 자주 사용되는 은유는 억압이 수평적 분열a horizontal split을 의미하는 반면 해리는 수직적 분열a vertical split을 의미한다는 것이다. 억압에서 생각은 원치 않는 기억과 갈등적인 욕망이 무의식으로 밀려나고 반대 압력에 의해 억제된다는 것이다. 발굴해 낼 수 있을 때까지 *묻힌*buried 것으로 묘사되기도 한다. 해리의 수직적 분열에서의 정신적 내용은 묻히지 않고 나란히side-by-side 제시되어 수직적으로 분할된다.

수직적 분열, 병렬 은유는 해리된 내용이 종종 문맥적으로 나타나는 방식과 일치한다. 예를 들어, 이웃의 빨간 스웨터가 가해자의 빨간 스웨터를 떠올리게 하고, 한 개인이 강한 두려움의 침습적인 플래시를 경험할 수도 있다. 대조적으로, 수평적 분열은 일반적으로 인용되는 빙산 은유ice-berg metaphor와 보조를 같이한다. 의식과 무의식은 빙산과 같으며, 우리는 단지 꼭대기(의식)만 볼 수 있으며 빙산의 훨씬 더 큰 덩어리는 저변에 있으며 우리가 볼 수 없다(무의식). Freud의 지형 모델 topographical model을 보면, 의식이 위쪽에, 전의식이 중간에, 무의식이 아래에 있는데 이것 또한 수평적 분열의 공간 은유와 일치한다. 이러한 사고방식에서, 무의식은 암묵적으로 *아래로*down, 억압된 욕망과 기억이 묻혀 있는 곳이며, 그곳에서 지속적인 반대 압력에 의해 억눌려져 있다. 이드와 겹쳐져서, 무의식의 억압된 측면은 정욕, 증오, 분노, 질투, 악의와 같은 생각으로 하는 범죄와 그리고 이들에 대한 방어책과 함께 치명적인 죄에 대한 추방된 표현들로 가득 차 있다.

수평 대 수직의 이러한 시각적 은유visual metaphors가 때때로 유용한 교수법으로 사용될 수 있지만 개념은 더 복잡하다. 억압에 대한 프로이트(1910/1957)의 시각적 은유 중 하나는 실제로 모두 같은 평면에 있다. 프로이트는 제멋대로인 학생이 교실 문밖으로 쫓겨난 후 그가 돌아오지 못하도록 강제로 봉쇄된 교실의 예를 들었다:

> 이 강의실을 놓고 상상해 봅시다…. 거기에 누군가 소란을 일으키고 예의 없이 웃고, 떠들고 발을 질질 끄는… 그가 내 주의를 과제에 집중하지 못하도록 산만하게 한다. 내가 강의를 진행할 수 없음을 알릴 수밖에 없다. 그러고 나서 당신들 중에 힘이 센 서너 명의 사람이 일어나서, 잠시 옥신각신한 후에, 방해꾼을 강의실 밖으로 쫓아냈다. 그래서 이제 그는 '억압'되었고, 나는 강의를 지속할 수 있다. 그러나 방해가 반복되지 않도록 하기 위해서는… 나의 의지를 실행하는 젠틀맨들은 문을 의자로 막아놓았고 따라서 억압이 성취된 후 '저항'을 확립하였다. 만일 당신이 지금 관련된 두 지역을 심리적인 용어로 '의식'과 '무의식'이라고 번역한다면, 당신은 억압에 대한 꽤 괜찮은 그림을 앞에 놓고 보는 것이다(p. 25).

억압된 무의식 속의 대리인(선택의지)

앞의 묘사에서 Freud는 원하지 않는 정신적 내용의 추방과 함께 에이전시인, 억압의 힘("서너 명의 … 강한 남자")을 설명했다. 방해자는 교실로부터 금지된다. 프로이트의 뜻을 실행에 옮긴 그 젊은이들처럼, 억압 행위는 의지willful다. 억압된 무의식에 대한 힘의 느낌이 존재한다. 무의식적이긴 하지만 그 사람의 선택의지agency에 의해서 형성된다. 비록 우리가 우리 자신의 마음을 알지 못할지라도, 적어도 우리는 우리 자신의 기억 상실과 왜곡의 대리인이다. Boulanger(2007)가 쓴 것처럼, "프로디안Freudian 주제는 욕망을 통제 아래에 두는 것에 의해 성취되고, 대리인…."(p. 57)

개인의 선택의지agency를 선호하는 이러한 편향이 트라우마 경험의 통제할 수 없고, 잠재적으로 굴욕적이며 압도적인 현실에 대해 우리를 눈멀게 할 가능성이 있음을 인식하는 것이 중요하다. 프로이트의 억압 모델은 우리에게 웅장하고 강력한 심리적 결정론determinism을 남겼다. 대조적으로, 트라우마를 겪는다는 것은 우리가 외부의 힘 앞에서 완전히 무력해지는 것을 포함한다.

억압과 억제

Freud는 억압의 과정을 의식에서 정보를 의도적으로 배제하는 것으로 설명했다. 그의 에세이 『억압』(1915/1957)에서 프로이트는 "억압의 본질은 단순히 무언가를 외면하고 의식으로부터 멀리 있도록 두는 데 있다"(p. 147)라고 썼다. 그것은 내면화된 금기와 갈등하는 욕망뿐만 아니라 불쾌하고 원치 않는 기억을 의식 밖으로 밀어내는 것을 포함한다. *히스테리에 관한 연구*(Breuer & Freud, 1893~1895)에 설명된 바와 같이, 그것에 대한 것은

> 일종의 기억에 관한 것들이다. 예를 들어 손실, 누그러지지 않은 수치심 그리고 다른 상황들에서 내담자가 잊고 싶어 하거나 사회적 상황이 반응을 불가능하게 만들었기 때문에 또는 환자가 잊고자 하는 것들에 대한 질문이었기 때문에, 그리고 그런 까닭에 의도적으로 의식으로부터 억압하고 막고 억제하는 것들이다.

내가 대학원에 다닐 때 나는 억압이 최초의 *원시적*primal 억압에서 반복되거나 실제적인 억압에 이르기까지 항상 무의식적이라고 배웠다. 문헌에서도 억압은 처음과 내내 무의식적인 과정으로 이해되는 경우가 많다. 그러나 억압은 무의식적인 과정일 뿐이라는 요건에 내재된 논리적 문제가 있다. 어떻게든 아는 것과 알지 못하는 것이 동시에 있어야 할 것이다. 에고의 억압하는 부분은 억압하고 있다는 것을 억압해야 하는 식으로 계속된다. 이런 식으로 억압은 궁극적으로 억압을 수행하기 위해 무한한 일련의 내부 난쟁이들homunculus을 필요로 한다(Erdelyi, 1994; Kilhstrom, 1984; Stern, 1997). 이 문제를 해결하려면 어떻게 해야 할까? 프로이트 전문가인 Matthew Erdelyi(1990, 1992, 1994, 2001)는 프로이트의 많은 연구에서 억압이 의식적이고 고의적인 망각을 포함하며 "프로이트-지그문트는 그의 초기 저작부터 마지막 저작까지 억제와 억압을 상호 교환적으로 사용했다"라고 주장했다(1990, p. 12).

아는 것과 모르는 것의 문제에 대한 잠재적인 해결책은 억압이 처음에는 의식적일 수 있다는 것을 허용할 것이다(Erdelyi, 1994). 한 가지 해결책은 인지 심리학에서 나온다(Eriksen & Pierce, 1968, Erdelyi, 1990;

Kihlstrom, 1984에서 인용). 억압은 의식적인 억제로 시작되지만, 연습이 늘어남에 따라 활동은 궁극적으로 무의식적인 절차일지라도 고도로 숙련된 것이 된다. 이런 식으로 의식적인 방어는 자동적이 되고, 과도한 학습에 의해 무의식적이 된다. 이 솔루션은 초기 무의식을 요구하지 않기 때문에 내부 난쟁이들을 필요로 하지 않는다.

다른 해결책 또한 나중에 억압된 것들이 초기에는 의식적이라는 가정에 근거하였는데, 억압이 재구성으로 이해될 수 있다는 것이다(Erdelyi, 1994, 2001). 내러티브 기억이 지속적으로 재구성되고 있다는 이해를 바탕으로 Erdelyi는 재구성으로 이해되는 억압이 상황을 더 마음에 들게 한다고 제안한다. 부분적으로 의식적인 행동을 수반할 수 있는 건망증과 더불어, 우리는 재구성한다. 두 가지 방식에서, 우리는 "단순히… 외면하고, 그리고 멀리… 둔다."(Freud, 1915, 1957, p. 147) 이처럼, 물질에 대한 기억에 접근할 수 없게 된다.

억압이 존재하는가?

억압의 개념에는 그것을 비방하는 요소들이 있다. David Holmes(1990)는 60년간의 억압에 대한 실험적 연구를 분석하고 억압의 존재를 증명하는 실험적 증거가 없다고 결론지었다. 그러나 이것이 억압의 존재를 반증하는 것은 아니라는 점도 인정했다. 어떤 사람들은 억압의 존재를 증명하는 실험 심리학의 어려움과 함께 억압의 논리적 문제를 억압이 존재하지 않는다는 증거로 받아들였다. 홈즈Holmes의 억압 기준 중 "억압은 자발적인 통제 아래에 있지 않다."(p. 86)[3] 사실상 그 과정이 의식적이지 않다는 요건이 있다는 점에 주목하는 것이 중요하다.

Holmes와 대조적으로 George Vaillant(1990)는 억압에 대한 연구에서 억압 스타일을 보여주는 사례 기록에 의존했다. 예를 들어, 정신병에 걸린 딸에 대해 물었을 때 한 남자는 이렇게 말했다. "세부 사항이 흐릿해요. 제가 기억하고 싶지 않은 것들에 대해 마음이 비어있어요."(p. 269) 또 다른 남자는 문제가 생겼을 때 그 자신을 아내와 비교했다. "그녀는 말하고 싶어 하고 저는 그것을 깔개rug 밑으로 쓸어 넣죠…. 나는 그것에 대해 얘기하고 싶지 않거든요."(p. 272)

내가 Vaillant와 다음의 Otto Kernberg(1975), Nancy McWilliams (2011), Philip Bromberg(1998, 2006, 2011)와 같은 사람들에게 동의하는 것은 억압은 존재하며, 특정한 사고의 방식에서는 더 높은 수준의 방어가 있다는 것이다.

억압과 해리의 주요 차이점

억압은 일반적으로 한때는 접근 가능했으나 다른 때에는 가능하지 않은 잃어버린 특정 정보 조각들을 언급한다. 대조적으로, 해리된 내용은 일반적으로 한 세트의 자료가 다른 자료의 배제를 요구하는 방식으로 조직된다. 그것은 단지 해리되어서 분리된 기억들이 아니라 살아있는 경험의 조각들이다. 해리는 경쟁하는 경험의 조직들을 의미하며, 분리되어 있고 상호 배타적이며 역동적으로 서로 반대되는 정신 상태 또는 자아-상태를 말한다. 예를 들어, '나의 어머니는 훌륭한 사람이다'라는 생각은 하나의 자아-상태에 의해 치열하게 믿을 수 있는 반면, 동시에 다른 자아-상태에서는 수년간 학대의 기억들로부터 고통받은 것을 안다.

억압된 기억은 억압될 때 완전히 부호화encoded되고 공식화formulated 된다. 대조적으로, 해리는 종종 공식화되지 않은 경험을 의미한다(Stern, 1997). 유사한 방식으로, 해리된 경험은 동화assimilated될 수 없었고 흔히 조각들이 신경학적으로 부호화된다, 감각운동 방식으로 보면, 심지어 다른 감각들로(청각, 시각 및 후각) 별도로 부호화되고 기억된다.

억압은 항상 의도적으로 동기화되고 심리적으로 방어적이다. 이와 대조적으로, 과정으로서의 해리는 방어적일 필요는 없지만 방어적일 수는 있다. 즉, 해리는 공포의 순간에 자동적으로 내적 동기 없이 일어날 수 있지만, 재트라우마를 방지하기 위하여 또한 방어적으로 사용될 수 있다. 이 방어적 사용은 반복 사용 후에 자동적으로 일어나는 것처럼 보이지만, 또한 의식적으로 사용되거나 절반 정도의 의식 상태semi-conscious일 수 있다.

억압된 기억은 의식 밖으로 밀려나기 때문에 대체로 맥락과는 무관하다. 대조적으로, 해리된 기억은 맥락에 의해 유발되는 것으로 매우 취약하다.

의도적으로 억눌린 기억들은 의식으로 침투할 가능성이 별로 없다. 대신, 그들은 대부분 발굴되어야dug up 한다. 대조적으로, 해리된 경험들은 종종 시각적, 청각적, 촉각적 또는 후각적 플래시백 형태로 경험 내부에 침투intrude한다.

해리: 과정과 구조

넓은 의미에서, 해리는 정상적으로 연결되어 있는 경험의 측면이 분리되어 있는 것을 언급한다. Frank Putnam(1989)이 지적했듯이, 해리의 개념은 "해리가 생각, 정보, 감정 및 경험 통합의 실패를 나타낸다는 견해를 중심으로 수렴된다."(p. 19)

해리에는 많은 의미들이 있다. 해리의 많은 의미를 이해하고 분류하는 기본적인 방법은 마음의 *과정*a process과 *구조*a structure에 관한 것이다. 해리 과정에는 거리두기, 무아지경에 빠지기, 정신적 마비, 비인격화, 현실감 상실, 심지어 자신의 몸 위에 떠 있는 자신을 상상하는 것 등이 포함된다. 해리 과정은 또한 해리구조에 기여할 수 있다. 예를 들어, 2장에서 설명한 것처럼 9·11테러 공격 직후 브루클린 다리를 걷고 있는 중에 나는 감정이 크게 흔들리는 해리 과정을 경험하고 있었다. 나는 최면에 걸린 것처럼 기계적인 상태에 있었고, 단지 반대편으로만 가려고 애썼다. 다른 사람들과 그 경험에 대해 이야기할 기회가 없었더라면, 나는 만성적인 PTSD와 같은 심리 구조를 발달시켰을 것이다. 여기에는 위험과 극도의 슬픔에 대한 명백한 회피와 침습적인 두려움이 포함되고, 해리된 자기-상태가 결합되는데, 즉, 그것은 공포의 경험으로부터 나 자신을 캡슐화하고 보호하려는 것이다.

해리구조는 해리된 자기-상태, 크고 작은 기억 상실, 침습 경험(예: 플래시백), 해리된 자기 상태의 변화 또는 전환에서 나타난다. 해리구조는 성격의 구조적 해리(8장에서 논의)에 대한 Van der Hart와 동료들의 이론(2006), 그리고 분열을 포함하는 내적 심리구조의 Ronald Fairbairn(1952) 모델에 예시되어 있다. 이 모델은 중심 자아와 함께 리비도적 자아, 반리비도적 자아(또는 내부 방해자), 흥분(또는 리비도적) 대상 및 거부 대상(또는 반리비도적 대상)의 일부를 분리하는 것을 포함한다. 해리구조는 또한 Harry Stack Sullivan의 "내가-아닌not-me"(1953)과 Bromberg의 해리된 자기-상태self-states에 대한 설명(1998, 2006, 2011)도 포함한다. 그것은 또한 경험의 상징적 부분과 하위 상징적 부분을 연결하는 충분한 참조 과정의 부족을 포함하는 Wilma Bucci의 인지-정신분석적 해리 모델에서 나타난다(1997, 2002, 2003).

해리적으로 구조화된 마음(Bromberg, 2006)은 고정된 생각fixed ideas과 같은 해리된 외상적 경험과 해리된 자기-상태와 같은 경험의 부분들의 격리를 포함한다. 자넷(1907)은 심리적 경험의 다른 측면이 결속될 수 있는 잠재의식의 중심이 되는 고정된 생각a fixed idea으로써 어떻게 무섭고 압도적인 사건이 잠재의식적으로 활성화된 상태로 유지되는지를 설명했다. "사물들은 마치 어떤 생각, 즉 부분적인 생각 체계가 스스로 해방되고, 독립적으로 되어 그 자신의 설명에 따라 스스로 발전하는 것처럼 일어난다."(p. 42) 그는 고정된 관념이 의식적 의지에 종속되지 않는 방식으로 점점 더 광범위해지는 정신체계에 어떻게 속하는지 설명했다.

> 일어나는 기억의 실제는 심리적이고 생리적인 현상(복합형multiform 특성의 이미지와 움직임의) 체계에 의해 구성되어 있다. 이 시스템은, 마음속에 지속적으로, 곧 잠식하기 시작했고… 따라서 풍부해졌다…. 그것은 관념과 암시의 중간 단계를 거치지 않고 자동적으로 자신을 실현할 수 있게 되었고, 따라서 행위, 기질, 괴로움, 망상의 다양한 종류를 일으켰다. (1919/trans. 1925, p. 597)

DID의 사례 예시

다음 사례 예시는 해리성 인격 구조인, DID의 극단적인 형태를 묘사해준다. 또한 외부에서의 동기를 추론하기보다는 내부로부터의 작업이 치료에 유용함을 보여준다.

DID의 존재는 일반적으로 매우 심각한 외상의 결과이다(Putnam et al., 1986). 설명하자면, 우리가 잘 알고 있듯이 성인에게 단 한 번의 성폭행이 꽤 심각한 외상이 돼서, 회복을 위해서는 종종 수개월에서 수년이 걸릴 수 있다. 그러한 경우에 회복recovery이라는 말은 종종 잘못된 명칭이다. 왜냐하면 그 사람은 그 후에 결코 같은 사람이 될 수 없기 때문이다. 이제는, 누적적이고 혹은 배가되는 요소를 고려해 보자. 아이가 일주일에 두세 번, 그녀의 아버지에 의해 8년 또는 9년 이상 성폭행을 당했다고 상상해 보자. 이것은 800건이 넘는 강간이며, 그 대상은 아동이다(Kluft, 1984). 성인이 한 번의 강간으로 엄청난 어려움을 겪고 회복된다면, 이러한 일이 여러 번, 많은 시간 동안, 오랜 기간에 걸쳐 일어난다면, 이 아이에게 무슨 일이 일어날까?

DID가 있는 내 고객인 Gloria는 5살부터 12살 때까지 밤에 아버지에게 자주 강간당했다. 그녀의 어머니는 위층에서 자고 있었고, 약에 취한 상태였었다. 다음 사건이 일어났을 때 글로리아Gloria 자신은 많은 것을 기억하지 못했지만, 그녀의 어린아이 파트들 중의 일부가 나에게 그것에 대해 말하기 시작했다. 그들이 나에게 이야기한 것은 끔찍한 것이었다. 피 묻은 속옷, 극심한 고통, 그리고 앉아있을 수 없는 것 등. 특별히 고통스러운 것은 그녀가 학교에 있을 때였다. 이들 아이 정체성들child identities은 끔찍하게 고통스럽고 무서운 사건에 대해 한 번에 한 조각씩만 나에게 말할 수 있었는데 이 지식 전체는 글로리아가(자기의 부분으로 보통 집행적인 통제를 함) 한 번에 감당하기에는 너무 불안정해질 수 있을 것이기 때문이다. 어느 날 아침 나는 글로리아의 남편으로부터 급한 전화를 받았다. 그는 약물 과다복용 때문에 그녀를 입원시켰어야만 했기 때문에 이를 말해주려고 나에게 전화를 걸었다고 했다.

이상하게도, 글로리아는 어떠한 약도 복용한 기억이 없었다. 마찬가지로, 그녀는 항상 자신이 자살할 생각이 없다고 주장했다. 외부요인으로 보이는 자살시도의 원인을 찾으려는 노력의 일환으로, 나는 종종 다소 으스대는 손위 누나이자 어린 동생 파트를 돌보는 역할을 하는 아이 정체성인 Cheryl과 이야기를 나누도록 요청했다. 쉐릴Cheryl은 어린 남동생으로 그녀가 경험하는, Fred의 지속되는 울부짖는 소리를 듣는 것도 이제 지쳤다고 나에게 말했다. 그녀는 더 이상 프레드Fred의 우는 소리를 참을 수 없다고 느꼈기 때문에 그를 쓰러뜨려서 울음을 그치게 만드는 약을 주기로 결정했다. 그러나 그녀는 그가 왜 우는지 알지 못했다. 내가 프레드에게 왜 그렇게 진정되지 않는 울음을 울었는지 물었을 때, 그는 글로리아가 그녀가 자랐던 마을로 여행을 떠날 예정이라고 말했다. 현재 시점에서의 글로리아의 지식에 접근할 수 없었던 프레드는, 아버지가 죽었다는 것을 알지 못했다. 그는 아버지가 아직 살아있어서 그를 다시 성폭행할 수 있다고 믿었다.

조금 더 탐색이 이루어진 후에, 쉐릴은 프레드의 울음소리를 싫어하는 것에 대하여 말할 수 있었다(Fred는, Cheryl보다 훨씬 더 많이, 강간으로 인한 대부분의 고통을 담고 있도록 고안된 부분인 것 같다). 그들 각각과 이야기를 나눈 후 나는 그들 사이에서 더 나은 의사소통을 할 수 있었다. 마침내 쉐릴은 프레드가 왜 울었는지 이해했다. 또한 쉐릴은 어린 시절의 글로리아와 마찬가지로, 항상 자신을 부양해야 했고, 어린 나이에 너무 많은 책임을 져야 했다. 그녀는 일방적인unilateral 결정을 내렸는데 이는 자신의 성장 수준에 부적절한 것이다. 글로리아가 경험하는 해리된 정체성에 대해 직접 이야기하고 언급하는 것은 그것들을 구체화하지 않는다. 그것은 이전에 존재하지 않았던 어떤 것에 대한 현실을 만들어내지 않는다. 대리alternate 정체성인 쉐릴과 프레드는 이미 그녀의 경험에서 분리된 별개의 존재 또는 그녀 자신의 부분으로 존재했으며 그녀의 어린 시절에 이름 붙여진 것이다. 게다가, 쉐릴과 프레드가 왜 그렇게 느꼈는지 자세히 탐구하는 것은 글로리아가 이전에는 알려지지 않은 자신의 측면을 인식하게 되는 것에 도움이 되었는데, 그것은 '그녀 자신을 통합'하는 방식이었다. 이러한 방식으로, 부분들의 통합을 촉진시켰다.

어린 시절 아이로서, 글로리아는 아버지가 자신을 학대하는 것에 대해 아버지와 협상할 힘이 거의 없었다. 아버지는 그녀가 이 사실을 어머니에게 말하면 어머니가 죽게 될 것이라고 말했기 때문에 어머니에게도 의지할 수 없었다. 그녀는 혼자서 모든 것을 견디고 해결해야 했다. 여기서 우리는 외상적인 애착으로 인해 얼마나 심각한 해리의 결과가 일어나는지 알 수 있다. 이러한 내적 웅장함에 의존하는 것은 대인관계적 무력감에서 나온 심리적 외상의 소용돌이에서 돌아갈 수 있는 믿을 만 하고 신뢰할 만한 양육자가 부재한 것의 결과이다. 애착인물 부재의 결과로 인해, 애착체계의 실패가 일어난다. 도움을 줄 수 있는 애착대상이 없었기 때문에, 그녀의 압도적인 공포, 수치심, 고통은 공유되거나, 소통되거나, 완화될 수 없었다. 작은 소녀, 글로리아는 완전히 고립되었고 포로가 되었다. 아이 글로리아가 고립되자, 그녀의 아이 파트들인, 쉐릴과 프레드는 '고립된 주관성들'이 되었다(Chefetz & Bromberg, 2004, p. 431).

시스템 외부에서만, 그리고 처음에는 글로리아의 관점에서만 보았을 때, 명백하게 자살 행위에 대한 동기를 밝히지 못했다. 글로리아의 행동을 이해하기 위해서는 Cheryl과 Fred와 이야기해야 했다. 드러났던 것은 글로리아가 입원한 이유에 대한 훨씬 더 정확하고 유용한 이해였다. 여기에는 성폭행을 당하는 것에 대한 프레드의 공포, 그의 위로받을 수 없는 외로운 울음, 그리고 나서 쉐릴이 프레드의 참을 수 없는 울음을 침묵시키는 것, 그리고 그녀가 어머니에게서 관찰했던 해결책을 실행하는 것이 포함되었다. 이러한 긴급한 이해는 파트들에 대한 나의 경청을 통해서 이루어졌는데, 그것은 그들이 개별적으로 그리고 함께 외부 사람에게 연결됨으로서 이루어졌다. 이러한 종류의 연결은 Philip Bromberg(1998)가 *관계적 다리* relational bridge라고 언급한 것이다. 해리 파트들을 치유하고 연결하는데 필요한 것은 분리된 파트들과의 관계를 *내면화* internalization 하는 것인데 이 과정은 외부의 아는 자, 흔히 치료사와 함께 하게 된다. 이 일이 성취되면, 부분들은 서로의 기억과 감정에 대해 덜 공포스러워지기 시작한다. 글로리아의 해리가 치유되기 위해서는, 내가 쉐릴과 프레드에 대해 더 많이 알아야 할 필요가 있었다. 그런 다음 글로리아는 내가 알고 있는 것을 알기 위해서 배워야 했다. Murray Bowen의 가족 치료 모델(1985) 관점에서 생각하면, 쉐릴과 프레드는 더욱 분화되었는데 그들이 서로 다른 욕구와 의도에 대해 나에게 그리고 서로 간에 이야기할 수 있게 되면서였다. 분화differentiated되고 상호 간 의사소통이 가능해지는 것은 치유의 중요한 단계이다. 이전에 해리된 자아-상태가 조화롭게 작동할 수 있게 되었을 때, 개인의 삶은 더 행복하고 더 기능적으로 되어간다.

해리성 정체감 장애와 덜 심각한 개인 문제 사이의 해리적인 구조에는 유사성이 있지만, DID는 독특하다. DID에서, 파트들은 분리성에 대한 "가짜 망상적pseudo-delusional"(Kluft, 1984) 투입을 가지고 있으며, 자아-상태 간의 해리 장벽은 훨씬 더 극단적이고 경직되어 있다. DID의 발병은 대개 자기-최면 기능이 높은 어린 시절에 받은 현저한 심리적 외상이 존재할 때이다(Maldonado & Spiegel, 1998). 어린 시절에 매우 큰 외상을 입었던 사람들은 DID를 발병시키는데, 이들이 삶에 대처하기 위해서는 자기-최면에 의존할 필요를 자주 느꼈을 것이다. DID는 그 자체로 분류군a taxon으로 간주될 수 있다(Moskowitz, Heinmaa & Van der Hart, 2019; Putnam, 1997).

방금 설명한 사례는 무의식에 대해 무엇을 말해주는가? 글로리아는 쉐릴과 프레드의 활동 그리고 그녀가 입원한 자살 행동의 이유를 의식하지 못했다. 글로리아 마음의 관점으로부터 생각해 볼 때, 하나의 단일체로 통일된unitary 무의식이라는 것은 없다.

무의식

정신 역동적 심리치료의 가장 근본적인 개념은, 어떤 설득을 하든지 간에, 바로 무의식이다. 억압과 해리는 둘 다 경험의 측면이 무의식 상태가 되는 결과를 낳는다. 프로이트의 억압 이론에서의 무의식은 종종 통일된 장소로서의 하나의 통일체로서 더 생각된다. 트라우마-해리 이론에서, 경험으로부터 해리된 파트들은 분리되고, 서로 간에 격리되며, 잠재적으로 수많은 파트들이 있는데, 그럼에도 그들 사이에 얼마간의 연결이 있기는 하다. 우리가 알고 있다시피, 무의식이라는 개념은 프로이트보다 훨씬 이전에, 심지어 16세기라는 이른 시기에도 사용되었다. 그리고 19세기와 20세기 초반의 임상의, 소설가, 철학자들은 이중dual 의식과 분열split 의식의 문제에 몰두했다. 이것들은 같은 것인가?

트라우마, 이중 의식과 분열 의식, 해리, 그리고 히스테리를 상호 연결할 때, Pierre Janet은 심리적 현상의 해리에 기반한 성격의 정신 역동을 강조하면서, 압도적인 트라우마가 해리되고 잠재의식이 된다고 명시하였다. 이것은 무의식과 같은 것인가? 나는 몇 가지 중요한 구분이 있어야 함을 제안한다.

'무의식'과 분열/이중 의식은 같은 것인가?

종종 사람들은 *잠재의식*과 무의식이라는 용어를 같은 의미로 사용한다. 두 구조는 마음이 경험의 특정 측면에 대해 알지 못하게 되는 방식으로 분할된다는 점에서 유사하다. 그러나 이중dual 의식 또는 고정된 관념fixed ideas(잠재의식으로 이어지는)의 개념과 무의식의 핵심적 차이는 대부분 프로이트가 설명했듯이 *무의식*은 우리가 *외부에서 들여다보는 것*from the outside looking in으로부터 추론할 수 있음을 의미한다.

대조적으로 자넷은 성격의 다양한 파트들의 주관성을 구별하고 작업하였는데 그것들이 분리되고 이중적dual이고, 다중적multiple이며 고립isolated되었음을, 그는 대부분 *내부에서 외부로 보는 것*looking from the inside out으로 작업했다. Onno van der Hart(2016)는 내담자들이 자넷의 별명을 'Dr. 펜슬'이라고 붙인 이유는 내담자들이 하는 말과 행동을 꼼꼼히 기록해 놓았고, 그들의 꿈을 들으려고 잠에서 깨우기까지 했기 때문이다(p. 50). 그는 관찰하고 있었으면서도 안에서부터 밖으로 보는 것에 경청하고 있었다. 종합하면, 외부로부터의 관찰, 자기의 이러한 잠재적 조각들의 모든 것, 고정된 관념으로부터 분리된 정체성들에 이르기까지, 모두 무의식이라는 것을 구성한다고 볼 수 있을 것이다. 어쨌든, 나는 내부에서 외부로 일하는 접근 방식, 즉 자아의 다양한 주관적 측면과 함께 작동하는 접근 방식이 더 구체적이라고 믿는다. 무의식이 있다는 덜 구체적인 지식을 가지고 작업하는 것보다 그것이 자기-경험에 더 가깝고 임상적으로 더 정확하며 궁극적으로 더 통합적이다.

트라우마와 해리 이론은 고정된 생각과 잠재의식 중심에 대한 자넷의 관점에 더 적합하다. 억압 이론은 하나의 무의식이라는 생각에 더 적합하다.

무의식(억압을 내포하기 때문에)은 자넷이 성격의 이중화라고 부른 것과 프로이트가 (브로이어와 함께) 『히스테리에 대한 연구Studies on Hysteria』에서 초기에 지지한 이중 의식의 관점에 대한 외부적 견해이다. 그것은 공중 조망으로는 (물에) 잠겨있어 숨겨진 모든 대륙들을 보지 못하는 구형globe 모델로 대륙을 바라보는 것과 같다. 움직이는 지각판, 화산 활동, 해류들을 말이다. Van der Hart(2016)는 프로이트가 의식의 두 번째 상태를 인식하였는데, 일찍이 무의식의 개념으로 그 개념을 동시에 사용했다고 지적한다. 그는 프로이트가 브로이어에게 보낸 1882년의 편지를 다음과 같이 언급한다 "히스테리적 공격을 형성하는 기억은 무의식적인 것이거나, 더 정확하게는, 두 번째 의식 상태의 일부인데, 그것은 모든 히스테리에서 다소 고도로 조직된 형태로 나타난다."(p. 31) 그런데, 『히스테리에 대한 연구』가 출판된 후, 그는 해리나 두 번째 의식 상태에 대해서는 거의 언급하지 않았다. 오히려 그는 선택적으로 두 번째 의식 상태를 무시하고 그의 환자들의 의사소통을 무의식과 억압의 관점에서 해석했다(Van der Hart, 개인서신, 2019).

해리적인 무의식과 억압된 무의식

나는 트라우마의 해리적 결과를 *해리적 무의식*이라 부르고, 프로이트적 무의식을 억압된 물질이 이론적으로 추방된, *억압된 무의식*이라고 이름 붙였다. 이것은 어떤 의미에서 사람들이 동기, 경험, 정보 및 정동의 특정 측면을 인식하지 못하게 된다는 전반적인 의미를 바꾸지 않는다. 그것은 이것이 어떻게 일어나는지 그리고 그것이 구체적으로 무엇을 의미하는지에 대해 차별화를 둔다. 해리적인 무의식은 잠재의식적 경험(Janet의 의미에서)의 다양한 주머니(또는 영역)를 의미한다. 트라우마는 여전히 살아있고, 소화되지 않은 압도적인 경험의 파편들인데, 그럼에도 이 주머니들 사이에 어느 정도 연결이 있을 수 있다. Philip Bromberg(1998)는 매우 유용한 정의를 제공하면서 무의식의 개념을 해리 용어로 우아하게 재구성했다.

> "우리가 무의식이라고 부르는 것은 자아-상태들 사이의 연결이 중단되거나 저하되는 것을 유용하게 포함할 수 있으며, 자아의 특정한 측면들을 막는 것으로 (그들 각각의 정동, 기억, 가치 및 인지적 능력의 집합과 함께) 같은 의식 상태 내에 있는 인격으로의 접근을 하지 못하도록 하는 것이다."(p. 182)

해리의 관점에서 글로리아가 자신과 그녀의 세계를 어떻게 경험했는지 살펴보는 것은 하나의 통일된 무의식의 관점에서 생각하는 것과 매우 다르다. 글로리아의 이야기는 해리적인 경험의 다중 가닥과 영역이 있는 해리적인 무의식을 예시한다. 대조적으로, 단일 무의식이라는 개념은 의식적인 검토가 가능하지 않은 서로 다른 경험의 이러한 모든 복잡성을 하나의 미분화된 냄비에 던져놓게 한다.

내부로부터 외부로 대 외부로부터 내부로의 이해

억압된 무의식(즉, 프로이트파의 단일한 무의식)은 *외부에서 내부를 들여다보면서* from the outside looking in 추론할 수 있는 것을 말한다. 사람들이 자신의 행동이나 그 의미를 인식하지 못하는 것처럼 보일 때, 임상가는 그 의미를 추론할 수 있다. 해리적인 무의식의 라인을 따라 생각하는 것에 대해 내가 좋아하는 한 가지는, 사람의 마음에 접근하는 것으로 내부에서 외부로 보는 방식을 취하는 것이다. 앞에서 언급했듯이 글로리아의 해리적인 파트들이 생각하는 한 가지 방식은 그들이 "고립된 주관성들"이었다는 것이다(Chefetz & Bromberg, 2004). 쉐릴과 프레드는 서로 간에 그리고 글로리아와도 격리되어 있었는데 그들이 나에게 각각 말을 할 수 있을 때까지였다. 그러고 나서 나는 글로리아에게 말해줄 수 있었다.

나는 내부에서 외부로 작업하는 접근 방식, 즉 자아의 다른 주관적 측면들과 함께 작업하는 접근 방식이 하나의 무의식이 있다는 덜 구체적인 이해로 작업하는 것보다 더 구체적이고, 자기-경험에 더 가깝고, 임상적으로 더 정확하며, 궁극적으로 더 통합적이라고 믿는다. 내부로부터 외부로 작업을 하는 것은 내담자가 자기 내면의 마음과 몸에서 일어나는 일(느낌 상태에 접근하는)에 대한 탐구를 하도록 초대한다. 이것은 주지화를 우회할 수 있어서 마음과 몸 사이에 더 큰 연결을 제공한다. 이와 대조적으로, 외부로부터 내부로 작업하는 것은 훨씬 더 주지화의 대상이 되어서 추론에 대한 초대는 곧 치료사 파트에서 쉽게 잘못될 수가 있다. 내담자의 주관성에(그리고 주관성들에) 특권을 주는 것은 내부로부터 외부로 작업하는 것으로서 내담자의 다양한 존재 방식들과 감정에 대한 공감과 호기심을 갖는 것을 의미한다.

해리된 경험은 부재인가 존재인가?

Cheryl과 Fred와 같은 고립된 주관성은 부재인가 존재인가? 글로리아는 쉐릴과 프레드를 부재와 존재 모두로 경험했는데, 그것은 그녀가 자신의 해리구조를 얼마나 고집스럽게 붙들고 있느냐에 달려있었다. 글로리아는 이러한 해리된 경험을 캡슐화하는 것을 배웠는데 이것은 아이로서 자신의 지속되는 삶을 관리해나갈 수 있도록, 그들을 존재하지 않는 것으로 만들었던 방식이었다. 하지만, 그들 자신의 조망에서 볼 때, 쉐릴과 프레드는 분명히 존재했었다. 그들이 점점 알려지기 시작함에 따라, 그리고 해리 장벽이 치유됨에 따라, 글로리아의 경험에서 그들이 존재하는 것으로써 느껴지기 시작했다. 이전에 추방된 자기의 부분들의 존재에 대한 수용이 증가하면서 페르소나였던 것이 더욱 온전한 사람으로 확장되는 데 기여했다.

절차적 무의식

억압된 무의식과 해리적 무의식은 모든 무의식 현상을 포괄하지 않는다. Lyons-Ruth(1999, 2003ab; Ryle, 1997ab, 2003; Schore, 2003a, 2019)와 다른 사람들은 우리가 알지 못하는 절차적 능력과 존재 방식way of being에 대해 길게 써놓았다. Allan Schore(2019)는 이전에 언급했듯이 사람들이 어떻게 우뇌를 통해 무의식적으로, 절차적으로, 빠르게 의사소통하는지를 자세히 설명했다. 특히 문자 그대로의 눈과 눈의 커뮤니케이션은 밀리초milliseconds 단위로 이루어지며 신뢰 또는 두려움과 같은 기본 사고방식basic mind-sets에 영향을 준다.

의식과 무의식의 경계에 있을 수 있는 신체 커뮤니케이션의 또 다른 측면은 *진동*vibes이다. Tam Hunt의 최근(2018) 기사는 얼마나 많은 대인관계 커뮤니케이션이 문자 그대로 진동에서 발생하는지와 관련하여 "히피들이 옳았다the hippies were right"라고 설명한다. 이러한 진동에 대한 관심의 르네상스는 임상적 유용성이 매우 크다. 임상가로서 우리는 우리가 알고 있는 것보다 더 자주 진동에 반응한다. 여러 임상가들처럼, 나도 자주 내 몸에서 무언가를 느끼는데, 그것은 분노, 두려움, 공포, 또는 사랑과 같은 것이다. 그래서 나는 내담자에게 한 가지나 또 다른 방식으로 그가 느끼고 있는 것이 맞는지 물어본다. 그러면 매우 자주 답변은 "예스"이다. 최근, 한 내담자가 남자 친구에게 차이는 것에 대한 불안을 내게 이야기했다. 그녀는 불안에 대해 이야기하고 있었지만, 나는 분노를 느끼고 있었다. 나는 이것을 그녀에게 말했고, 우리는 분노를 탐구했는데, 그것이 바로 그녀가 느끼는 감정이었다는 것이 밝혀졌다. 이 논의는 그녀에게 수용 가능한 경험의 새로운 영역을 열어주었다. 그녀는 자신을 무시하거나 깎아내리는 사람들에게 자신의 감정을 좀 더 직접적으로 표현할 수 있게 되어서 기뻐했다.

제 6 장

해리로서의 혼란애착

트라우마의 필수적인 경험은, 정신적 삶의 구조가 되는, 자아와 양육하는 타자와의 관계를 해결하는 것이다.

– Laub & Auerhahn(1993, p. 287)

혼란애착Disorganized Attachment[DA]은 유아의 약 15%에 영향을 미치며(Van Ijzendoorn et al., 1999, Liotti & Gumley, 2008에서 인용됨) 후기 해리 경향과 강력하게 연결되고(Lyons-Ruth, 2003ab), 알려진 학대나 문서화된 트라우마보다 훨씬 더 그러하다(Carlson, 1998; Lyons-Ruth, 2003b, 2006; Ogawa, Sroufe, Weinfield, Carlson, & Egeland, 1997). DA는 네 번째이자 가장 최근에 발견된 애착패턴이며(Main & Solomon, 1986, 1990) 매우 초기 유형의 발달적 트라우마의 영향을 나타낸다. 세계적으로 유명한 애착연구자인 Giovanni Liotti는 혼란애착을 그 자체로 해리적인 것으로 보았다(1992, 2004, 2006).

애착이론의 간단한 스케치로 시작하고자 한다. 애착은 생존을 위한 진화적 청사진이다. John Bowlby의 진화론적evolutionary 애착이론(1969/1983)은 아기가 엄마와 물리적으로 가까이 있는 것이 포식자로부터 어떻게 보호되고 따라서 생존에 도움이 되는지를 문서화했다. 따라서 초기에는 위협 상황에서의 물리적 근접성이 애착체계의 목표로써 이해되었다.

Bowlby의 애착이론의 두 번째 부분은 내적 작동 모델internal working models[IWM]이라는 이론인데, 그것은 자아와 애착인물의 정신적 표상을 포함하며 애착인물의 가용성에 대한 유아의 기대에 관련된 것이다. IWM은 애착관계에 대한 아동의 감정, 생각 및 기대를 조직한다. 애착대상에 대한 과거 경험으로부터 일반화하는 것인데, 그것은 애착대상에 대한 아동의 행동을 예측하고 조절한다.

애착이론과 트라우마 이론은 훨씬 더 일찍 공식화되었지만 연대기적으로 1980년대에 널리 알려지게 되었다. 명백하게, 애착이론은 프로이트의 이중-본능dual-instinct 이론(리비도와 공격적 충동)과 애착을 이차적 본능secondary drive의 관점에서 본 학습이론과 상반된다. 지배적인 이론과의 이러한 비호환성 때문에 볼비의 발견은 즉시 받아들여지지 않았다. 그 당시 현실에 반하는 환상에 대해 정신분석적으로 강조하는 것에 반대하여 볼비는 한때 정신분석 회의에서 일어나서 청중을 향하여 "하지만 세상에는 *나쁜* 어머니라는 것도 있습니다"라고 강조하여 말했다(Mitchell, 2000, p. 84, 텍스트의 이탤릭체).

애착: 두려움 감소

최근 애착이론가들은 Bowlby의 초기 관찰에 덧붙여서 애착이 어떻게 안정감을 향상시키고 감정 조절에 도움이 되는지를 강조했다(Fonagy, 2001, Lyons-Ruth, 2003b). 중요하게도, 애착은 "두려움의 발달 역동에서 임상 이론을 재정비한다."(Lyons-Ruth, 2001, p. 40). 더 나아가, 애착체계는 "발생하게 되었을 때 선제적인데, 그것이 두려움이나 위협에 대한 반응을 동원하기 때문"이라고 간주한다(Lyons-Ruth, 2003b, p. 885). 정동을 조절함으로써 애착은 "발달하는 아동의 자유는 위협과 안전의 이슈에 대한 것으로부터 다른 발달적 성취가 되는 탐색과 같은 것이나 학습 및 놀이로 주의를 돌릴 수 있게" 한다(Lyons-Ruth, 2003b, p. 885). Lyons-Ruth는 두려움의 감소에 대한 이러한 강조는 리비도 및 공격적 충동에 대한 강조와 현저히 다르다는 점에 주목했다.

처음에는 낯선 상황에서 1세 아동의 행동을 기반으로 세 가지 애착패턴이 설명되었다. 이 절차는 볼비의 동료인 Mary Ainsworth가 어머니와의 짧은 이별에 대한 유아의 반응을 평가하기 위해 고안한 것이다. 이러한 패턴에는 연구 대상 영아의 대부분을 차지하는 안정적인 애착과 두 가지 불안정한 애착패턴인 불안회피 애착과 불안저항('불안양가'라고도 불림) 애착이 포함된다. 기본적으로 안정형 아기는 좋은 것을 기대하고, 회피형 아기는 거부를 기대하며, 양가형 아기는 불안하게도 불일치를 기대한다. 회피애착 아동은 애착욕구를 알거나 보여주는 것에 대해 주의를 산만하게 함으로써 방어하고, 저항적(양가적) 아동은 고양된 애착시도를 하는 것으로 보이는데, 이는 엄마가 일관성이 없었기 때문이다. 두 가지 불안정한 애착패턴에서는 애착을 이루기 어려운 상황임에도 불구하고, 안정애착과 같이 일관성이 있다. 그것들은 특정 대인관계 환경에 적응하는 내적으로 일관된 애착전략이다.

초기 애착패턴들과는 달리 DA는 일관된 애착전략이 아니다(Main & Solomon, 1986). 오히려, 그것은 현저하게 분리되고 해리된 애착모델을 포함한다(Liotti, 1992, 2004, 2006; Lyons-Ruth, 2003b, 2006). DA는 학대 또는 심한 방치와 관련이 있으며 매우 초기 유형의 발달적 외상을 의미한다. 어떤 면에서 애착대상에 대한 유아의 경험은 일관된 애착전략으로 동화되기에는 너무 압도적이었다. 비록 연구-측정된 학대가 DA를 가진 사람들의 대부분을 차지하지만, DA는 또한 방치, 심각한 부조화, 지나치게 공격적인 놀이와 같이 측정하기 어려운 숨겨진 트라우마와도 연관되어 있다. 예를 들어, 한 엄마가 그녀의 놀란 아기에게 놀이를 한다며 손가락을 발톱처럼 세우고는 네 발로 쉿쉿 거리는 소리를 내거나(Hesse & Main, 1999), 울부짖는 아기를 안아 올리면서 깔깔대는 엄마(Lyons-Ruth, 1999)에 대해 기록되어 있다. 장기간의 방치, 부모의 정서적 조율의 어려움 등과 같은 것들이 좀 더 큰 아동이나 성인에게는 압도적이지 않을 수 있지만 영유아에게는 훨씬 더 압도적일 수 있음을 인식하는 것이 중요하다. 따라서 그것들은 외상이 될 수 있다.

아이가 보호자로부터 안전을 추구하는 동시에 보호자를 두려워하는 딜레마에 직면할 때 애착전략은 통합되지 않을 것이다. 대신, "다중적이고 해리된 정신 구조는 … 아이의 행동을 통제한다. 이러한 구조는 자기와 애착대상의 동시적인 표상의 불일치incoherent와 연관될 수 있다."(Liotti, 1995, p. 348) 아이는 무엇을 할 수 있을까, 그로부터 안전을 추구해야 할 애착대상이 바로 두려워해야 할 대상이라면? 낯선 상황에서 혼란형 아이들은 부모가 돌아오면 흔히 양자택일로 접근하게 되는데, 상호작용과 애착을 원하거나, 그 부모로부터 도망치거나 하는 것이다. 그들의 손은 어머니를 향해 뻗기는 하지만 동시에 뒷걸음치는 것일 수 있다. 그들은 맴돌거나 맥없이 바닥으로 주저앉을 수 있다. 그들이 보이는 얼굴 표정은 한쪽으로는 열렬히 반기고 다른 쪽으로는 두려워할 수 있다. 비디오 영상에서 그들은 자주 접근하거나 철수하는 접근을 동시에 하거나 혹은 빠르게 그 두 가지 행동을 연쇄적으로 하는 것처럼 보인다(Jacobvitz, 2000; Lyons-Ruth, 2003ab; Beebe & Lackmann, 2014). 이 딜레마는 "해결책이 없는 두려움"이라고 불린다(Hesse & Main, 1999). 실제로 유아의 한 부분은 부모와 연결되어 애착을 갖고 싶어 하고 다른 부분은 도망치기를 원한다. 여기서 애착 시스템이 활성화되었지만, 공포 시스템도 활성화되어, 반복적인 접근-회피 딜레마가 발생할 수밖에 없다. "이 고리에 빠지게 되면, 아이는 모순적인 감정의 압도적인 흐름을 경험하게 되는데, 일관성 있게 행동하는 능력이나, 행동과 주의를 양가적으로 조직하는 능력을 압도할 정도가 되는 것이다. … (그리고) 애착행동은 와해되고 방향 감각을 잃게 될 것이다."(Liotti, 1999, p. 764)

혼란애착을 가진 아이들의 대부분은 최면-상태trance-like에 있는 것처럼 정지 행동stilled behavior을 보이거나, 우주를 응시하는 것처럼 보인다(Jacobvitz, 2000; Lyons-Ruth, 2003ab). 따라서, 와해된 애착은 표현형으로 해리가 된다(Blizard, 2003). 정서적으로 자주 바뀌고, 두려워하는 행동(아동이 노출되었던 경험일 것)을 관찰하면서 Liotti는 그와 같은 경험이 외상적일 수 있는데 만일 그것들이 "이 발달 기간에 의식의 통합 능력을 압도"하게 되면 그렇게 된다고 했다(2006, p. 58). 관찰에 근거하면 이러한 아기들이, 해리성 성인과 마찬가지로, 최면-상태와 같은 행동으로 간다. Liotti(2006)에 의하면 이러한 외상을 입은 아기들이 최면hypnoid 상태를 나타내는 것 같은 해리성 증상을 보였던 것이다.

그러한 아이들이 다루어야만 하는 이 딜레마는 종종 아동이 일관된 자아의식과 정서를 조절하는 방식을 성취하는 데 어려움을 초래한다. 혼란형 아기와 어린 아이들은 그들의 정서를 조절할 수 있는 대처전략을 찾을 수가 없다. 혼란애착에 기여한 초기 스키마는 암묵적 기억에 암호화되어 있으며 "나중에 명시적 의미explicit semantic 기억의 단일하고 응집력 있는 구조로 합성되기에는 너무 복잡하고 본질적으로 모순된다. 이러한 의미에서 초기 [혼란스러운] 애착의 IWM[내적 작동 모델]은 본질적으로 해리적이다."(Liotti, 2004, p. 479) 정서적으로 뒤바뀌고, 두렵고, 폭력적인 대인관계적 환경에 노출된 혼란형 유아는 그것에 동화될 수 없고 또 일관적인 방식으로 조직화할 수 없다.

본질적으로, DA와 관련하여 나중에 자아의 해리된 부분으로 발전할 수 있는 기본적인 기질substrates은 어떤 경우에는 이미 유아기에 잠재한다. 일부 개선된 생활환경이 없으면 DA는 DID를 포함한 경계성 인격 장애 및 해리 장애의 전조가 될 가능성이 높다. 그럼에도 불구하고, DA가 있지만 나중에 심각한 트라우마가 없으며, 대인관계 환경에서 수용하고 공감적인 타인을 혹시라도 얻게 된 사람은, 초기의 내적 심리적 균열을 치유할 수 있고, 나중에 삶에서 오는 심각한 심리적 문제를 피해갈 수 있다. DA가 있고 무관심하거나, 부주의하거나, 편하지 않은 부모를 가진 사람은 경계선 병리를 발달시킬 수 있다. DA가 있고 계속해서 심한 학대를 받는 사람은 DID를 발달시킬 가능성이 높다(Liotti, 1992, 2004). Van der Hart(2018)가 지적했듯이 대부분의 해리성 내담자들은 혼란애착 유형을 가지고 있다.

획득된 안정애착

다행히도 애착스타일은 돌처럼 고정되어 있지 않다. 유아기에 안정된 애착을 얻지 못했더라도 우리는 안정애착을 획득할 수 있다. 정서적 지지를 해줄 수 있는 대체인물의 가용성은, 심리치료를 포함하여, 획득된 안정애착과 관련이 있는 것으로 밝혀졌다(Saunders, et al., 2011). 획득된 안정애착은 자기 자신의 정신 상태와 다른 사람의 정신 상태에 대해 생각할 수 있는 능력, 탈중심화 능력, 사건의 의미를 되돌아볼 수 있는 능력을 포함하는 메타인지 능력을 특징으로 한다(Main, 1995). 트라우마는 메타인지 능력을 방해하고 손상시킨다. 손상을 받았던 사건에 대해 떠올릴 때 받는 정서적 지지는 트라우마의 영향을 약화시킨다.

자기-분열 덮기

흔히, 혼란애착을 가진 어린 아이들이 3세에서 5세가 되면, 그들은 특정한 통제 방식들로 애착전략을 재조직한다. (1) 부모를 강박적으로 돌보는 아이가 되거나 (2) 공격적으로 거만하고 적대적인 모습을 보인다(Liotti, 2006; Lyons-Ruth, 2001, 2006). 그들은 “자신의 안전과 견디기 힘든 각성을 조절하기 위한 도움을 받기 위해 부모에게 향하는 것을 포기하고 [과정 대신] 부모의 관심을 유지하는 데 몰두하게 되는” 것처럼 보인다(Lyons-Ruth, 2006, p. 608). Liotti(2006)는 이러한 전략들은 애착체계를 억제하는데, 이는 거꾸로 된 보살핌inverted caretaking 행동 체계나 경쟁적인 위계-기반hierarchy-based 행동 체계와 같은 다른 동기부여 체계를 대체함으로써 이루어진다는 점에 주목했다. 예를 들어, 8세의 트레이시Tracy는 자기의 엄마처럼 보이도록 조직하는 스타일을 개발했다. 똑똑하지만 다소 건방진 아이로, 그녀는 잘 적응된 것처럼 보였고 자신감도 있어 보였다. 좀처럼 안심시키는 말이 필요하지 않기 때문에 아이는 때때로 부모님 친구들의 문장을 마무리하곤 했다. 그런데, 여기에 모순이 드러나는 것은 엄마가 잠시 집을 떠나야 할 일이 생기면, 극도의 매달림이 있다는 것이다. 이와는 대조적으로, 4장에서 소개된 샐리Sally는, 말하자면 바닥에서부터 어머니를 통제하려 했다. 어머니의 바람을 예상하고 자신을 거기에 맞춤으로써 아이 자신의 욕구와 감정을 잊어버리고는 엄마를 돌보는 일에 매달리곤 하는데, 차를 대접하고 등을 마사지하는 데 몰두하는 것이다.

문제는 이러한 전략이 장기적으로는 적절하게 작동하지 않는다는 것이다. 겉보기에 조직적이지만 실제로는 조직화되지 않은 나이가 좀 더 있는 아동(그리고 나중에는 성인)이 애착체계의 활성화를 피할 수는 없다. 그런 상황에서, 그들은 다른 행동 체계에 의존했던 그들의 방어 조직을 잃게 된다. 해결되지 않은 애착불안에 노출되면, 그들은 매우 취약해지고 겁에 질리게 된다. 혼자 남겨진 아이의 TAT Thematic Apperception Test 사진을 제시하는 것과 같이 분리불안이 유발되는 테스트 상황에서 그들은 갑자기 극도로 불안해지며, 때때로 혼자 남겨지는 재앙에 대한 환상을 표현한다(Liotti, 2006). 애착 시스템이 활성화되지 않는 한 그들은 상대적으로 불안이 없지만, 한번 애착 시스템이 활성화되면, 그 증상은 매우 높게 나타난다. 이와 마찬가지로, 소위 경계성 성격장애 성인(외상을 크게 입었지만, 애착결핍과 문제를 지나치게 회피하는 방식으로 조직화됨)의 경우 친밀하거나 긴장이 많은 상황에서 불안해지고 편집적으로 될 수 있다.

통제 전략은 아이가 "해결책 없는 공포와 관련된 방향 감각 상실과 혼란의 견딜 수 없는 느낌"에 대처하는 데 도움이 되었다(Liotti, 2006, p. 68). 파괴적인 두목 노릇이나 복종적인 submissive 패턴이 양육자와 관련하여 해결되지 못한 애착딜레마에 대처하기 위한 방법으로 개발되었음에도 불구하고, 저변의 *해리구조*는 방어적이지 않다(Liotti, 2006). 오히려, 그것은 압도당한 아이의 망가진 정신 broken psyche 이다. 이 손상은 애착 시스템이 활성화될 때 드러난다. 이런 일이 발생하면, 애착과 관련된 불안과 파국적인 환상이 드러난다.

그렇게 해리적으로 분열된 정신적 조직을 가진 사람들에게서 애착 시스템이 활성화되면, 분리 문제는 극도로 고통스러울 수 있다. 심리치료 관계는 애착 시스템이 활성화되는 핵심 영역이다. 자주 등장하는 문제는 이러한 이전의 혼란형 어린이와 나중에 미해결형 성인(DA에 상응하는 성인)이 다른 사람들을 통제함으로써만 자신을 통제할 수 있다는 것이다. 그들은 자기조절을 위한 일관된 전략을 발달시킬 수 없었기 때문에, 그들이 대처할 수 있는 유일한 방법은 타인을 통제하는 것이다. 이 전략이 실패하면, 그들은 매우 혼란스러워진다. 트라우마가 다시 한번 닥쳐오면, 그들은 스스로 조절하거나 회복할 수단이 없다.

이것에 대한 인식은, 심리치료에서 내담자들의 애착 시스템이 활성화될 때, 그럴 가능성이 높기 때문에, 임상가로서 우리 내담자들이 어떻게 느낄지에 대한 감각에 대해 더 나은 개념적 이해를 얻을 수 있다. 타인을 관리하고 조절하는 전략을 사용함으로 그들 자신을 조절하는 것을 배워온 내담자들, 그리고 그들이 다른 방법을 배우지 못했다는 것을 염두에 둠으로써 임상가는 잠재적 문제가 되는 역전이 반응을 경감시킬 수 있게 된다. 임상가가 그러한 내담자들에게 문제의 일부는 어린 시절에 자기 조절의 좋은 방법을 개발할 수 없었다는 것과 그것을 다루는 것이 치료 작업의 일부라는 것을 마음을 열고 공감적으로 인식하는 것이 도움이 될 수 있다. 예를 들어, Courtney는 처음에 그녀가 심리치료를 받기 위해 일주일에 세 번 만나고 싶다고 말했고 나는 그녀를 위해 정기적인 시간을 예약했다. 그런 다음 그녀는 그 빈도를 감당할 수 없는 것으로 결정하고 일주일에 한 번으로 줄이겠다고 결정했다. 나는 새로운 주 1회 시간표를 예약했다. 그 후 그녀는 다음 날 추가 세션이 '정말로 필요'했다며 하루 전날 빈번하게 전화하거나 문자를 보내왔다. 나는 그녀에게 편의를 제공하기 위해 최선을 다했고 때로는 지나치게 맞춰주었다. 그녀는 일정을 변경하고 싶어 하진 않았지만, 실제는 우리가 일주일에 두세 번 만나는 경우가 대부분이었다. 우리가 그녀의 초기 삶의 맥락에서 이것을 논의하게 되었을 때, 그녀는 자신이 어떻게 느끼는지에 대해 말함으로써 어머니에게 실제로 영향을 미칠 수 있다고 느낀 적이 거의 없었다는 것이 분명해졌다. 대신, 그녀는 어머니의 주목을 받기 위해서는 학교를 결석하는 것과 같은 일을 해야만 했다.

우리가 이러한 것들을 함께 주목하기 시작하였는데 이것은 Courtney에게 쉽지 않은 일이었다. 그것은 그녀를 불안하게 만들었고, 의존에 대한 갈망을 마주하는 일은 그녀에게 고통스러웠다. 그녀는 내게 화가 났는데 마지막 순간에 그녀를 보는 시간을 갖는 것이 항상 가능하지는 않았기 때문이다. 점점 더 분명해진 것은 나를 통제할 수 없다는 그녀의 두려움이 주요 이슈였다는 것이다. 그래서 불안하게 의존할 필요가 없도록, 조금씩, 그녀는 용감하게 더 취약해지기 시작했다. 그녀는 자신에게 의존이 얼마나 어렵고 고통스러운 감정인지 인식했다. 이러한 과거의 박탈감depravation을 극복하기 위해서는 깊은 애도mourning가 필요하다. Badouk Epstein(2018)은 "따라서 치료적 여정은 궁극적으로 우리가 소유의 대상이 아니라 분리된 마음과 생각을 가진 분리된 존재이기 때문에 다른 사람을 통제할 수 없다는 무거운 현실에 직면하고 결국엔 이를 받아들이는 슬픔의 과정이다"라고 지적한다(p. 303).

다중성, 애착, 관계성 및 해리

해리와 애착문제가 어떻게 결합되는지에 대한 또 다른 측면은 해리적 다중성dissociative multiplicity(O'Neil, 2009)이다. 사람들은 다른 사람들과의 관계 속에서 성장한다. 서로 다른 애착대상과 관계에 적응할 필요성에 따라서, 인간은 다중성을 위한 능력을 부여받는다. 이 다중성은, 대부분의 사회적 상호작용에서 필요로 하며 인간 집단의 생존을 촉진시켰다(Slavin & Kreigman, 1992). 우리 모두는 다중적인 자기를 가지고 있다. 다중성은 우리가 다양한 역할을 수행할 수 있게 해주는데 예를 들면 부모, 자녀, 조부모, 학생, 교사, 희생자, 구조자, 박해자 등과 같은 것이 있다. 우리는 서로 다른 존재 방식을 가지고 있으며 서로 다른 역할 관계에서 우리가 누구인지를 경험한다(Ryle, 1997ab). 우리는 서로 다른 종류의 사람들, 심지어 서로 다른 자아들, 서로 다른 관계들 속에 있다(Mitchell, 1993; Sullivan, 1953). 역할과 맥락에 따라 달라지는 우리의 다중성은 건강하다. 그러나 그러한 건강은 자아의 어떤 불연속성 discontinuity을 수반한다. Stephen Mitchell(1991)이 지적했듯이, "우리는 다른 사람들과의 상호작용을 통해 그리고 같은 사람과의 다른 상호작용을 통해 사람이 되는 법을 배우기 때문에, 우리의 자아 경험은 불연속적이며 다른 구성들, 다른 사람들과 다른 자아들로 구성된다."(p. 128)

건강한 다중성에서 우리는 접근 가능한 배경에서 다른 자아-상태와 역할 관계를 유지하더라도 역할과 상호작용 유형을 유연하게 변경할 수 있다. 왜냐하면 사람들은 여러 개의 자아-상태를 가지고 있고 어떤 관계적 트라우마의 불가피성으로 인해 어느 정도 해리성을 가지고 있기 때문에 우리 중 어느 누구도 단일한 하나가 될 수 없다. 우리는 자아-상태를 바꾸지만, 한 마음 상태에 있는 동안 중요한 것은 다른 마음 상태에 접근할 수 있다는 것이다. Philip Bromberg(1993)가 말했듯이, "건강은 현실 사이의 공간에서 어느 것도 잃지 않고 서 있는 능력이다."(p. 186)

그러나 해리적 다중성(O'Neil, 2009)에서는, 자신의 다중성이 해리에 의해 납치되어, 자아-상태는 다중적일 뿐만 아니라 해리된 상태가 되기 때문에 다른 마음 상태와 연결되지 못한 채 의식은 장악되고 자아-상태는 한 번에 하나보다 적거나 많게 나타난다. 다중성과 해리에 대한 결합된 능력은 부모나 양육자에 의한 학대 및/또는 방임과 같은 모순적 애착의 이중-구속 상태double-bind situations에 처한 아이들에게 매우 도움이 될 수 있다. 여기서 해리적 다중성은 아동이, 가장 흔하게는 학대적이거나 유기하는 양육자를 사랑하고, 애착을 유지할 수 있도록 허용한다. 학대, 유기 또는 방임에 대한 인식과 감정을 소유하는 마음의 부분들을 해리하면, 아이가 애착을 유지할 수 있고 적어도 부분적으로는 성장할 수 있는 아동의 능력이 보호된다. 이 능력이 없으면 아이는 심리적으로 황폐화될 수 있다.

앞서 언급했듯이 애착은 두려움을 감소시킨다. 따라서 반직관적으로 보일 수 있는 방식으로, 무서운 양육자의 위험에 대한 두려움은 동시에 위험의 근원인 양육자에 대한 아이의 애착욕구를 증가시킨다. 해리된 다중성은 마음의 해리된 부분 또는 해리된 자아-상태가 계속 붙어있게 하는 반면, 다른 해리된 자아-상태는 불신, 두려움, 분노를 품고서 학대자에게 애착되어 있는 자아-부분에 접근할 수 없는 상태로 남아있다. 이러한 방식으로 해리적 다중성은 외상을 입은 사람을 견딜 수 없는 지식으로부터 보호하고 제정신을 유지하게 한다.

Tara Westover의 흥미진진한 회고록 『Educated』는 해리적 다중성의 유익함과 파괴적인 힘을 모두 보여준다. Westover는 권위주의적이고 착취적이며 예측할 수 없는 아버지가 지배했던 고립되고 무서운 어린 시절과 청소년기를 묘사한다. 그녀의 책의 아름다움 중 하나는 그녀가 자기 자신의 정서적 조망으로부터 끔찍한 사건을 묘사하는 방식이었는데, 고전적으로 기쁨을 주려고 열망하는 해리된 아이는 무자비함을 정서적으로 이해하지 못하였는데, 그 무자비함은 아이가 대우받았던 방식인 것이다(비록 Westover가 내 관점에서 '해리된' 또는 '기쁨을 주려고 열망하는'이라는 단어를 사용하지 않더라도, 내러티브는 이것을 나타낸다). 나에게 있어서, 그녀의 정신적 해리 분열은 그녀가 그렇지 않았더라면 견딜 수 없었을 분노와 위험을 견딜 수 있게 해준 것이다. 우리가 알다시피, 위험은 애착욕구를 증가시킨다. 그리고 그녀의 삶에는 많은 위험이 존재했다.

예를 들어, 그녀는 어렸을 때 아버지의 폐차장에서 일했고, 때때로 중금속 물체가 빠른 속도로 그녀의 방향으로 날아오는 경험을 하였는데, 한번은 그녀의 배를 완전히 때려서 땅에 쓰러뜨렸던 경험을 했다. 다른 때는 물체가 그녀의 몸을 간신히 빗나갔고, 그녀는 "떨었다. 그러나 추위로 인한 것이 아니다."(p. 56) 집을 떠나 대학에 갔다가 대학원에 갔을 때, 그녀는 자신의 욕구를 따르는 데 유난히 어려움을 겪었는데, 그녀의 부모가 그들과 그녀의 독립적인 삶, 즉, 학자이면서 친구들이 있는 독립적인 삶을 사는 것 사이에서 하나를 선택하라는 강요를 받는 상황에 놓이게 되자 그녀는 때때로 무너졌다. 그녀는 종종 자신이 제 기능을 할 수 없다는 것을 발견하였는데, 때로는 밤에 길거리로 뛰쳐나가 몽유-상태a sleep-trance에서 비명을 지르기도 했다. 다행스럽게도 그녀는 보살펴주는 친구와 지도교수의 도움을 받아 치료에 들어갔으며, 그녀의 해리적 다중성을 다루어내고 박사 학위를 받았다. 그녀의 투지, 회복탄력성, 끈기, 그리고 궁극적으로 타인의 내면에 있는 선함에 대한 가능성과 그것에 대한 그녀의 믿음은 해리적 다중성에 대한 그녀의 능력에 기인할 수 있었을 것이다.

지속적인 해리 다중성은 부적응적이다

해리 능력이 단기적으로는 종종 도움이 되지만 습관적 해리는 장기적으로 부적응이 된다. 특히 원래의 외상 환경이 더 이상 존재하지 않을 때 그렇다. 트라우마를 상기시키는 해리적 회피를 중심으로 조직된 삶으로 인해 수축된constricted 사람은 애착유대를 유지하는데 상반되는 증거에 선택적으로 부주의하게 된다(Sullivan, 1953).

심각한 외상을 입고 해리된 사람들의 문제는, 이러한 해리된 외상 경험의 조각들이 항상 현재 시제로 살고 있어서, *이것은 곧 끝날 거라는* this will be over soon 느낌이 없이 살고 있다는 것이다. 일단 그것들이 서술적 declarative 기억으로 변환되면, 그것들이 과거에 일어난 일로 인식될 수 있다. 해리적 다중성의 또 다른 예와 어떻게 해리가 단기적으로는 작동하지만 장기적으로 실패하는지에 대한 예는 1958년 미스 아메리카였던 Marilyn Van Derbur의 이야기이다. 자서전인 『낮의 미스 아메리카Miss America by Day』에 따르면 5세에서 18세 사이에 그녀는 매일 밤 아버지에게 성적학대를 당했다. 그러나, 낮에는, 밤에 무슨 일이 있었는지 전혀 기억이 나지 않았고, 아무 일도 일어나지 않았던 것처럼 학교에 가곤 했다. 낮 동안에, 그녀는 행복하고 인기 있는 '착한 소녀'였다. 그녀는 좋은 성적을 받았고, 졸업생 학급대표였으며, 대학에서 우등으로 Phi Beta Kappa를 졸업했다. 겉으로 보기에 그녀는 부유하고 저명한 아버지를 포함하여 완벽한 가족을 가진 완벽한 삶을 살고 있는 것처럼 보였다(비록 아버지가 몰래 그녀를 학대했지만). 낮 동안의 페르소나인 Ms. Van Derbur는 밤에 트라우마를 입은 아이를 알지 못했다. 내 생각에는, 어린 시절의 공포에 대한 이러한 기억이 해리되었기 때문에, 그녀는 젊은이로서 세상에서 두각을 나타낼 수 있었을 것이다. 그러나 그것은 지속되지 않았다. 그녀의 미스 아메리카 성공 후 몇 년간, 그녀는 극도의 불안, 침습적인 플래시백과 학대에 대한 기억으로 무너졌고, 지연된 PTSD가 발병되었다. 그녀는 빈번한 공황 발작, 궤양 및 불면증을 겪었다. 밤중에 아버지에게 성적학대를 당하는 아이로서의 자신의 경험이 드러남에 따라, 두려움, 혐오감, 지독한 수치심의 감정에 압도되었는데 이러한 감정들은 그녀의 멋진 가족과 함께 있는 착한 소녀로부터 해리된 것들이다. 다행히도, 그녀는 치유할 수 있는 심리치료 방법을 찾을 수 있었고, 크게 회복되었으며, 현재 인기 있는 동기부여 강사가 되었다.

제 7 장

자기-비난과 자기-공격의 난제

어떤 경우이든 경직된 외부 현실로서의 공격은 더 이상 존재하지 않으며 트라우마적 트랜스 상태에서 아동은 부드러움의 이전 상황을 유지하는 데 성공한다.

– Sándor Ferenczi(1949, p. 162)

쉐논은 대부분의 시간에 자기 혐오감으로 휩싸여 있다고 말한다. 그녀의 얼굴 표정과 자세를 보면 누구나 이것을 알 수 있다. 조나단은 자신이 어리석다고 하며 끊임없이 자신을 비판하지만 그는 매우 지적이다. 마리아는 때때로 상상으로나 실제적인 사회적 실수에 대해 불안해질 때 "나는 나 자신이 싫어"라고 큰 소리로 자신에게 말한다. 하지만 윤리적이고 착한 인간인 마리아는 그녀 자신을 미워할 자격이 없다.

테리는 승진을 거부하고 자신을 부정적인 시각으로 보고 있지만, 그녀는 일을 훌륭하게 수행하며 승진할 자격이 있음에도 불구하고 자신이 충분하지 않다고 느끼고 있는 것이다. 제니는 강박적으로 그녀의 질을 손상시키는데, 이는 그녀가 통제할 수 없다고 느끼는 두려운 상황에 처했을 때 그렇게 한다. 그녀가 아는 모든 것은 남편을 포함한 이전 학대자들이 그녀의 그곳에 상처를 주었다는 것이다. 윤리적이고 친절한 사람인 마티는 자신의 침실 바닥에서 깨어났는데, 그곳에는 자기 외에는 아무도 없었고, 자신의 손발은 묶여있었다. 그가 어렸을 때 손발이 묶이는 일을 겪었지만, 그가 잠자는 동안 어떻게 자신에게 그렇게 했는지 그는 알지 못했다. 별처럼 빛나는 여성인 제인은 그녀가 좋아하는 친절하고 부유한 두 남성으로부터 청혼을 받았지만, 그녀는 자신을 강간하고 착취하는 남성을 선택했다. 그는 그녀를 육체적, 정신적으로 학대했다. 그녀는 어느 쪽이든 친절한 남성들과는 결혼할 자격이 없다고 말했다. 샐리는 지속적으로 사기꾼들이 그녀를 이용하도록 허락했다. 왜 그럴까?

무슨 일이 일어났을까? 매우 유능하고, 지적이고, 윤리적이고, 본질적으로 친절하고, 사랑을 베푸는 어떤 사람들은 무엇 때문에 자신을 손상시키고, 자신에게 상처를 주고, 자신을 벌하고, 그리고 삶이 제공할 수 있는 많은 단순한 즐거움과 혜택을 즐길 수 있을 만큼 자기가 충분히 괜찮은 사람이라는 것을 느끼지 못하는 것일까?

이 질문에 대하여 다양한 답변들이 제공되었는데, 사람들은 친숙한 것을 추구한다거나 프로이트파 정신분석 이론에서 언급되었듯이 그들은 가혹한 초자아를 가지고 있다는 것이다. 이론적인 설명 따위를 제공하는 것을 넘어서 이러한 단어와 구절들이 우리에게 유용하거나 치유적인 것을 말해주는가? 그에게 동정을 표현하거나 그가 가혹한 자기-처우를 하는 것이 맞지 않다고 제안하는 것 외에 누군가가 심각한 초자아를 가지고 있다거나 그들이 자신들에게 가혹하다고 말하는 것이 도움이 되는가? 이렇게 말하는 것이 때로는 해로울 수 있는데, 왜냐하면 이는 무력감의 수치심을 불러일으키기 때문이다. 그러한 추정된 초자아 문제가 있는 사람들에게 필요한 것은 선택의지agency이지 무력감helplessness이 아니다. 여기서 우리는 자기-비난, 자기-파괴, 그리고 자기-공격적 딜레마를 도울 방법을 찾아야 한다. 유아기와 아동기에 외상과 해리로 인하여 입은 손상을 이제 애착장애를 중심으로 살펴볼 필요가 있다.

처음부터 시작해 보자. 최근 애착연구에 따르면, 자신이 다른 인간과 같다는 것을 알고 학습할 수 있는 능력을 갖고 있는 유아들처럼, 인간은 고정-배선hard-wired되어 있다는 것이 밝혀졌다(Stern, 1995, 2004; Trevarthen, 2009, Beebe & Lachman, 2014, Meltzoff & Moore, 1977). 인간은 태어날 때부터 사회적 동물이다. 초기의 상호작용을 통해서, 다중 감각 및 교차-모드 의사소통을 통해 영아는 출생 후 몇 시간 이내에 모방하고 대화식으로 의사소통을 할 수 있다. 다른 사람의 감정과 의도를 인식하는 유아의 능력은 일차적인 상호주관성a primary inter-subjectivity에 해당한다(Trevarthen, 2009a). 개인은 자신이 다른 사람과 같다는 것을 배우는데, 이는 양방향과 상호규제, 정동 그리고 각자가 상대방에게 영향을 미치고, 다른 사람에 의해 영향을 받는 대화적 과정을 통해서 이루어진다. Daniel Stern(2004)은 이에 대해 다음과 같이 말한다. "상호주관성은 인간성의 조건이다."(p. 97)

다른 사람에게 반응하고 인간 대화에 참여할 수 있도록 생물학적으로 준비되어 있는 유아는, 상호작용의 손상에 매우 취약하다. Edward Tronick의 유명한 정지 실험(Tronick, Als, Adamson, Wise, & Brazelton, 1978)을 살펴보자. 1970년대 초반에 처음 설계되고 적용된 실험으로 연구원은 엄마에게 그녀의 아기와 상호작용하도록 요청하였는데, 엄마는 아기와 놀며 상호적으로 반응하다가 갑자기 반응을 멈추고 무표정한 얼굴을 하는 것이다. (이 실험의 비디오는 'still face' 또는 'Tronick'으로 검색하여 온라인에서 찾을 수 있다). 아기는 무엇을 하는가? 먼저 아기의 반응은 미소 짓고, 옹알이를 하고, 몸짓을 하고, 손가락으로 가리키고, 애원하듯 엄마에게 손을 내밀며 엄마와 재접촉을 하려고 노력한다. 그런 다음 아기는 스트레스 신호를 보낸다. 그러고 나서 아기의 몸이 흐트러지고 무너지는 것처럼 보인다. 마지막으로, 아기는 노력을 포기하고 슬프고 무력하게 고개를 돌린다. 3분 후에, 엄마는 다시 아기와 연결한다. 조금 시간이 지나면, 상호주관성과 상호의식의 2인 관계에서 아기는 엄마와 접촉한다. 회복이 이루어졌다. 이 실험실의 실험 드라마는 행복하게 끝맺음을 한다.

트로닉의 실험에서 표현된 부모의 무반응이 실험에서가 아니라 실제 삶에서 자주 또는 만성적으로 발생한다면 어떻게 될까? 이 아이들은 어떻게 느끼고 행동하게 될까?

트로닉과 그의 동료들(1978)은 영아의 마지막 철수 행동을 볼비가 묘사한, 보호자들과 분리되었을 때 나타난 어린이들의 철수된 행동, 그리고 어미와 분리됨으로써 고립되고 겁먹은 할로우의 원숭이들의 행동에 대한 설명과 비교하였다(Harlow & Zimmerman, 1958). 영아의 절망적인 반응은 Spitz의 '입원주의'와 성장 실패 사례를 연상시킨다. Rick Ackerly(2012)는 다음과 같이 기록했다. "아마도 아이의 고통은 엄마의 '상실'이 아니라 엄마에게 더 이상 영향을 미치지 못한다는 좌절감일 것이다. 미소 짓고, 기만적인 얼굴을 하고, 손가락으로 가리키고, 손을 뻗고, 박수를 하고, 징징거리고, 소리를 지르기까지 한다…. 아이의 모든 검증된tried-and-true 방법은 더 이상 작동하지 않는다. 그 영아는 힘이 있었다. 그 영아는 그것을 잃었다…. 어쩌면 영아가 무력감을 느끼고 있을지도 모른다." 나는 이에 동의한다. 한 가지 매우 설득력 있는 해석은 아기의 선택의지sense of agency가, 특히 엄마에게 영향을 미칠 수 있다는 느낌이 적어도 순간적으로는 무너졌다는 것이다.

물론, 많은 양상으로 나타나는 부모의 무반응과 부조화가 있으며 그것은 문자 그대로 정지된 얼굴을 포함하지 않지만 심리적으로 손상을 주는 형태가 있다. 어머니의 외도 때문에 자신을 반은 인디언이라고 생각했던 부모를 가진 샐리(4장에서 소개됨)는 어머니가 자신을 만진 적이 없다고 말한다. 어렸을 때 그녀는 심각한 철수의 기간들이 있었고 거의 움직임이 없어서 의사는 성장실패로 진단하였고, 그녀의 부모는 약한 주문weak spell이라고 불렀다. 그녀에게 이것이 어떤 느낌이었는지 묻자 그녀는 "고통에 삼켜지는 것과 같았어요. 마치 익사하는 것 처럼요"라고 말했다. 어린 시절부터, 그리고 성인이 되고 나서도, 샐리는 거부당한다고 느낄 때 정신적으로 사라지는, '토끼 역할로 떨어지는down a rabbit role' 것처럼 취약해졌다. 그녀가 사라지기 직전에 느끼는 것은 "나는 더 이상 견딜 수 없어. 나는 그것과 싸울 수 없어…. 그것은 수건을 던지는 것과 같아. 지하로 떨어지는 느낌이야, 마치 죽은 것처럼… 희망을 잡으려고 노력했는데, 바닥이 무너져 내려"이다.

바닥이 무너져 내릴 때 어린 아이는 세상을 어떻게 감지할까? 먼저, 신경생리학적으로 무슨 일이 일어나는지 살펴보자.

외상 후 생물학적 상태

샐리의 심각한 철수 현상은 Stephen Porges가 그의 다미주 신경 이론poly vagal theory(2011)에서 설명한 것처럼 자율신경계의 등쪽 미주 신경dorsal vagal 부교감신경 반응과 일치한다. 극도의 공포 상황에서 활성화되는 등쪽 미주 신경계dorsal vagal complex[DVC]는 대사 활동을 억제하고 산소와 에너지를 보존한다.

포지스는 자율 신경계의 신경 조절을 포함하는 사회 신경계의 세 가지 계통 발생학적 기질phylogenetic substrates을 제안했다. 인간의 경우 이들은 반응 패턴의 계층적 조직으로 배열된다. 등쪽 미주 신경계[DVC]는 이러한 반응 패턴의 가장 처음이자 가장 초기의 것이다. 그것은 파충류의 특성이며 위협에 대한 반응으로써 대사활동의 억제에 의해 이루어진다.

두 번째 반응 단계는 교감 신경계[SNS]로 특징 지어지며 신진대사를 증진시켜 싸움/도피/동결을 가능하게 한다. 그것은 근육 긴장 증가, 소화 중단 및 빠른 심장 박동을 포함한다. 사람은 두려움 또는 분노를 경험하고 싸움/도피에서 움직일 준비가 되어 있다. 그러나 얼어붙기 반응은 약간 다르다. 동물은 순간적으로는 움직이지 않더라도, 심장이 뛰고 근육 조직이 긴장되어 있는 상태로 있다. 그 예로, 당신이 접근할 때 사슴은 마치 동상처럼 움직이지 않지만, 당신이 떠나는 순간 도망칠 준비가 되어 있는 것과 같다. 그 자리에서 얼어붙는 약한 동물의 경우 초원지대에서 도망가는 것보다 (생존에) 더 효율적일 수 있는데, 이는 움직임 신호가 포식자의 공격 반응을 활성화시킬 수 있기 때문이다(Nijenhuis, et al., 1998). 중요한 것은, 싸움/도피/얼어붙기의 교감신경 체계는 사회적인 의사소통이 되지 않는다는 것이다.

세 번째 단계인 복측 미주 신경 복합체ventral vagal complex[VVC]는 포유류에 고유하며 사회 참여 시스템으로 특징지어진다. 이것은 움직임, 감정 및 의사소통을 위한 사회적 신호 체계와 자기-진정self-soothing 능력을 포함한다. 그것은 사람들이 생존을 위해 사회적 의사소통의 사용을 가능하게 한다. 그것은 또한 신진대사량을 조절하는 능력을 포함한다. VVC는 트로닉의 실험에서 정지된 얼굴still face 전에 유아들이 엄마와 함께 초기에 참여했던 시스템이다.

포지스는 위험이나 위협이 있을 때 또는 더 발전된 시스템이 실패할 때, 유기체는 다음으로 가장 최근에 계통발생적으로 발달된 조직으로 후퇴한다고 제안했다. 이런 식으로 트로닉의 아기는 복부 미주신경 사회 참여 체계인 VVC에서 계통발생학적으로 한 단계 낮은 교감 신경계 활성화로 이동했다. 이러한 단계들이 실패했을 때, 그들은 가장 초기 반응인 DVC, 등쪽 미주신경 활성화로 되돌아갔다. 감지된 임박한 위협, 임박한 죽음의 위협, 또는 움직일 수 없게 되는 것은 동물에게 이러한 DVC 반응을 촉발할 수 있다. 이 반응은 호흡, 심장 박동이 느려지며, 혈압 및 근육 긴장이 감소하는 것으로 특징지어지는데, 부동과 생리적 항복은 심지어 죽은 것처럼 보일 정도이다. 포지스에 따르면, 초기 계통 발생 형태로의 이러한 복귀는 단기적으로는 도움이 될 수 있지만 장기간에 걸쳐 표현되면 신경계에 손상을 준다.

이러한 등쪽 미주신경 반응 양상은 Allan Schore (2003ab, 2009, 2019)와 Bruce Perry(1999)에 의해 저각성인 '해리성' 반응으로, '경직된 부동성tonic immobility'으로 (Forsyth, Gal-lup, Fusé, & Lexington, 2008; Moskowitz, 2004; Sapolsky, 2004), 그리고 '완전 굴복total submission'으로 Van der Hart와 동료(2004)에 의해 다양하게 묘사되어왔다.

등쪽 미주신경 복합체를 논의하면서 쇼어(2003ab, 2009)는 위험에 대한 유아의 두 가지 정신생리학적 반응인 과각성-해리와 저각성-해리를 정확히 지적한다. 공포나 트라우마 상황에서는 심장박동과 혈압의 증가와 함께 자율신경계(ANS)인 교감신경계의 과각성이 먼저 활성화된다. 거기서 현저한 고통의 신호를 볼 수 있다. 그다음은 부교감신경계의 활성화인데, 이는 견딜 수 없는 정동으로부터의 정신적 분리를 초래한다. 등쪽 미주신경 활동은 교감신경 활동에 브레이크를 거는 것과 같다. 그것은 스트레스 호르몬인 노르아드레날린과 아드레날린을 증가시킴에도 불구하고 심장박동수와 혈압을 감소시키는 것이다. 이에 더하여, "공포의 한 가운데에서 아동의 해리는 무감각, 회피, 순응 및 제한된 정동을 포함한다(성인 PTSD와 동일한 패턴)."(Schore, 2009, p. 111) 해리 반응에서 유아는 '흐릿한 눈길glazed look'로 허공을 응시하고 있는 것처럼 보인다고 쇼어는 덧붙인다. 이러한 해리 과정은 "강렬한 부교감신경계 각성이 유아가 교감신경계 과민반응의 내부 상태에 직면하여 항상성을

유지할 수 있도록 해준다."(Schore, 2003a, p. 125)

Waco 재해의 아동을 연구한 Bruce Perry(1999)는 아동에게 나타난 다양한 PTSD 패턴, 특히 외상 후 신경 발달의 저각성 및 과각성 과정을 유사하게 설명했다. 이러한 반응은 더 심각하고 만성적이며 초기 트라우마에 따라 더욱 두드러진다. Perry 또한 '해리'라고 부르는 저각성 hypoarousal 패턴은, 낮은 심박수(서맥)와 함께 마비, 통각상실, 비현실감, 이인증, 긴장증, 그리고 실신과 같은 증상들을 포함한다. 저각성 아이들, 특히 여성, 유아, 그리고 어린 아동들은 로봇 같은 순응, 흐릿한 표현과 수동성을 나타냈다. 그것은 극단적인 고통에 적응적이다. 다른 반응 패턴인 과각성hyperarousal은 좀 더 성숙된 소년과 남성의 특징이며 심장박동수 증가, 경계, 행동 과민성, 운동 증가 및 놀람 반응 증가를 포함한 싸움/도피 반응을 포함한다. 페리는 침입하는 부족 전사가 남성을 죽이고 여성과 어린 아이들을 사로잡을 가능성이 더 높다는 점에서 이러한 패턴이 진화적으로 적응적이라고 제안한다. 따라서 싸움/도피는 남성에게 최선의 방어가 되는 것이며, 고요하고 조용한 것은 여성과 어린 아이에게 최적의 생존행동이 되는 것이다. 페리가 발견한 성별 차이에도 불구하고 일반적으로 저각성 및 과각성 패턴은 상호 작용한다. 이 변형된 신경생물학으로 고통받는 대부분의 개인은 두 가지 패턴의 조합을 사용한다.

치유력이 있는 자기-비난

학대받거나 방치된 아이에게 이해가 되지 않는 세상, 아이가 거부당하고 혼자라고 느끼는 세상에서, 자기-비난은 이질적이고 두려운 현실을 이해할 수 있는 느낌으로 맞춰진다. 그것은 개인의 힘에 대한 환상을 보존하며, 그것의 상실은 파괴적이다. 방치되거나 학대받는 아동의 또 다른 심각한 문제는 강렬한 수치심인데 그것은 학대하거나 방치하는 양육자나 중요한 타인에게 자신이 중요하지 않다고 느끼는 감정이다.

학대받는 상황에서 흔히 타인의 눈에 '나쁜' 아이가 되는 것을 멈출 방법이 없다. 아동이 '나쁘다'라는 관점은 학대자에 의해 고정되었으며 이는 대인관계적 상황을 정의하는 측면이다. 아동은 학대자로부터, 학대를 받고 싶어 하며 그것이 학대의 이유라는 말을 들었을 수 있다. 따라서, 복잡한 방식으로, '착한' 상태라는 것은, 학대자에게 애착하는 것이고, 그것은 '나쁜' 상태에 달려 있다.

겉보기에는 반직관적인 방식으로서 자기-비난을 하는 것은 극심한 수치심에 대처하는 방법이 될 수 있다. 그러한 순간에, 개인은 무력해지고 상황이 견딜 수 없다고 느낄 수 있다. 개인이 무언가 할 수 있는 일이 있다면, 그것이 자기-비하라는 대인관계적 접착제 일지라도 기분이 나아질 수 있다. 자신의 나쁨badness을 자기-선언self-declaration하는 것이 예측할 수 없이 자주 애착대상에 의해 심하게 수치를 당하는 상태에서의 잠재적 감정적으로 압도당하는 무력감보다 더 나을 수 있다. 개인이 다음과 같이 자신에게 뭔가를 말하게 된다고 가정해보자. "그것은 내 잘못이야." 그 학대는 적어도 이해가 될 수 있다. 예를 들어, 샐리는 (당시) 그녀의 부모가 왜 그녀를 미워했는지 이해할 수 없다고 말했다. 그녀는 "나는 부모님을 사랑했지만, 그들은 나에게 사랑을 돌려주지 않았어요. 내가 이것을 설명해야 했던 유일한 이유는 내가 나빴다는 것이었어요." 이와 같은 상황에서, 자신에게 이처럼 뭔가를 말한다. "나는 쓸모없고, 멍청하고, 우스꽝스러워." 이러한 표현은 일종의 도움이 되어 개인이 완전히 무너지거나 굴종하지 않도록 돕는다. 얼마간의 에너지를 이해가 되는 자아의 도식으로 집결함으로써, 개인이 온전함과 지속성을 느끼게 돕고, 어쩌면, 일시적일지라도 등쪽 미주신경 붕괴를 예방할 수 있다.

애착의 중요성

앞 장에서 언급하였듯이 John Bowlby는 인간은 선천적으로 애착에 연결되어 있으며, 애착은 생존에 도움이 된다는 사실을 발견했다(1969). 최근에 애착이론가들은 애착이 어떻게 정동조절에 도움이 되는지를 강조했다. 볼비의 이론인 내적 작동 모델[IWM]은 자아와 애착대상에 대한 정신적 표상을 포함하고 애착대상의 가용성에 대한 유아의 기대와 관련이 있다. 따라서, 샐리와 같은 아동은 그녀 자신에 대한 부모의 견해를 내면화할 수 있고 그에 따라 자신을 무가치하다고 여길 수 있다.

해리성 문제의 핵심은 외상을 입은 애착에서 비롯된다. 애착대상인 그 사람에게서 보호를 받고자 하는데 그 동일한 사람으로부터 해를 받지 않을 보호가 필요하다면 무슨 일이 일어나겠는가? 부모나 애착대상이 무섭게 처벌적이거나 과도하게 방치하거나 외상이 되도록 수치심을 주거나 혹은 약탈적일 때, 특히 위험이 애착의 필요성을 강화하는 경우에 아이는 애착상실의 위험을 어떻게 처리할까? 그와 같은 상황에서, 아이가 안전하게 애착되었다고 느끼는 능력은 자기 부분들의 해리성 구획화에 달려있을 수 있는데, 그것은 기억, 지각, 인지, 그리고 정동을 보유하며, 애착과 모순되는 공포와 분노를 포함하여 보유한다.

단절 disconnection이라는 개념은 그의 더 큰 개념인 *방어적 배제* defensive exclusion의 측면에서 볼비(1980)는 학대자와 애착대상이 하나

이며 동일할 때 일어나는 일에 대한 설명을 제공했다. *단절에서*는 애착과 불일치하는 정보는 인식하지 못하게 되어, 아동은 의식에서 부모에 대한 호의적인 견해를 유지하는데, 부모의 나쁘거나 실망스러운 측면에 대한 지식은 첫 번째 정보 시스템에서 제외된다. 이러한 방식으로, 애착은 유지되지만 별도의 정보구획에 보관되기 때문에 모순되는 감정과 정보가 인식되지 못한 채로 남는다. 애착, 생존, 안전, 그리고 보안을 유지하기 위해 무력한 학대받는 아이는 가해자보다 자신을 비난할 가능성이 더 높다.

Jennifer Freyd(1996)는 자신의 인지 심리학 실험과 사회 계약 연구에서 발전시킨 자신의 진화 이론evolutionary theory에서 아이가 의존하는 중요한 애착인물의 배신이 어떻게 "배신 외상"에 이를 수 있는지 설명했다. 그녀는, 학대적인 보호자에게 의존하는 경우 "배신 실명betrayal blindness"이 생존에 도움이 된다고 말한다. 그렇다면, 아동학대에서 배신은 애착신뢰의 배신이 되는 것인데, 그것은 자주 학대에 대한 지식을 차단하는 결과를 가져온다.

애착과 발달적 두려움의 역학

애착체계는 유아기에만 작동하는 것이 아니라 전 생애에 걸쳐 우리와 관련이 있다. 볼비(1984)는 이제 유명해진 말을 하였는데, "우리 모두는 요람에서 무덤까지 삶이 애착대상이 제공하는 안전한 기지로부터 길든 짧든 일련의 여행으로 구성될 때 가장 행복하다."(p. 11) 따라서 성인도, 학대 관계에 있는 어린이와 마찬가지로, 학대의 결과로 인해 학대자에게 더 애착을 갖게 될 수 있다. 애착의 선제적인 힘과 애착에 반대되는 참을 수 없는 지식과 정동의 뒤이은 해리로 인해 종종 벗어나기가 매우 어려운 것을 알게 된다. 희생자가 학대자를 이상화하는 과정은 학대적인 측면을 해리시키는 것으로써 "외상적 유대traumatic bonding"라고도 불린다(Dutton & Painter, 1981).

애착: 단절과 해리

Karlen Lyons-Ruth(1999)는 애착의 한 측면으로 "타인과 함께 일을 하는 방법에 대한 능동적 절차적 표상"(p. 585)이라는 개념을 도입했다. 이러한 절차적(암묵적implicit) 능동적 관계 모델은 흔히 부모의 부적절함, 불일치 및 방어에 대한 적응이다(Lyons-Ruth, 1999, 2001). 비록 의식하지는 않지만, 그것들은 인간의 교류와 의사소통의 주요 수단으로서 우리 삶 대부분의 상호작용의 기반이다. 발달이 상당히 잘 전개되었을 때, 타인과의 관계에 있어서 다른 절차적 존재 방식들은 상호 연결된다. 그런데, 상호적이거나 연민적인 상호 주관적 친밀감이 거의 없을 때, 타인과 함께 하는 어떤 암묵적인 존재 방식은 정서적 인지적으로 서로 단절될 수 있으며, 선언적 지식으로부터도 그러하다.

암묵적implicit 관계 지식이 자신과 타인에 대한 자서전적 기억의 명확하고 명시적인explicit 정보에 모순될 때, 그러한 불일치는 인간관계를 이해하고 예측하는 상충되고 분리된 모델을 불러일으킬 수 있다. 예를 들어, 학대하는 부모가 훌륭한 사람이라는 말을 들었을 수도 있고 그 부모 자신이 외부에 그렇게 표현했을 수도 있다. 이것은 세상을 이해하고 관계를 맺는 상충되는 방식을 설정한다. 이러한 모순을 해결하기 위한 협력collaborative 관계가 없다면 이러한 관계 패턴은 분리되고 검토되지 않은 채로 남는다. 결과적으로 개인은 고통스럽고 충격적인 과거 경험의 의미를 공식화하지 못할 수 있다. 어떤 사람은 학대하는 부모가 훌륭하다고 의식적으로 믿을 수 있지만, 부모가 방에 있을 때 움츠러들 수 있다. 예를 들어, 어느 날 치료 세션에서 Sonia는 아버지에게 강간당했을 때의 타는 듯한 고통과 어머니에게 무시당했을 때의 슬픔에 대해 나에게 말했다. 나는 그녀의 폭로 속에 담겨있는 알아차림이 좀 더 집중적인 작업을 위한 좋은 출발점이라고 생각했다. 다음날 세션을 시작했을 때 그녀는 나에게 그녀의 부모님은 훌륭한 부모님이고, 그녀는 나쁜 딸이라고 말했다. 그 순간 나는 자신의 끔찍한 기억을 해리시키려는 그녀의 경향이 우리 작업에서 초점을 두어야 할 적절한 부분이라는 것을 깨달았다.

중요한 문제는 암묵적인 관계적 지식에 기반을 둔 태도와 행동인데, 예를 들면, 복종 또는 기쁘게 하려는 열망이 검토할 수 없는 상태로 남아있을 수 있다는 것이다. 그 사람은 기분이 나쁘게 되었지만 왜 그런지 이유를 알지 못한다. Harvey Schwartz(1994)가 지적한 바와 같이, 상처를 입거나 굴욕감의 감각으로 느낌이 나쁜 것은 쉽게 '나쁜 존재being bad'로 왜곡된다. 상처 입은 자기는 나쁜 자기가 되는 것이다. 그래서 애착의 보답을 갈망하는 아이는 자신이 나쁘다고 믿는 지속적인 수치심의 상태일 수 있다. 따라서, 비뚤어진 방식으로 애착의 안전성은 아동의 '나쁨badness'을 보상하는 역할을 한다.

공격자와의 동일시

Sándor Ferenczi(1931, 1932, 1949)는 겁에 질려 학대를 받는 외상적인

순간에 아동에게 일어나는 일에 대해 열정적으로 글을 남겼다. 공격자와의 동일시라는 그의 개념에서, 그는 아동이 어떻게 해서 그리고 왜 일어난 그 사건을 서술 기억으로 동화시킬 수 없는지에 대해 기록했다. 외상으로 압도된 아이는 트랜스와 같은 상태에 빠진다.

> 이 아이들은 육체적으로나 도덕적으로 무력감을 느낀다…. 성인의 압도적인 힘과 권위가 그들을 침묵하게 하고 그들의 감각을 앗아갈 수 있기 때문이다. 그런데 동일한 불안이 특정 최대치에 이르면, 자동인형처럼 공격자의 의지에 그들 자신을 종속시켜서, 그의 욕망의 각 부분을 신성화하고 그것들을 충족시키도록 강요한다. 그들 자신을 완전히 망각하고 공격자와 동일시한다…. 약하고 미성숙한 성격은 갑작스러운 불쾌감에 방어로써 반응하는 것이 아니라, 불안이 실린anxiety-ridden 동일시와 위협하는 사람이나 공격자를 내사introjection하는 것에 의해 반응한다. 그들 성격의 한 부분, 아마도 핵심은, 이물사용성형 반응방법을 사용할 수 없는 수준으로 인해 단지 일종의 모방에 의해 자동성형 방식으로 반응할 수 있을 뿐인 발달 수준에 갇혀버렸다(1949, pp. 162~163).

자동성형autoplastic은 자기를 변화시키는 것을 의미한다. 이물사용성형alloplastic은 다른 것에 영향을 주거나 수정하는 것을 의미한다. 학대자의 바람과 요구에 따라 행동하는 동안, 아이는 순응적으로 자아를 수정한다. 공격자와의 동일시는, 페렌지에게는 주로 공격자의 소망과 필요에 동일시하는 것을 의미한다. 그런데, 내가 페렌지를 읽은 바에 의하면, 아이는 또한 절차적으로 그리고 가해자 행동을 흉내 냄으로써 동일시하는데 그것은 얼굴 표정, 자세, 단어와 같은 것들로 자동적으로 모방할 수 있는 것이다. 이 자동적이고 절차적인 모방은 공격자의 역할에 의도적으로 동일시하는 것과 대조되는데 이에 대하여 Anna Freud는 나중에 같은 용어를 사용하여 기록하였다(1937/1966).

유아는 출생 직후부터 적극적으로 흉내를 내며(Meltzoff and Moore, 1977; Trevarthen, 2009), 아이들은 즉시적으로 그들 주변 사람들을 모방하는데 말, 자세 및 버릇에서 그러하다. 오늘날, 개인은 이러한 절차적 동일시에서 거울 뉴런의 활동을 불러일으킬 수도 있다(Gallese, 2009a, 2009b). Gallese, Fadiga, Fogassi, Rizzolatti(1996)는 원숭이에 대한 연구에서 원숭이가 땅콩을 먹는 것과 같은 행동을 할 때, 다른 원숭이가 그 행동을 하는 것을 관찰할 때와 동일한 전 운동 뉴런premotor neurons이 발화한다는 것을 발견했다. 이를 '구현된 시뮬레이션'이라고 한다.

Ferenczi는 선택의지agency 및 주도권initiative을 포함하는 동일시를 설명하는 것이 아니다. 또한 그는 건강한 동일시를 묘사하는 것도 아니다. 건강한 동일시에서 그 과정은 아이의 정체성 감각의 발달이 강화되고 확장되는데, 그 안에서 동일시는 자기의 나머지 부분과 연결되는 것이다.

공격자와의 동일시라는 페렌지의 개념 중에서 한 가지 우리가 이해할 수 있도록 도움을 주는 것은, 공격자가 어떤 방식으로든 아이의 내부로 들어가서 아이가 자기에 대한 공격성을 재연하도록 하는 것이다. 그뿐만 아니라 그 정신은 쪼개져서 자기의 한 부분은 관계에 대한 부드러운 느낌을 보존하고, 자기의 다른 부분은 견딜 수 없는 두려운 기억들을 담고 있으며, 또 다른 부분들은 아이 자신의 분노에 의해 자주 촉발되는 공격자의 행동을 절차적으로 모방한 구체화된 측면을 포함하도록 분할된다.

Ferenczi(1949)는 다음과 같이 기록했다.

외부 현실의 부분으로서의 공격자는 사라지고 내부가 된다(외부-정신에 저항하는 것으로써). 그 내부-정신은 주관적이며, 꿈을 꾸는 것과 같은 상태의 외상적 최면 상태로써, 주된 과정은… 어떠한 경우든, 경직된 외적 현실로서의 공격은 더 이상 존재하지 않고 외상적 최면 상태에서 아이는 이전의 부드러운 상황을 유지하는 데 성공한다(p. 162).

따라서 애착-지향된 피해자 위치에서, 학대자와의 긍정적인 애착 관계, 즉 '부드러운 상황'은 의식 속에 보존된다. 예를 들어, 샐리(이 장의 앞부분에서 언급한)는 어머니가 사랑할만한 어떤 개인으로의 틀에 자신을 맞추기 위해 최선을 다했다. 의식적으로 사랑스러운 사춘기 전 그리고 사춘기 청소년 시기에 그녀는 항상 방과 후에 곧바로 집으로 귀가하였는데, 이는 엄마에게 쟁반에 받친 차를 대접하기 위해서였다. 그녀는 어머니에게 맞은 손가락으로 어머니의 몸을 마사지했다.

불행하게도 이 부드러운 상황에 대한 아이의 믿음은 환상에 불과한데, 이는 해리적으로 격리된 마음의 부분에 있기 때문이다. 내적 세계에서, 애착관점으로부터 볼 때 여기에 수용할 수 없는 정보와 감정이 살아 있는 것이다.

나는 (Howell, 2014a) 페렌지의 관찰을 확장하도록 다음과 같이 제안하는데, 공격자와의 동일시는 2단계 과정으로 이해될 수 있다는 것이다. 첫 번째 단계는 자동적이고 외상에 의해 시작되지만, 두 번째 단계는 방어적이고 의도적이다. 공격자와의 동일시는 자동적인 유기체적 과정으로 시작되는데, 반복적인 활성화와 사용으로 인해 그것은 점차적으로 방어적인 과정이 되어간다.

일단 확립되면, 내부 공격자 부분의 발달은, 공격자의 행동을 직관하고 예측함으로써 생각과 행동을 감시하고 선제적으로 축소하는데,

이는 이러한 환경에 놓여있는 아이에게 큰 자산이 된다. 선제공격과 같은 방식 안에서, 박해하고 비판적인 부분의 재연된 행동은 종종 원래의 학대자를 모방하는 행동이다. 즉, 공격자와의 동일시가 예측적으로 그리고 예방적으로 작동하며, 이것은 일반적으로는 (항상 그런 것은 아니지만) 직접적으로 자기를 향한 것인데, 특별히 세상과 상호작용하는 자기의 부분을 향한 것이다.

예를 들어, Nancy의 심리적으로 거리감이 있던 어머니는 낸시를 제대로 돌볼 수가 없었고 아버지는 부재했고 6살 때부터 16살 때까지 이모와 이모부랑 함께 살도록 보내졌다. 근본적으로 신앙심이 깊은 이모와 이모부는 그녀를 사랑했고 돌보아 주었으며, 대학 학비를 포함하여 의료비 및 학교생활에 필요한 비용을 지불해 주었지만 그들은 그녀에게 극도의 순종 또한 기대했다. 낸시는 언제나 자신이 '착한 여자아이가 되어야만' 한다고 느꼈다. 부분적으로는 그녀의 이모와 이모부가 그녀의 친부모가 아니었기 때문에, 언제나 마음속 깊은 곳에서 그녀가 극단적으로 '착한' 아이가 되지 못할까 봐 두려웠다. 만일 그녀가 모든 암묵적인 금지명령에 굴복하지 않는다면, 그녀가 그것을 믿든 믿지 않든, 그들은 그녀를 사랑하지 않을 것이고, 혹은 적어도 그 정도만큼은 사랑하지 않을까 봐 두려워했다. 물론, 낸시는 화를 내거나 그들과 관련하여 자신의 감정으로 가득 찬 적이 전혀 없었다. 혹시나 수용할 수 없는 태도나 감정은 절대로 논의된 적이 없었다. 당시에 그와 같은 의식적인 생각은 해본 적이 없었다. 그녀는 그들의 애착을 잃을까 봐 너무나 두려웠을 뿐이었다. 놀랄 것도 없이, 이제 그녀는 그녀의 친구들이나 타인에게 화를 내거나, 싫어하거나, 적대적인 생각을 하게 되면 자기가 나쁜 것이라고 자주 느끼고 있다. 그런 일이 일어나게 되면, 그런 생각은 자기-공격으로 이어진다. 최근에 그녀는 이러한 나쁜 생각을 하는 것을 보면 자신이 악하다는 생각이 든다고 나에게 말하기까지 했었다.

치료 시간에 나는 낸시의 분노 파트에 자주 연민을 느꼈는데 그녀는 양육자 주변에서 자신의 행동을 모니터링하기 위해 그렇게 열심히 그리고 지속적으로 경계를 늦추지 않고 일을 하고 있었다. 나는 어린 시절 그녀의 환경으로부터 자신을 (부정적인 감정을 나타내는 것으로부터) 안전하게 지키기 위해 그녀의 파트가 얼마나 훌륭하게 일을 해왔는지를 관찰했다. 동시에 나는 그녀가 그렇게 착하게 굴어야 하는 것에 대해 그녀가 어떻게 느꼈는지를 질문함으로써 자기 연민을 북돋아 주었다. 이 쌍둥이 접근 방식으로 인해 그녀의 자기-공격적인 부분이 얼마간 인지를 할 수 있게 해주었다. 그녀가 보호자에 대한 감사의 생각과 순응적인 행동 이외에는 생각할 수 없었던 것을 알게 됨으로써, 낸시는 그들이 전적으로 그녀의 구세주가 아니라는 것을 인식할 수 있게 되었다. 오히려, 여러 중요한 방식으로, 그들은 또한 그녀가 자신의 감정을 가질 권리가 있는 자아처럼 느끼는 능력을 제한했다.

학대적인 양육자를 모방하여, 분노하고 박해적인 자기-상태는 자주 자기를 처벌하는데, 마음의 이러한 부분들의 관점에서 볼 때 그러한 처벌은 개인의 안전과 보호를 위해 필요하기 때문이다. 원래의 가족 환경에서 불만족감이나 분노의 감정을 표현하는 것은 자주 안전하지 않았다. 공격자와 동일시된 자아의 부분은 충격을 예측하고 방지하는 방식으로 작동한다. 외부에서 볼 때 자기-학대로 보이는 것은, 안전을 제공하고, 애착을 보존하여, 마침내 제정신을 갖도록 보호하는 방어적으로 학습된 방법이다. 이는 Philip Bromberg(1998)가 말하는 조기 경보 시스템early warning system으로, 이것은 항상 트라우마에 대해 과민하게 경계하는 실패-안전 보안 시스템a fail-safe security system과 많은 공통점을 가지고 있다. 진행되는 주관성 감각인 경보 보호 장치로서의 해리적인 경계는 정서적 조절불능과 소멸의 불안으로부터 보호하는 역할을 한다. 따라서 현재와 미래의 트라우마를 피하려는 의도적인 경계는 과거 트라우마 상황들의 지속적인 내적 재연에 기여하는 결말을 낳는다.

하나님의 세상에서 죄인이 되는 것이 낫다

Ferenczi의 생각은 Ronald Fairbairn(1944/1952)의 글을 예측할 수 있었는데, 어떻게 해서 학대받거나 두려워하는 아동이 공격자의 나쁨의 짐 burden of badness을 짐으로써 학대적이거나 방치하는 양육자와의 부드러운 관계 측면을 보존하는지, 그 때문에 어떻게 그들이 가해자를 향한 애착과 부드러운 감정을 유지하는지를 보여준다. Ferenczi와 Fairbairn 두 사람 모두 이러한 내면화된 외상적 관계 측면이 깊이 묻힌 것을 강조했다. Fairbairn(1944/1952)의 유명한 서술은 다음과 같다.

> 마귀가 다스리는 세상에서 성인이 되는 것보다 하나님이 다스리는 세상에서 죄인이 되는 것이 더 낫다. 하나님이 다스리는 세상에서 죄인은 악할 수 있지만, 주변 세상이 좋다는 사실에서 파생되는 안정감은 항상 있다…. 마귀가 지배하는 세상에서 개인은 죄인이라는 악에서 벗어날 수 있다. 그러나 그는 그를 둘러싼 세상이 나쁘기 때문에 나쁘다…. [아무런] 안도감이 없고 구원에 대한 희망도 없다. 유일한 전망은 죽음과 파멸뿐이다."(pp. 66~67)

하나님의 세상에서 '죄인'이 됨으로써 겁에 질리고 무시당하거나 학대를 받는 어린이는 증오와 정서적 갈망에 대한 지식과 표현을 억제하는 법을 배운다. 이것은 애착인물에 대한 사랑이 사라지는 것에 대한 위험을 감소시키며, 이것은 현실에서 그들을 덜 '좋게' 만들 수 있다. 페어베언은 또한 '도덕적 방어moral defense'를 설명하였는데, 그것은 자녀가 부모의 어떤 좋은 측면을 내면화하여 얼마간 내적 선을 제공하는 것이다. 결과적으로, 아동은 도덕적으로 그리고 조건적으로 나쁠 수 (그리고 좋을 수도) 있는데 이러한 내면화된 좋은 대상과의 관계에서 그러하다.

페어베언(1944/1952)은 또한 해리적인 수치심에 대해 다음과 같이 기록했다:

> 그 경험은 무시되거나 경시되는 욕구에 대한 수치심 중 하나이다. 이러한 굴욕과 수치심의 경험 때문에 그는 무가치함, 결핍 또는 거지의 상태로 전락했다고 느낀다. 자신의 가치에 대한 그의 감각이 위협받았고, '열등하다'라는 감각에서 그는 나쁘다고 느낀다…. 그리고 욕구의 강도 그 자체가 나쁨의 감각의 증가에 기여하는데, 그것은 '너무 많은 것을 요구하는' 특성이다. 동시에 그의 나쁜 감각은 그가 또한 경험하는 무력감으로 인해 더욱 복잡해진다. 아직 더 깊은 수준에서… 아이의 경험은, 말하자면, 비효율적으로 폭발하는 것 중 하나이다…. 따라서 그것은 붕괴의 경험과 임박한 정신적 죽음의 경험이다(p. 113).

궁극적인 결과는 페어베언(1944/52)이 "분열schizoid 딜레마"라고 부른 것인데, 거기서 자아가 분열되고 그 사람의 가장 깊은 욕구와 감정이 다른 사람들에게 숨겨져 있다.

수치심이 어떻게 타인에게 자신의 감정을 숨기는지에 대한 작은 예는 제시Jesse가 12살 때 그녀의 개가 죽었을 때의 경험에서 볼 수 있다. 그녀는 슬퍼하면서 아버지에게로 향했다. 그녀의 아버지는 공감적으로 이해하기보다는 제시를 질책하며 강아지의 죽음에 대해 자신의 슬픔을 생각해서는 안 된다고 엄하게 말했다. 그보다는, 그녀가 죽은 개를 불쌍히 여겨야 하고 죽은 개에 대하여 생각해야 한다는 것이다. 이 경험은 제시에게 너무나 수치스러운 것이어서 아버지의 눈에, 특별히 그것이 제시의 '선함'에 대한 이슈 혹은 그것의 결핍의 문제로 제기되었을 때, 그 일은 타인에게 그녀의 감정을 드러내는 것에 대한 제시의 안전감에 지울 수 없는 영향을 미쳤다.

수치심의 해리유발적인 힘

수치심은 사람의 무가치함과 개인적인 나쁨에 대한 감정을 요약한다. 수치심은 자기 자신에게 초점을 맞추고 죄책감은 자신의 행동에 초점을 맞춘다(H. Lewis, 1971; Lynd, 1958). 수치심에서 개인은 '나쁘다'. 이와는 대조적으로 '나쁜 짓을 하는' 것이나 '나쁜 짓을 한' 것은 죄책감으로 특징 짓는다. 죄책감은 행위, 범죄에 관한 것이며, 종종 참회 행위로 해결 될 수 있다. 죄책감에서, 개인은 독립적인 행위자로서 그것을 사라지게 하기 위해 '무언가 하는' 행위를 할 수 있지만, 수치심에서 개인은 무력하며, 흔히 그 감정은 끊임없이 지속된다. 수치심 연구의 선구자인 헬렌 루이스(Helen Lewis, 1990)는 다음과 같이 말했다. "나는 *수치심*이라는 용어를 굴욕, 고행, 우스꽝스러운 느낌, 고통스러운 자의식, 분함, 수줍음, 당혹감과 같은 감정들을 가리킬 때 사용한다. 이러한 상태들은 각각 다른 감정들과 다르지만 모두 자아가 무력하다는 공통점이 있다."(p. 249) 그리고 사람들은 얼굴을 붉히며 자의식, 무가치함, 노출됨, 무력감을 느낀다. 그리고 테이블 아래로 기어들어가 숨고 싶을 수도 있다. 수치심에 대한 가장 나쁜 점 중의 하나는 수치심은 수치심을 더 많이 낳는다는 것이다; 자신이 부끄러워함으로 부끄러울 수 있다(H. Lewis, 1990).

수치심의 정동적인 힘의 상당 부분은, 자신의 애착대상과 인간관계 맥락에서 배제되고 추방되는 두려움으로부터 비롯된다(Lynd, 1958). 심한 수치심에서 개인은 자신의 존재가 애착대상의 시선에 달려있다고 느낄 수 있으며, 너무 강렬하고 해소되지 않는 수치심은 개인을 몹시 고통스럽고 꼼짝 못 하게 할 수 있다(H. Lewis, 1971, 1981, 1990; M. Lewis, 1992).

애착욕구와 수치심으로부터의 구원 욕구는 너무나 커서 "수치심에 의해 압도되는 상황 속에서, 개인은 자신이 무고한 범죄를 자백할 수 있는데, 심한 비난을 통해서라도 타인과의 소통을 재건하기 위하여 처벌을 요청할 수 있다."(Lynd, 1958, p. 66) 추방되는 것보다는 자신이 '나쁜' 사람이 되기를 선호하는 것은 "악마가 지배하는 세계에서 성인이 되는 것보다 하나님이 지배하는 세계에서 죄인이 되는 것이 낫다"라는 페어베언(1944/1952)의 진술에 질감을 더해준다.

발달에서 수치심의 출현은 자의식self-consciousness의 능력에 달려있다(M. Lewis, 1995). 자아는 그 자신에게 반영한다. 사람은 주체이면서 동시에 객체이다. 부끄러움을 당하면, 날카롭고 고통스럽게 자기 자신을 자각하게 된다. 수치심은 개인의 핵심으로 가는데, 자아 그리고 정체성의 핵심으로 들어간다. Sylvan Tompkins는 다음과 같이 관찰한다. "굴욕을 당한 사람이 조롱하는 웃음에 의해 수치를 당했는지 또는 그가 자신을 조롱함으로 인한 건지 여부는 중요하지 않다. 어떤 경우가 되었든지 그는 자기 자신이 벌거벗고, 패배하고, 소외되고, 존엄성이나 가치가 결여되어 있다고 느낀다."(Nathanson, 1992, p. 146)

수치심은 잠재적으로 매우 강력하고 유해하기 때문에 사람들은 그것으로부터 거리를 두려고 한다. 수치심이 너무 심하거나 너무 오래 지속되면 압도될 수 있다. 트라우마의 특징은 압도하는 능력이다. 이 정의에 따르면 압도적인 수치심은 트라우마가 될 수 있으며 따라서 해리 유발적dissociogenic으로 될 수 있다. Sullivan(1953, p. 152)이 "머리 타격a blow on the head"과 비교한 "심각한 불안severe anxiety"에 수치심을 비유하면서 Bromberg(1998)는 다음과 같이 말한다. "수치심은 개인의 정체성에 대한 외상적 공격을 나타내며 일반적으로 자아를 보존하기 위한 해리적 과정을 불러온다."(p. 295)

학대와 방치로 인한 외상적 손상의 큰 부분은 끊임없고 참을 수 없으며 피할 수 없는 수치심과 관련되어 나타난다. Dori Laub와 Nanette Auerhahn(1989), Victor Frankl(1959), Alexandr Solzhenitsyn(1974)과 같은 작가들은, 포로수용소의 공포에 관련하여 포로수용소 경험에서 사람들을 가장 쇠약하게 만드는 측면 중 하나는 다음과 같다고 주장한다. 육체적 박탈과 형벌보다 생존에 더욱 강력한 위협이 되는 것은 수치스러운 존재가 되고, 보잘것없는 존재로 축소되고, 아무것도 아닌 암호cipher로 전락되는 경험이다. 외상적인 학대의 생존자들은 종종 똑같은 보고를 한다. 신체적 상해는 그토록 더럽혀지고 그토록 수치스러운 느낌의 정서적 고통만큼 상처가 되지 않는다. 자주 학대와 방치로 인한 해리성 외상 후 손상의 현저한 부분은 끊임없고 참을 수 없으며 피할 수 없는 수치심에 관련되어 나온다.

내가 이 장의 서두에서 언급한 마리아에게 "나는 나 자신이 싫어"라고 큰 소리로 말하거나 혼잣말을 해야 했던 때의 경험으로 되돌아 가볼 수 있을지 물었을 때, 그녀는 그 경험들이 모두 공통점을 가지고 있는 사건들이라는 것을 알아차리기 시작했고, 그것은 그녀가 부끄럽다고 느꼈거나 잠재적으로 다른 사람의 눈에 부끄럽게 보였을 일들이었다. 표현된 자기 증오에 대한 기억에서 이러한 다양한 사례 중 일부를 탐색해 보면서, 그녀는 강렬한 수치심 상태에서 실제적인 정서적 공포와 불안을 포착할 수 있었고 잠시 머무를 수 있었다. 수치심의 불안과 함께 머무를 수 있다기보다는, 그녀의 마음은 공격성과 부끄러운 자아로 분열되었고, 그것은 극도로 불쾌하지만, 굴욕적인 수치심 경험의 손아귀에 있는 것보다 더 나은 것처럼 보였다.

수치심 속에서 타인과의 불안정한 연결은 너무나 외상적이어서 자기-분열은 다른 사람을 자기-경험에서 제거하고 초점을 내부 세계에 두어서, 수용과 연결에 대한 갈망과 그것을 갖지 못하는 것에 대한 두려움이 사라지게 하는 것으로 보인다. 마리아에게는 이 경험을 발견할 수 있었던 것이 그녀의 자기-혐오의 해체를 위한 중요한 시작이었다. 인간의 영역에 들어가고자 하는 갈망이 치유를 위해 매우 중요하다는 것을 다시 발견한다.

마리아에게 치유가 된 부분은 이전에는 압도되었던 수치심을 견딜 수 있게 된 것인데, 그녀의 강박적인 자동적 행동에서 습관으로 여길 수 있는 것으로 바꾼 것이다. 의지로는 강박관념을 정복할 수 없지만, 습관을 반성하고 일부 행동과 반응이 불필요하다는 것을 깨닫고 선택에 의해 그것을 변화시키는 것은 가능하다.

수치심은 일반적으로 인간관계를 수용하는 데 달려있는데, 그것은 수치심이 일어나는 것으로부터 풀려날 수 있게 한다. 관계를 수용하는 것이 해방을 제공할 수 있는 한 가지 이유는 그것이 관점을 바꾸기 때문이다. 부정적인 자기-성찰은 더 이상 고통스럽지 않다. 다른 사람을 수용하는 관점으로부터 자신을 볼 수 있다. 수치심이 너무 강렬하지 않다면 유머, 공감, 시간을 사랑함으로써 해소되거나 시정될 수 있다.

연민과 유머는 수치심의 부식력을 약화시킬 수 있다. 1980년대 말과 90년대 초에, 연배가 있는 분들이라면 충분히 기억할만한 네트워크 텔레비전 시트콤인 「Family Matters」에 Steven Urkel이라는 캐릭터가 있었다. Steven은 항상 어리석고 수치스러운 실수를 저질렀고, 그 후에는 천진난만하게 주위를 둘러보며 "내가 그랬나요?"라고 말하곤 했다. 그것은 재미있었다. 우리는 그를 비웃었고, 그와 우리의 대리자 자신vicarious selves도 웃었다. 어리석은 실수를 정상화하는 유머는 사회적 측면에서 치유적이었다.

프로이트: 수치심에서 초자아로

흥미롭게도 프로이트는 자신의 초자아 구성을 하나씩 구축하면서 처음으로 수치심에 대해 이야기하기 시작했다; 그는 결국 오이디푸스 콤플렉스의 일부로 소년에 대한 거세 또는 소녀에 대한 사랑의 상실에 대한 두려움으로 예시되는 공포에 대해 이야기하기 시작했다. 본질적으로 초자아는 Bowlby(1969/1983, 1973, 1984), Fairbairn(1944, 1958) 및 Ferenczi(1949, 1931/1980)의 애착모델에서 해리된 구조와 같이 *외상성 수치심과 두려움*traumagenic shame and fear에서 태어난다.

『애도와 우울Mourning and Melancholia』(1917/1959)에서 프로이트는 정상적인 애도와 달리 우울을 통해서 사람은 무자비하게 자신을 질책한다고 말한다. 그러나 징계는 대개 자신의 자질에 대한 것이 아니라 친밀한 타인의 자질에 대한 무의식적인 것인데 그 관계에서 애착상실이 있었다. 프로이트에 따르면 우울증 환자는 '자아를 버려진 대상과 동일시함'으로써 이러한 상실을 처리했다. 어떻게 해서 이렇게 될 수 있는가? 우울증과 애도를 대조하여 프로이트는 다음과 같이 쓴다.

특정한 한 사람에 대한 리비도의 애착인 대상-선택은 한때 존재했었다. *그러고 나서 이 사랑하는 사람으로부터의 아주 경미한 실망으로 인해, 대상관계*the object relationship*는 산산조각이 났다*….
따라서 대상의 그림자는 에고the ego 위에 드리워졌고, 따라서 이제 후자는 대상과 같은 특별한 정신적 기능에 의해 비난받을 수 있게 되었다. 이런 식으로… 에고와 사랑하는 사람 사이의 갈등은 에고의 비난하는 기능과 동일시에 의해 변형된 에고 사이의 균열로 변형되었다(p. 249, 이탤릭체 추가).

내가 그것을 읽을 때, 프로이트는 사랑하는 사람이나 필요한 사람에 대해 표현할 수 없을 만큼 강렬한 분노를 느끼는 그 사람을 말하고 있지만, 버리거나 떠나는 타인은 본질적으로 "그것은 당신이 아니라 나예요"(내가 화가 난 그 대상은)라고 말하는 것이다. 그 사람은 모욕을 주거나 떠나는 타인에 대한 분노를 되돌려서 자아의 일부로 향하게 하는데, 아마도 "무가치하고 나쁜 것은 당신이 아니라, 나예요"라고 말하는 것과 같다. 그 비난하는 목소리는 경험하는 '나'로부터 분리되었다. 내가 이것에 대하여 읽는 방식은 프로이트가 외상을 입은 수치심의 힘에 대하여 말하는 것이고, 자아의 분열을 유도하는 압도된 수치심의 힘에 대하여 말하는 것인데, 그것은 진행 중인 경험에 부분적인 해리를 일으키는 것이다.

프로이트는 상실을 다루는 방법에 대하여 말하고 있다. "사랑하는 사람과 갈등이 있지만, 사랑하는 관계를 포기할 필요는 없다"(p. 249)라는 애착을 유지하는 방법에 대하여 말하고 있는 것이다.

1921년, 프로이트는 『집단 심리학과 자기의 분석Group Psychology and Analysis of the Ego』에서 다음과 같은 개념을 추가로 설명했다.

> 이러한 우울 증상은… 분열된 자아를 우리에게 보여주는데, 그것은 두 조각으로 떨어져 나갔고, 그중 한 조각은 두 번째 조각에게 적대적으로 격노한다. 이 두 번째 조각은 내사에 의해 대체된 것이며 그것은 잃어버린 대상을 담고 있다. 하지만 그토록 가혹하게 행동하는 조각을 우리가 알지 못하는 것은 아니다. 그것은 에고 내부의 중요한 기관인 양심the conscience을 포함하는데, 평상시에도 에고를 향하여 비판적 태도를 취한다. 그럼에도 그렇게 가차 없이 너무 부당하거나 하지는 않으며… 그러한 기관의 어떤 부분은 에고 안에서 발달하는데, 그 자체가 에고로부터 떨어져 나와 갈등 관계를 갖는다. 우리는 이것을 "이상적 자아ego ideal"라고 불렀다 (1921/1955, p. 52).

따라서 에고로부터 분화된 *비판적 행위자*critical agency(초자아, 자아-이상형)는 에고를 향해 분노하는데, 에고 그 자체는 동일시로 인하여 수정되었다. 2년 후, 『자아와 이드Ego and the Id』(1923/1961)에서 프로이트는 동일시에 관한 이러한 아이디어를 발전시킨다. 아이는 오이디푸스 콤플렉스에 대한 반응으로 일어난 근친상간과 부모 살해에 대한 감정을 동일시로 대체한다. "그러므로 이상적 자아는 오이디푸스 콤플렉스의 상속자가 된다."(p. 54)

프로이트(1917/1959)는 처음에 균열된 자아를 압도적인 수치심에 대한 반응으로 설명했다. 이 쪼개진 자아는 그대로 유지되는데, 이는 애착대상에 대한 굴욕적인 분노 앞에서 애착을 유지하는 방식으로써 유지되는 것이다(1917/1959, 1921/1955). 이러한 쟁점은 그의 오이디푸스 이론(1923/1961)에서 거의 소멸될 정도로 사라졌다. 그가 처음에는 외상적 수치심을 묘사하였음에도 불구하고, 오이디푸스 이론에 이르게 되자 그의 초점은 거세castration에 대한 두려움으로 바뀌었다. "남성의 양심(아버지가 믿고 있는 옳고 그름을 나는 믿는다)은 그러므로 두려움에서 비롯된다. '순응하거나 거세되는 것'이 문명화의 규칙이다."(Cameron & Rychlak, 1985, p. 71)

그러한 폭력적인 신체 절단 및 남성성 박탈의 위협은, 두려움을 불러일으키는 것을 넘어서 실제로 외상적이며, 본질적인 분노와 함께 이러한 감정을 경험하는 자아 부분의 해리를 강화한다는 점에서 주목할 가치가 있다. 그러한 위험한 감정의 의식은 애착과는 양립할 수 없다. 그리고 만일 해리되었다면, 이러한 감정의 강도는 그들 표현에 대한 보호적인 금지의 강력함을 설명할 것이다. 따라서 가혹한 초자아 구조는 해리성 구조와 닮아있다.

프로이트가 수치심을 거세 공포로 전환시켰음에도 불구하고, 우리 앞에 여전히 놓여있는 것은 분열되고 해리된 자아인 것으로 보인다. 이것은 임상가가 종종 직관적으로 작업하는 *해리성 임상적 초자아* dissociative clinical superego(Howell, 1997)이다. 다시 한번, 그의 버려진 유혹 이론과 마찬가지로 나는 프로이트가 처음에는 옳았다고 생각한다.

해리성 초자아

압도적인 수치, 공포, 그리고 분노의 경험은 자아의 해리된 측면에서 나타난다. 이것은 개인이 순간순간 산산조각이 난다는 느낌 없이 살아가고 세상과 협상할 수 있도록 해준다. 해리되고 격노한 부분(일명, 구식이거나 가혹한 초자아)은 위협적인 애착대상의 행동을 예측하고 자아를 유지하기 위해서 선제공격의 역할을 하는 것이다. 생존을 위해서 자아를 보호하는 것이 중요한 만큼 동시에 지속적인 애착을 제공하는 것 또한 중요하다. *외부에서 자학으로 보이는 것은 안전을 제공하고, 애착을 보호*

하고, 그리고 마침내 온전함, 사고하는 능력, 그리고 자기라는 느낌을 보호하기 위해 방어적으로 학습된 방법이다. 내부세계와 외부세계를 탐색하는 것은 고통스러운 일이지만, 개인은 작동하는 자기와 타인의 모델을 창의적으로 구성한다.

요약

나는 자기-비난과 자기-평가절하의 다양한 측면 뒤에 있는 주된 힘은 애착을 위한 아이의 노력이라고 믿는데, 이는 양육자의 방치, 학대 또는 부적절한 대우 앞에 마음이 압도되는 것에서 일어난다. 해리를 포함하여 다양한 과정들은 상호적이고 누적된다. 그 결과 수치심을 느끼는 사람 안에서 일어나는 일은, 자기는 나쁘고 비효율적이라고 느끼며, 자신의 욕구와 감정이 수용되지 못한다고 느끼기 때문에 세상으로부터 숨게 된다. 아이는 애착과 온전한 정신, 그리고 자기감각을 유지할 수 있는데 이것은 자기가 나쁘다고 간주함으로써 이루어진다.

제 8 장

외상을 입은 개인의 심리적 조직의 구조적 모델

트라우마는 침묵할 수 없다. 트라우마는 영원히 산다.

– Judith Alpert(2001, p. 275)

아마도 나는 박물관 설계 및 발표에 참여한 동료가 투어tour를 주도하지 않았다면 뉴욕시에 있는 국립 9·11 추도박물관National September 11 Memorial and Museum에 가지 않았을 것이다(Pivnick, 2017; Turkus, Pivnick & Bellinson, 2019). 박물관을 방문한 후, 그날 내가 얼마나 많이 정서적으로 압도되었는지 그것을 비밀리에 묻어버리고 사실상 해리되었는지를 인식하게 되었다.

앞 장에서 설명한 것처럼 2001년 9월 11일은 나에게 끔찍한 날이었다. 박물관에 있는 동안, 나는 사람들의 흐릿한 눈동자와 망연자실한 표정의 사진들을 보았다. 사람들은 공포에 질린 얼굴이었고, 불타고 있는 빌딩으로부터 탈출하기 위해 뛰어내리는 장면의 사진들도 있었다. 이 사진들은 내가 본 것을 반영하였고 검증하였다. 그것들은 아마도 그때의 나 자신의 얼굴 표정이었고 이를 타인이 본 것이리라. 나는 수일 동안 브루클린 서부지역에 비 오듯 떨어지는 인간의 재ashes와 불에 탄 다른 물질들을 기억했다. 나는 수 주 동안 맨해튼 아래쪽 지역에서 거대한 구조물들이 공중에서 엄청난 불길에 타오르면서 나오는 전기와 고무 같은 악취를 기억했다. 나는 생존자 가족들의 그들이 살아있다는 기쁨을 나누던 일을, 그리고 사람들이 며칠 동안 사랑하며 사려 깊게 상호작용하던 일을 기억하며, (1942년 진주만에 있었던 사람들이 폭격의 여파를 묘사했던 방식과 비슷하게) 그것이 교통 서비스가 회복되고 우리의 관심이 전쟁으로 전환될 때까지였던 것을 기억한다. 며칠 동안 내가 얼마나 망연자실해 있었는지, 마치 '콜러릿지의 고대 항해사Coleridge's Ancient Mariner' 버전이 된 것 같은 기분이었는지 기억한다. 나는 내 경험에 대해 다른 사람들에게 얘기하고자 하는 강박적인 필요성을 느꼈다. 치유를 위해 고안된 물리적 구조 안에서 나는 이러한 기억들을 재경험함으로써, 나는 처음에는 정서적으로 활성화되었고 어떤 지점에서는 매우 불안해졌다. 하지만 그 후에 나는 또렷하게 더욱 통합적으로 느낀 것을 깨달았다. 분명하게, 9·11테러 트라우마의 대부분은 정서와 사실 모두에서 내 기억에 간극gap이 생겼다. 박물관을 방문하는 동안과 그 이후에, 같은 투어에 참가했던 다른 사람들과 이야기를 나누면서 나는 Pierre Janet(1919)이 말했듯이, 일부 잠재의식의 정서적 내용들을 재활성화시켰고 통합했다. 나는 또한 9·11테러 이후 나 자신이 어느 정도까지는 명백하게 정상적인 부분apparently normal part of the personality[ANP]으로써 살아왔다는 것을 깨달았는데 이는, Van der Hart, Nijenhuis, and Steele(2006)이 말했던 것이다. 거의 신화적인 지하세계(전에는 세계 무역센터였고 지금은 9·11테러 박물관인)로 들어갔다가 그곳에서 벗어나면서 나는 현저하게 더욱 나 자신에게로 연결되는 것을 느꼈고, 그것은 개인이 겪었던 것에 대해 활성화와 통합이 포함되는 치유적인 심리치료 세션을 받고 난 것과 같았다. 나는 정서적으로 매우 격렬했지만 격리되어 있던 정신 상태를 나의 일상적인 경험으로 들어오도록 허용했다고 느꼈다. Frank Putnam(1989, 1997, 2016)이 말했듯이 말이다,

나에게는, 9·11테러 트라우마의 경험과 박물관의 물리적 구조 안에서 뒤따른 나의 치유 경험이 트라우마로 생성된trauma-generated 마음

구조 모델의 논의를 위한 공통기반과 틀로서의 역할로 활용할 수 있다고 본다. 나는 해리성 성격 구조의 몇 가지 모델을 간략히 설명할 것인데, 어떻게 트라우마가 정신을 변형시키는지 그리고 어떻게 손상이 치유될 수 있는지 그들의 설명을 함께 제공할 것이다.

먼저 구조적 모델의 *이유*에 대한 문제를 살펴보겠다. 그것이 임상에 무슨 도움이 되는가? 더 나아가 또한 구조적 모델이란 무엇인가? 구조적 모델에 대한 나의 정의는 그것은 기본적으로 어떻게 정신이 만들어지는지에 대한 총칭적인 버전이다. 즉, 부품이 어떻게 함께 배열되고 어떻게 상호 관련되는지에 대한 것이다. 성격의 구조는 또한 그것이 지속된다는 것을 의미한다. 우리는 심리치료에서 *구조적 변화*structural change에 대해 말하는데, 그것은 자신과 타인에 대한 개인 견해의 조직이 영구적인 방식으로 변화된다는 의미이며, 또한 개인의 신념과 정체성에 내재하게 된다는 것을 뜻한다. 발달적인 것에서 예를 들면, 도덕이나 윤리가 성격 구조의 측면이 되는데 이는 지속적으로 유지되었을 때 그러하며, 단지 어떻게 행동해야 한다는 말을 들어왔다고 해서가 아니라 그들이 개인적으로 발달시킨 믿음체계로부터 진행될 때 그러하다(Kohlberg, 1966, 1971).

임상적으로 도움이 되기 위해서 구조적 모델은 사람들이 어떻게 자신들의 고통에 기여하고 있는지, 그리고 무엇이 치유에 도움이 되는지에 대한 질문에 답이 되는 정신 부분들의 상호 작용에 대한 어떤 설명을 제공해야만 한다. 정신적 구조 설계는 임상가에게 그들의 내담자를 이해하는 방법과 최선의 개입 지점을 제공해야 한다.

프로이트파의 구조적 모델: 구조적 모델

아마도 가장 흔히 고려되는 구조적 모델은 프로이트의 이드, 자아, 초자아의 세 부분으로 이루어진 모델일 것인데, 이것은 모두 역동적인 상호 작용과 갈등에 놓여있다. 이것은 '본능-구조drive-structure' 모델로 불려왔다(Greenberg & Mitchell, 1983). 이 모델에서 충동, 즉 본능인 Id는 동기를 지원하며, 자아 및 초자아와 더불어, 성격이 생각과 행동을 지배하는 지속되는 특정한 형태를 갖는다.

프로이트의 구조적 모델은 그의 초기 지형 모델인 의식, 전의식, 무의식을 대체하였는데, 이 모델은, 무의식이 행동에 어떻게 영향을 미치는지에 대해 설명할 수 있는 작동기제mechanism가 결핍된 모델이다. 이드, 에고, 그리고 슈퍼에고의 구조는 이들 세 가지 요소가 어느 정도 연합된 것으로 간주되어왔지만, 자아와 초자아 사이의 암묵적 해리적 분리가 엄연히 존재한다(Cameron & Rychlak, 1985)(7장 참고). 구조 모델의 최종 발표에서 해리가 명시적으로 언급되지는 않았지만, 무의식의 역동적인 힘은 통제를 위해 분투하는 해리되고 분열된split-off 자아와 초자아 부분의 적대적인 상호 작용에 크게 의존한다.

프로이트의 구조적 모델은 인간의 사고와 행동의 숨겨진 신비에 대한 도식의 역동적 설명을 제공한다. 중요한 것은 구조 모델이 일반화되고 있다는 것이다. 극소수가 심하게 부패하거나 결함 있는 초자아를 소유하고 있더라도 모든 사람이 이드, 자아, 초자아를 가지고 있다고 가정한다(Howell, 2018; Itzkowitz, 2019; Howell & Itzkowitz, 2018 참고). 마지막으로 개인의 선택의지의 틀은 프로이트파의 버전인 무의식적 결정론에 내포되어 있다. 그러한 개인적 힘(예: 이드의 힘과 그것에 맞서 싸우는 에고의 힘)은 트라우마 희생자의 무력감과 대조된다.

문헌과 많은 정신분석가들에 의해 구체화 되었음에도 불구하고 초자아는 이드와 자아와 마찬가지로 이론적인 개념이라는 것을 기억하는 것이 중요하다. “공식적으로 이론적 구성 개념으로 인정되었음에도 불구하고, [초자아]는 확립된 사실 또는 설명 체계로 취급되었다.”(H. Lewis, 1990, p. 23) 인간발달에 대한 늘어나는 연구가 드러남에 따라, 정동affect과 동기motivation를 설명하는 데 이드가 필요하지 않음을 알게 되었다. 많은 임상의와 이론가들은 초자아 문제를 이해하고자 하는 노력과 함께 자아 심리학(Hartmann, 1939/1958) 및 자아 발달(Loevinger, 1976) 연구로 관심을 돌렸다.

초자아 구성의 주요 문제는 그것이 자기 처벌과 도덕성을 설명하는 데 사용되어왔다는 것이다. 문제가 되는 것은, 그러한 도덕성이 두려움에서 비롯되었다면, 그리고 문화에 상대적인 것이라면, 그것은 손상될 수 있다는 것이다. 예를 들면, 세계 무역 센터에 대한 폭격 및 파괴, 종교 재판, 유아 살해, 반대자에 대한 투석, 다른 종교나 성별 지향을 가진 사람들에 대한 가학적 살인은, 특정 문화적 도덕규범으로써 가치를 인정받고, 심지어 그 필요성이 요구된다. 이러한 공포의 집행자들은 그들이 옳은 일을 하고 있었다고 전적으로 믿었다(Kohlberg, 1971; Sagan, 1988). 그들의 행동은 가족, 지역, 문화적 관습을 반영하였는데, 서로 다른 사회에서 일상화된 규준은 다양한 것이다. 더욱이, 부모의 가혹한 처벌에서 오는 두려움은 건전하고 원칙에 기초한 도덕성을 낳는 것으로 밝혀진 바는 없으며, 오히려 그 반대인 것으로 밝혀졌다(Kohlberg, 1966; Lewis, 1981).

임상가가 자주 직관적으로 작업하는 자기-처벌의 일부 내적 정신적 대리인 모델은, 7장에서 언급한 바와 같이, 문제가 있는 애착모드의 해리적 결과의 관점에서 설명될 수 있다. 임상가는 가혹한 초자아를 부드럽게 하는 것을 목표로 하는데, 그것은 비난하고 분노하고 해리적인 자아 부분들과 작업하는 것과 매우 유사한 방식으로 하는 것이다.

해리 기반 구조 모델

명시적explicitly으로 트라우마와 해리에 기반을 둔 다른 구조적 모델이 있고 지금껏 있어왔다. 나는 후자가 이론적으로나 임상적으로 임상가와 내담자에게 더 나은 서비스를 제공한다고 믿는다. 이들 중 일부는 "관계적-구조relational-structural" 모델(Greenberg & Mitchell, 1983)의 영역에 속하는데, 대인관계 이론들과 대상관계 이론들도 포함된다. 내 생각에, 이러한 이론들의 대부분은 실제로 해리적으로 구조화된 마음을 묘사한다. *나쁜 대상*이 내사되거나 내면화되는 이유는, 의식으로부터 추방된다는 의미에서, 그러나 아직 타인에게 존재한다는 면에서, 해리된 마음의 부분들(Ferenczi, 1949)인데, 이것은 초기애착관계의 측면이 개인의 의식적인 작업 지식의 부분으로 동화하기에는 너무 견디기 어려운 것이기 때문이다. 나쁜 대상이 의식으로부터 이렇게 사라지는 주요 결과는, 흔히 분열이라고 불리는 것인데, 그것은 정서적으로 다른 톤의 자기와 타인에 대한 입장이 앞뒤로 전환되는 것이다. 분열은 해리의 한 형태이다.

생각과 행동에 영향을 미치는 해리된 경험과 해리된 경험체계를 중심으로 구축된 성격 조직 모델들은 프로이트의 구조적 모델과는 극명한 대조를 이룬다. 나는 마음이 해리적으로 구조화되어 있다는 필립 브롬버그Philip Bromberg의 평가에 동의한다. 이것이 사실이라면 실제 구조 모델a true-to-life structural model은 관계적 외상 해리 모델이다(독자가 아마도 7장에서 추측했듯이, 나는 프로이트의 구조적 모델은 사실상 외상-해리 모델이라고 주장한다).

프로이트의 구조적 모델과는 달리, 다른 주목할 만한 구조 모델들은 마음이 외상에 의해 어떻게 구조화되는지를 설명한다. 트라우마-생성 구조는 해리된 구조인데, 분리된 상태인 일련의 정신적 내용psychic contents과 정동 배열affect constellations을 포함한다. 심리치료의 한 가지 목표는 이러한 장벽들을 부드럽게 하고 그들 사이에서 정보의 원활한 흐름이 허용되도록 하는 것인데, 자기의 폐쇄된 시스템 밖의 사람들과의 애착과 건강한 상호 교환을 기반으로 개인이 내부적으로 또한 긴급하게 조직되게 하는 것이다. 목표는 응급장비jury-rigged를 갖춘 자아의 자조 조직을 만드는 것이 불필요하도록, 그리고 그 사람을 도와서 지지하고 포함하는 관계적 연결에 더욱 개방적으로 되도록 돕는 것이다.

내가 설명할 모든 모델은 내가 "응급장비를 단 자기jury-rigged self" (Howell, 2017)라고 부르는 것의 일부 측면을 공유하며, 이는 분리된 자기에 대한 은유이다. 이 용어는 원래 올바른 도구와 재료를 사용할 수 없을 때 임시변통으로 하는 선박 수리를 뜻하는 말이었다. 예를 들어, 나는 정원에 심은 토마토 식물의 수직지지대로 활용할 응급장비로 부러진 나뭇가지를 사용하였는데, 이는 식물이 자라면서 울타리를 넘어 햇빛을 향해 뻗어나가기 때문에 필요한 조치이다. 전체적인 배열은 약간 우습게 보이지만, 그것은 잠시 동안 유용하다. 응급조치jury-rigging는 이상적으로 임시적 구조이다. 만일 트라우마가 일어났을 그때에 문제가 해결될 수 있었더라면, 이런 개인적인 구조나 지지 같은 것은 필요가 없었을 것이다. 하지만, 외상을 입은 해리성 자아는 트라우마가 일어난 그때 응급장비를 달아서, 개인이 편향된 배열의 조건이 주어진 외상적인 환경에서 기능적으로 최적화된 삶을 살아갈 수 있도록 한다. 단지 자기의 부분만이 해리되고, 이제 자기의 부분일 뿐인, 자아(이제 자아의 일부만)는, 자아의 나머지로서 계속된다(이 장의 뒷부분에 나오는 성격의 구조적 해리 이론에 대한 논의 참고). 따라서 응급조치된 자기는, 장기적으로가 아니라 외상 당시에 존재하는 절박한 위험으로부터 보호하기 위해 잠시 구축되었다. 응급장비를 단 자기가 제자리에 있어야만 할 때, 그것은 견딜 수 없는 경험으로 인해 해리된 알 수 없는 기억들 주변을 탐색하는 삶을 좌우한다.

성격의 외상 후 부분들에 대한 많은 모델들 중 트라우마 치료사가 자주 의존하는 기본 모델 중 하나는 카프만Karpman의 드라마 삼각형(1968)이다. 이 모델은 희생자, 가해자, 그리고 구원자의 역할에서 사람들이 느끼고 행동하고 다른 사람들과 상호 작용하는 방식을 도식화한다. Davies와 Frawley(1994)는 전이 및 역전이 위치에서의 4가지 행렬을 포함하는 유사하지만 훨씬 더 포괄적인 모델을 고안했다. 이들은 (1) 관련되지 않은 비학대 부모와 방치된 아동, (2) 가학적인 학대자와 무력하고 분노한 희생자, (3) 전능한 구원자 및 구원받을 자격이 있는 아동, (4) 유혹하는 자와 유혹받는 자이다. 주로 외상 경험의 해리 때문만이 아니라 대인관계적 공명 때문에, 내담자와 치료사는 전이와 역전이에서 역할을 쉽게 전환할 수 있다. 예를 들면, 치료사는 한순간에는 그녀 자신을 구원자로서 경험할 수 있지만, 눈 깜짝할 사이에 그녀는 이제 가해자로 인식되고 가해자의 역할을 수행하고enacting 있음을 알게 된다. 지속되는 수행에서 양 당사자가 해야 할 작업의 주요 부분은, 이러한 수행으로부터 풀려나 배우는 것이다. 트라우마 치료사가 상호작용에서의 역할과 상응하는 역할에 민감해야 하는 것은 매우 중요한데, 그 안에서 그녀는 자기 자신을 발견한다. Davies와 Frawley는 어떻게 치료사가 익숙하지 않은 감정 상태와 역할 위치에서 그녀 자신을 발견하는지 그리고 이것이 내담자가 자라면서 어떻게 느꼈을지에 대한 직접적인 정보를 제공하는지를 강조한다. 이것을 내담자에게 공감적으로 전달할 때 이루 말할 수 없이 도움이 될 수 있다.

흔히 외상 후 정신 구조의 또 다른 주요 모델은 Richard Schwartz (1997)의 내면 가족 체계internal family systems[IFS] 모델이다. 이 모델은 세 가지 주요 하위 부분이 있는 중심 자아를 가정한다. 하위 부분은 다음과 같다. 일반적으로 수치심, 공포 및 트라우마가 정상적인 일상 경험으로부터 격리된 어린이 부분인 외계인, 종종 중독을 포함하여 외계인의 불안한 감정적 화재 경험을 산만하게 하고 이를 진압하려고 하는 소방관, 그리고 세상과 자기 내부의 상호 작용을 보호적으로 관리하려는 관리자이다. 이 모델은 정신병리학을 가정하지 않지만, 그 구조는 확실히 외상 후 해리구조에 적용할 수 있다. Schwartz는 섭식장애 내담자와 함께 일하는 것을 전문으로 하는 가족 치료사로 시작했다. 그는 특정 가족 구성원에게 다른 방으로 물러나 있도록 요청함으로써 가족 구성원의 영향에 취약한 사실상의 환자가 그녀의 진짜 감정을 분명하게 표현하는 것이 가능하게 될 수 있음을 발견했다. 그는 이 *외부* 가족 시스템이 내담자 안에서 내면화된 버전으로 존재한다는 것을 깨달았다. 이러한 *내부* 부분들과 작업하여 많은 성공을 거두었으며 슈워츠는 일반적으로 사람 안에 숨겨져 있는 전형적인 역할과 상호 작용을 도식화하기 시작했다. 슈워츠의 내면 가족 체계[IFS] 모델은 인기를 얻기 시작했다. 그는 세계를 돌며 강의와 워크숍을 자주 연다. 한 워크숍에서 나는 그가 청중에게 내담자의 내면 가족 체계 부분을 나타내도록 요청하고 무대에서 그 시스템의 3차원적 실례를 만들어내고 그것과 더불어 성공적으로 작업하는 방법을 목격할 수 있었다. 내담자로서의 역할을 한 사람은 기꺼이 자기-노출을 했던 청중의 일원이었다. 슈워츠의 모델은 표준화되어

거의 모든 사람에게 적용될 수 있다.

2장과 7장에서 자세히 설명했듯이 Sándor Ferenczi는 애착유지를 위해 트라우마에 의해 유발된 분열로 인해 마음이 어떻게 구조화되는지 설명하였다. 페렌지의 "공격자와의 동일시"(1949) 개념은 아동이 공격자의 해로운 행동에 대한 의식적인 지식을 어떻게 분리하고 또 부드러운 느낌을 유지하기 위해 공격자의 욕구에 맞춰 자아를 지향하는지 설명한다. 이것은 성격에서 매우 기본적인 분열이 되는데, 거기서 개인은 마치 모든 것이 잘 되어가는 것처럼 의식적으로 진행되며, 초기 관계가 다정한 것이라고 믿는 반면, 동시에 어린 시절 학대의 무서운 기억은 해리된 아동의 정신 상태에서 유지된다. 페렌지(1949)가 말했듯이, 공격자는 "외부-정신 대신에 내부-정신"이 되었으며 사실상 개인의 마음은 "이드와 초자아로만 구성"이 되었다(p. 228). 그에 더하여, 페렌지는 "성격이 분열된 어떤 흔적이라도 없다면 충격도 두려움도 없다"(p. 229)라고 말하면서 해리성 정체감 장애의 구조적 모델과 그것의 작동 방식에 대해 은연중에 제시했다.

Ronald Fairbairn(1944/1952)의 정신내적endo-psychic 모델은 정신분열의 해리적 정신에 대한 간명하고 포괄적인 모델이다. 페어베언은 중심자아, 이상적 대상, 내면화된 나쁜 대상, 그리고 네 가지의 분열된 다른 파트들을 제시했다. 억압된 내면의 나쁜 대상의 주요 핵심으로부터 분리되는 것은 흥분하는 대상과 거부하는 대상이다. 첫 번째는 갈망하는 사랑의 약속을 나타내고 두 번째는 거절에 대한 두려움을 보유한다. 그리고 자아의 억압되고 쪼개진 부분들이 나타나는데 "리비도적 자아"와 "반 리비도적 자아"(이전에는 '내적 방해자'라고 불림)이다. 내부 방해자internal saboteur는 거부하는 대상에 애착되어 있으며 다정함에 대한 어떠한 갈망이라도 공격적으로 거부한다. 이것은 다소 복잡한 설계가 되지만, 결국에는 내부 방해자(거부라는 외상적인 수치심의 가능성으로부터 기본적으로 보호하는)의 끊임없는 공격으로 인하여, 아이는 끊임없는 자기-혐오 그리고 의존의 느낌과 사랑의 욕구에 대한 저항을 발달시킨다. 페어베언을 연구한 많은 사람들은, 내부 파괴자라는 용어가 그들의 내적 역동에 대한 그들 자신의 감정을 꽤 환기시켜준다는 것을 발견하였다. 그것은 제어 기능에 있어서 놀라울 정도로 초자아와 유사하다.

John Bowlby(1969, 1973, 1980, 1984)는 자신의 방어적 배제 개념에 대하여 기록하였는데, 이것은 애착욕구에 상반되는 정보를 별도의 구획으로 놓아 저지함으로써 정신을 분열시키는 것이다. 아마도 훨씬 더 중요한 것은, 볼비의 IWM(내적작동모델)인 애착모델은 다양한 형태의 애착뿐만 아니라, 개인 내에서 다른 관계에서의 다른 내적 작동 모델을 구조화하는 것이고 또한 같은 관계에서의 다른 버전을 구조화하는 것이다. 예를 들면, 안정 애착을 가진 아동의 단순한 내적 작동 모델은 사랑스럽고, 보호받고, 가치 있는 자아일 수 있는 반면, 불안정 애착의 내적 작동 모델은 사랑스럽지 못하고, 보호받지 못하고, 무가치한 것일 수 있다. 애착에 대한 볼비의 연구는 애착유형을 이해하는 데 진보할 수 있게 해주었고, 특별히 혼란된 애착(Main & Solomon, 1986) 유형은 두 개의 경쟁적인 행동적 체계로 설명되는데, 이는 애착체계와 공포 체계이다. 이 두 가지 경쟁 체계는 아이의 동시적인 욕구인 애착을 향한 접근과 두려움으로 인한 도망치기(Liotti, 2006)의 결과를 가져온다. 애착은 두려움에 대한 해결책이기 때문에, 이러한 결과는 "해결책 없는 두려움 fear without a solution"을 초래한다(Hesse & Main, 1999). 결과는 서로 모순되는 분리된 내적 작동 모델이다. 이것은 경계선 성격 장애[BPD]와 해리성 정체성 장애[DID]를 특징짓는 근원적인 분열의 템플릿이 된다(Liotti, 1992, 2006).

Harry Stack Sullivan(1953)은 해리의 강력한 힘에 대하여 기록하였는데, 이는 너무 압도되는 불안-지배anxiety-ridden를 받는 경험이 의식으로 접근하지 못하도록 하는 것이다. 그는 "좋은 나", "나쁜 나", "내가 아닌 나"라고 의인화하여 이름 붙여 가정했다. "좋은 나good me"와 "나쁜 나bad me" 둘 다 의식 속에 있을 수 있다. 그러나 "내가 아닌 나not-me"는 의식 속에 담길 수 없다. 그것은 두려움, 경외심, 압도적인 공포로 가득 차 있다. "내가 아닌 나"는 치료자가 알아차려야만 하는 매우 중요한 것인데, 왜냐하면 이것은 불안과 수치심으로 대부분 채워져 있는 개인의 부분이며 또한 의식적인 자기에 의해 가장 기피되는 것이기 때문이다.

설리반의 영향을 많이 받은 필립 브롬버그(1998, 2006, 2011)는 해리된 자기-상태에 대하여 많은 글을 썼는데, 그에 의하면 해리된 자기-상태는 트라우마 혹은 압도되는 정동을 상기시키기 때문에 기피된다. 그가 자신의 통찰을 형식적 구조적 모델로 도식화하지는 않았지만, 독자는 그의 환자들이 어떻게 자신의 해리된 부분을 수행하는지를 식별할 수 있다. 브롬버그가 그의 치료적 동맹 안에서, 어떻게 그의 환자들이 자신이 누구이고 누가 될 수 있는지에 대해 보다 생생한 전망을 일깨울 수 있도록 도와 왔는지를 독자는 이해할 수 있다.

Frank Putnam(1997, 2016)은 뇌/정신/신체의 동형isomorphic 상태가 최적으로 연결되어 있지만 어떻게 트라우마에 의해 서로 연결이 끊어질 수 있는지, 그리고 트라우마가 어떻게 연결을 방해하는지에 대해 복잡하고 포괄적인 모델을 만들었다. Putnam의 상태-의존적 학습 및 기억모델State Dependent Learning and Memory[SDLM] 모델은 우리의 삶이 국가-의존적인 것의 큰 정도를 강조한다. (Putnam의 작업은 10장에서 더 자세히 논의한다.) 이 모델은 Janet의 모델과 함께 트라우마로 인해 벌어지는 기억의 차이를 설명한다.

Pierre Janet은 매우 기본적인 것으로, 트라우마가 어떻게 마음을 분리하는지에 대한 모델을 제시했으나 이후의 임상가들은 그의 정교한 성격의 공식화formulations에 적절한 주의를 기울이지 않았다. 자넷은 외상적 경험의 해리적 결과에 대해 방대한 기록을 남겼다. 그는 압도적이고 외상적인 경험으로 인해 불려온 격렬한 감정이 어떻게 기억에 혼란을 일으키는지, 그래서 어떤 방식으로 이러한 경험들을 의식할 수 없게 되는지를 설명했다. 그는 어떻게 해리된 외상 경험들이 잠재의식 상태에 존재하는지 (따라서 개인에게 알려지지 않았지만) 그럼에도 불구하고 행동과 경험에 강력하게 영향을 미치는지를 명시했다. 일상적인 의식과 의지로부터의 고립으로 인해 그것들은 자동적으로 작동하며 외부 또는 내부적 정서적 사건에 의해 자극되거나 촉발될 수 있다.

이러한 모델들의 공통적인 측면은 외상 후 성격이 해리된 외상 경험을 중심으로 구축된다는 것이다. 그들이 공통으로 강조하는 것은 외상 경험의 추방과 애착의 보호에 있다. 그들이 다른 것은 격리의 정확한 형태에서의 차이, 그리고 내용적인 면에서의 차이인데 각 저자가 고려하는 피해야 할 가장 외상적이고 잠재적으로 외상적인 경험들에 대한 것이다. 그러나 중요한 공통점은 이론가들에 따라 다르게 기술되긴 하지만 자아의 주요한 부분에는 '나'라는 그들 자신만의 자서전적인 감각이 있다는 것이다.

다른 성격 조직에서의 해리구조

지금까지 나는 외상을 입은 사람의 성격 구조를 그들 자신의 용어로 설명하는 다양한 모델들에 대해 논의해왔다. 그런데, 해리적 구조, 즉 해리된 자기-상태의 구조는 다른 성격조직과 진단에 따라 다양해질 수 있다(Howell, 1996, 2002, 2003, 2018).

Otto Kernberg(1980)는 본능적인libidinal 그리고 공격적인 대상관계 단위를 분리하는 방어 수단으로써 "원시적 해리 또는 분열"(p. 13)을 강조한다. 나는 분열을 더 구체적으로 공격자와 동일시하는 병인학적 핵심과 함께 관계적 트라우마의 결과로 보는데, 이 입장은 페렌지(1949)가 설명한 바 있다(2장과 7장 참고, Howell, 2002, 2005, 2014). 내 생각에, 이 과정의 결과는 양육자와 아동의 관계를 포함하는 최소한 두 가지 매우 양립할 수 없는 자기-상태인데 이는 양육자에 대한 아동의 관계가 포함된다. 그것은 두 가지 지배적인 내적 관계적 위치에 있는 희생자와 학대자victim and abuser이다. 이러한 관계적 위치의 형태는 다른 성격 장애에 따라 다양할 수 있다.

소위 경계선 성격 장애borderline personality disorder[BPD]에서, 정신의 파편화는 주로 두 개의 독특한 자기-상태(또는 자기 상태의 그룹)로 반영되는데, 하나는 애착지향적이고 다른 하나는 공격적인 것이 된다. 이러한 자기-상태 사이의 교대는 BPD의 특징적인 *안정적인 불안정성*stable instability이 기반이다. BPD에서 발견되는 분열은 해리성 정체감 장애에서의 상태 전환state switches과 매우 유사할 수 있다. 그런데, 주로 정서적 전환으로서 그것은 부분적인 해리이다. 이러한 자기-상태의 교대는 특징적인 안정적 불안정성에 기여한다.

다른 많은 성격 형태에서 조직은 안정적이다. 예를 들어, 소위 자기-학대의 마조히즘에서 애착-지향적인 자기-상태는 일반적으로 집행적이고, 우세하며, 또 의식적인 반면, 공격적이고 분노한 자기-상태는 항상 해리되는데, 그러한 사람들이 화를 낼 때는 제외된다. 사이코패스와 더 공격적이고 악성의 자기애narcissism에서, 나는 애착-지향성과 빈곤한 자기-상태가 공격성과 권력지향적인 일반적으로 의식적인 자기의 측면으로부터 해리된다고 생각한다. 사이코패스의 지배적인 자아-상태는 전능하고, 웅대하고, 평가절하하고, 공격자와 동일시하며, 다른 사람을 평가절하 함으로써 지속적으로 유지되어야 하는 상태이다.

이러한 사고방식은 Kernberg가 분열과 관련되어 있다고 보는 다른 방어 전략들과 일치한다. 컨버그(1975, 1980, 1984)는 모두 분열과 관련된 경계선 성격 조직의 다섯 가지 전형적인 방어들을 설명했는데, 그것은 투사적 동일시, 부인, 원시적 이상화, 전능함, 그리고 평가절하이다. 원시적 이상화는 희생자와 동일시된 상태에서의 관점으로부터, 그리고 단지 그 관점으로부터만 느껴진다. 전능함은 무력감과 의존에 대항하여 방어하는 것이며, 평가절하는 부러움에 대항하여 방어하는 것인데 (Kernberg, 1975), 둘 다 가해자와 동일시된 상태 그리고 일반적으로 가해자abuser가 희생자victim를 다루는 태도를 특징 짓는다.

성격의 구조적 해리 이론

다양한 모델 중에서 나는 Van der Hart, Nijenhuis, and Steele(2006)의 성격 해리의 구조적 모델 이론에 가장 자세히 초점을 맞출 것이다. 이 모델은 전 세계적으로 인기를 얻었으며 많은 임상가가 작업할 때 이 모델에서 지정된 용어를 사용하고 있다.

자넷의 작업을 바탕으로 반 더 하트Van der Hart, 니젠하우스Nijenhuis 및 스틸Steele은 폭넓게 적용할 수 있는 성격의 해리구조 모델을 함께 만들었다. 부분적으로는 자넷의 이론을 기반으로 하지만 여러 출처를 기반으로 하며 매우 포괄적이다.

성격의 구조적 해리 이론으로의 나의 첫 번째 입문은 2000년도에 자네시안Janetian 학자인 오노 반 더 하트Onno van der Hart의 PTSD에 대한 설득력 있는 강의였다. 이 강의에서 반 더 하트는 어떻게 PTSD가 본질적이고 필수적으로 해리적인지를 설명하였다. 그는 플래시백과 같은 외상 후 침입intrusions을 재개념화하였는데, 그것은 이전에 해리성으로 고려되지 않았던 것으로 이를 성격통합 부족의 예로서 보여주었다. 그는 PTSD의 성격수축을 트라우마의 회피된 재경험의 결과로 설명하고, 어떻게 수축과 침입의 조합과 교대가 PTSD를 특징 짓는지를 설명했다. 나는 항상 PTSD가 불안 장애의 규정 아래에 단순히 기술적으로 분류되어서는 안 된다고 생각했기 때문에, 이것은 나에게 탁월한 의미가 있었다. 해리성 장애 하에서의 분류가 역동적으로 더 의미가 있다. 나는 이것이 정확히 어떻게 된 것인지 나 자신에게 설명하지 않았었다.

얼마 지나지 않아 Van der Hart와 Ellert Nijenhuis(신체형 해리의 전문가), 그리고 Kathy Steele은 나중에 그들의 2006년도 저서인, 『사로잡힌 자아The Haunted Self』의 제목에 보다 간결하게 설명된 인격 해리의 구조적 모델을 만들기 위해 협력했다. 저자들은 심각한 외상을 입은 군인을 치료한 제1차 세계 대전 의사이자 심리학자인 Charles Myers의 개념을 그들의 개발 이론으로 통합했다. 마이어는 외상을 입은 병사들이 때때로, 때로는 잠을 자다가 갑자기 몸의 자세, 정신 상태, 그리고 말을 바꾸는 것을 관찰했는데, 그들은 실제로 그 순간 안전한 병실에 있음에도 마치 전투를 할 준비가 된 것과 같았다. 마이어는 이러한 외상을 입은 병사들의 외상 후 심리적 구조에 대한 개념화를 발전시켰는데, 갑자기 수행된 동요된 행동을 감정적 인격emotional personality[EP]으로 설명했다. 개인의 정상적인 부분으로 보이지만, 자세, 언어 및 기타 행동의 수축으로 고통을 겪을 수 있는 그것을, 겉으로 보기에 정상적인 인격apparently normal personality[ANP]이라고 불렀다. 마이어는 다음과 같이 썼다.

> '감정적' 인격은 잠자는 동안에도 돌아올 수 있으며, 함구증, 마비, 긴장 등의 '기능적' 장애는 일반적으로 중단된다. 그러나 깨어났을 때 '겉보기에 정상인' 성격은 꿈 상태에 대한 기억이 없을 수 있으며 그의 함구증, 마비 등을 즉시 재개할 것이다(Myers, 1940, pp. 66~67, Van der Hart 인용, Van Dijke, Van Son & Steele, 2000, p. 40).

EP는 트라우마에 갇힌 채 재연하는 인격의 부분이다. 일상적인 의식에 남아있는 것은 ANP, 즉 우리가 트라우마 환자에게서 자주 볼 수 있는 억제되고 회피적이고, 종종 마비된 외상 후 인격이다. 증상에는 억제, 기억 상실, 무감각증, 마비, 실명, 무언증 등이 포함될 수 있다.

EP의 경험이 ANP로부터 해리된다는 사실은 ANP가 EP가 보유한 정서와 정보를 피할 수 있게 한다. 이것은 어느 정도까지만 성공적이다. ANP가 단지 *겉보기*apparently에 정상적이라는 사실은 동요하는 감정 상태와 신체 증상이 주기적으로 침입periodic intrusions하는 것으로 입증된다.

그래서, 한 사람이지만 해리된 그 사람 안에 두 개의 다른 파트들을 가지고 있다. 이제 우리는 이와 같은 역동적인 심리학의 기본을 가지게 되었다(이 두 파트들은 서로를 두려워하기 때문이다). ANP 파트는 트라우마에 대해 알고 싶지 않고 EP를 피한다. 거부되고 회피된 EP는 플래시백, 악몽, 짜증 나는 기억, 원치 않는 신체 경험의 형태로 ANP의 경험으로 침입한다. ANP의 수축과 마비는 이러한 침입적인 기억과 경험을 피하기 위해 고안되었다. 그러나 외상성 기억이 촉발되면 ANP는 EP로 즉시 계승될 수 있다.

인식해야 할 중요한 것은 우리가 이미 부분의 언어로 말하고 있다는 것이다. 저자는 명확성과 역사적 정확성을 위해 마이어의 기본 용어를 유지했지만, EP는 *인격의 감정적 부분을 의미하고*, ANP는 *인격의 겉보기에 정상적인 부분을 의미한다*고 명시한다. 반 더 하트와 동료들(2006)이 분명히 밝혔듯이, 수축된 ANP는 이전에 보여준 자기의 손상된 버전이 아니다. 그것은 단지 개인의 부분인 것이지 전체는 아니다. ANP가 종종 더 큰 범위와 더 큰 기능을 가지고 있는 것처럼 보일 수 있지만, 일단 EP가 있으면, ANP는 인격의 부분만이 될 수 있을 뿐이다. 이에 더하여, 이러한 ANP와 EP는 적어도 초보적인 자아 감각을 지니는데 그것은 정신 생물학적 기능에서 뚜렷한 차이를 동반한다.

임상가는, PTSD 내담자들이, 상담실 문을 열고 들어오는 사람에게서 보는 것과 매우 다른 발병 전 양상을 보일 가능성에 대해 경계하는 것이 매우 중요하다. 예를 들어, 엄청난 외상 후 스트레스 때문에 치료를 시작한 존은 자신을 "변화된 사람"이라고 불렀다. 내가 만난 그 사람은 다정하지만, 불안하고, 조심스러우며, 뻣뻣한 사람이었고 지속되는 공포스러운 악몽에 시달리고 있었다. 어떤 사람은 악몽을 제외하고는 이것이 그의 방식이라고 결론지을지도 모른다. 그러나 불과 1년 전만 해도 자신에 대한 그의 묘사는 현저하게 달랐다. 맨해튼에서 택시 운전을 하던 그는 끔찍한 교통사고(자신의 위법 행위는 없었음)를 당했었고 거기서 그는 부상을 당했고 한 사람이 사망했다. 상황의 세부 사항에 대해 집중적으로 논의한 후 EMDR을 수행하였고, 그는 막대한 죄책감, 슬픔, 상실감뿐만 아니라 자신의 공포를 훨씬 더 잘 직면하고 처리할 수 있게 되었다. 악몽과 과도한 불안이 크게 줄어들면서 그는 이전의 자신의 모습을 꽤 되찾을 수 있게 되었다. 시간이 지남에 따라 그는 대부분의 신체 및 시각적 침투를 내러티브 기억으로 전환할 수 있게 되었다. 물론 이러한 종류의 경험의 지속적인 영향을 절대로 바꿀 수는 없다. 그가 심리치료를 받을 기회를 갖게 된 것은 다행이었는데, 그 이유는 ANP 표출presentation이 만성적이고 자동적일 수 있었기 때문이고 다음과 같이 설명된다. "겉보기의 정상성은 친밀감과 정서의 회피에 의존하는 분리된 생활방식으로 진화할 수 있다."(Nijenhuis & Van der Hart, 1999, p. 43)

그들의 이론을 더 발전시키면서 반 더 하트와 동료들(2004, 2006)은 성격의 이러한 부분들, ANP와 EP, 그리고 일상생활과 방어와 관련된 두 세트의 정신생물학적 행동체계 사이에 놀랍도록 일치하는 것이 있다는 것에 주목했다. ANP는 종종 만성적으로 비인격화되고 신체 감각에 대한 알아차림이 낮을 수 있지만 생식, 육아, 애착, 사교성, 탐색 및 놀이와 같은 일상생활의 기능을 수행하는 것에 중점을 둔다. 대조적으로, 인격의 정서적 부분[EP]은 위협에 대한 물리적 방어에 대한 반응에 초점을 맞추며, 위협 조건에서 개인의 생존에 전념하는 방어 행동 시스템 및 하위 시스템을 포함한다. 이러한 후자의 방어 행동 시스템에는 과잉경계, 싸움/도피, 동결 및 완전복종이 포함된다.

트라우마의 충격, 특별히 만성적인 트라우마의 영향 아래에서, 이 두 가지 유형의 정신생물학적 행동체계, 즉 일상생활에 전념하는 체계와 방어에 전념하는 체계는 서로 분리되고 분열된다. 반 더 하트와 동료들(2004)은 다음과 같이 언급했다.

> 성격의 외상 관련 해리의 필수적이고도 주요한 형태는 인격 부분들 간의 통합의 결핍인데 그것은 신체적 통합에 대한 위협과 생명에 대한 위협의 결과로써 일상생활 행동 체계와 방어행동 체계에

의해 중재되는 것이다. 이 두 가지 일련의 행동 체계에 관련된 행동 경향은 일단 강하게 유발되면 서로를 억제하는 경향이 있으므로 주요 위협, 특히 만성 위협 상황에서는 쉽게 통합되지 않는다 (p. 909).

그들의 이론의 또 다른 중요한 측면에서 반 더 하트와 동료들은 1차, 2차, 3차 해리를 설명한다. 1차 해리의 가장 좋은 예는 단순 PTSD와 단순 신체형 장애이다. 1차 해리는 하나의 ANP와 하나의 EP를 포함한다. 대조적으로, 2차 해리는 하나의 ANP와 둘 이상의 EP, 즉 도피, 싸움, 복종 등에 전념하는 것과 같은 두 개 이상의 방어 하위체계의 존재를 특징으로 한다. 2차 해리의 예로는 복합 PTSD, 경계성 인격 장애[BPD], 복합 신체형 장애 및 일부 형태의 급성 스트레스 장애가 있다.

3차 해리에서는, 그 대표적인 예가 해리성 정체감 장애[DID]인데, 거기에는 2개 이상의 ANP가 있고, 2개 이상의 EP가 있다. 다른 ANP는 일상생활의 측면을 수행할 수 있는데, 자녀 양육, 직장에서의 일이나 노는 것과 같은 것이다. 4장과 7장에서 언급했던, 내 내담자인 샐리는, 3차 해리의 예를 보여준다. 샐리의 성격 구조에서는, 다수의 ANP들이 있는데, 여러 어머니 파트들, 운전사 파트(항상 안전하게 운전할 수 있다고 믿을 수 있음), 요리하는 사람 및 일상생활의 기능적 작업을 수행하는 다른 사람들이 포함된다. 또한 거기에는 여러 EP들이 있는데, 겁에 질린 어린이 파트와 상처와 외상을 입었고 이전에 자살을 시도했던 몇몇 파트들을 포함한다.

DID에서 ANP/EP 언어를 사용하는 것과 관련하여, 많은 임상가가 DID 내담자와의 작업에서 "The ANP"로 언급하는 것(ANP가 하나인 것으로)을 들은 적이 있다. 'ANP'라는 용어는 자아의 주요 파트를 언급하는

데 있어서 '주인host'과 같은 용어보다 더 공손하고 정확하며 그것은 현재 집행기능을 수행하고 있거나 외부 세계와 가장 자주 상호작용을 한다. 그러나 DID의 경우, 이 이론의 정의에 따라 3차 해리에는 하나 이상의 ANP가 있어야 함을 기억하는 것이 중요하다.

성격 해리의 구조적 모델 이론은 단순한 이론 그 이상이다. 그것은 여러 연구들에서 조작할 수 있게 하였다. 일련의 독창적인 뇌 및 신체 스캔 연구들에서 *하나의 뇌, 두 개의 자아*as one brain, two selves로서의 EP와 ANP의 존재가 입증되었다.

하나의 두뇌: 두 개의 자아

Reinders와 동료(2003)들 그리고 Reinders와 다른 동료(2006)의 두 가지 주목할 만한 연구는 DID 내담자의 두뇌와 몸이 어떻게 서로 다른 현상학적 마음 상태[EP 및 ANP]와 놀라운 일치를 나타냈는지 보여준다. 첫 번째와 두 번째 연구의 연구 참가자는 외상성 상태[EP]와 중립 상태[ANP] 사이를 마음대로 전환할 수 있는 DID를 가진 11명이었다. 네 가지 조건이 있었다. 참가자들은 EP 및 ANP 상태에서 자서전적 트라우마 대본과 자서전적 중립 대본을 듣도록 요청받았다.

「하나의 두뇌, 두 개의 자아」라는 제목의 첫 번째 연구에서 리인더Reinders와 동료(2003)는 현저하게 다른 두 자전적 자아의 대뇌와 신체 상관관계를 문서화한다. 기능적 신경 영상(PET 스캔)을 사용하여, 저자는 국부적 뇌 활동에서의 특정 변화(두 가지 다른 대뇌 혈류 패턴), 즉 외상 입은 EP 상태가 트라우마 대본에 반응하는 것과, 이에 반하여 중립적인 ANP 상태가 트라우마 대본에 반응하는 것, 그리고 ANP와 EP 모두가 중립적 대본을 읽는 상태에서 반응하여 일어난 변화를 입증하였다. 네 가지 조건들 중에서, 오직 EP 상태에서 트라우마 스크립트를 읽는 것에서만 다른 혈류 패턴이 생성되었다. 중립 스크립트에 대한 반응을 보면 두 인격 상태 사이의 유의미한 차이는 발견되지 않았다. ANP 중립적 인격 상태에서는 참가자들이 중립 스크립트에 반응했던 방법과 유사하게 트라우마 스크립트에 반응하였는데, 이 상태에서는 트라우마 스크립트가 개인적으로, 감정적으로 그들에게 관련되지 않았기 때문이다.

PET 스캔은 두정부the parietal와 후두부the occipital 혈류 장애에 대한 ANP 상태에서의 패턴을 보여주었는데, 그것은 시각과 신체감각 정보의 통합이 불가능함을 나타낸다. 이 연구의 결과는 DID 환자가 ANP 상태에 있을 때, 그 이상의 정서적 과정을 막는 방식으로 트라우마-관련 정보로부터 신경 논리적으로 보호된다는 것을 시사한다. 결과적으로, 6장에서 설명한 Miss America인 Marilyn Van Derbur 및 다른 많은 사람들과 유사하게, 그들은 어느 정도 비개성화된depersonalized 상태에 있음에도 일상생활을 수행해나갈 수 있었는데, 그들이 총체적 증상symptomatology으로 혹은 대상기능장애decompensation로 촉발될 때까지 혹은 촉발되지 않는 한 가능했다. 요약하면, 리인더와 동료들(2003)은 다음과 같이 말한다. "우리는 이 환자들이 자서전적 정서적 기억에 대하여 상태-의존적 접근을 가진다는 것, 따라서 다른 자서전적 자아들을 가지고 있음을 보여주었다."(p. 2124) 더 나아가 "우리의 결과는 하나의 인간 두뇌가 적어도 두 가지의 뚜렷한 자기-인식의 상태를 생성할 가능성을 나타낸다. 이러한 서로 다른 의식 상태의 표현에서 MPFC(내측 전전두엽 피질) 및 후부 연관 피질에 대한 명시적인 역할로 인해 각각은 그것의 자서전적 트라우마-관련 기억으로의 접근이 가능할 수 있다."(p. 2124)

2006년 연구에서, 리인더와 동료들은 트라우마 대본을 듣는 것에 대한 반응으로 EP(또는 트라우마화 된 정체성 상태)만이 증가된 심장 박동수와 혈압을 나타내는 평행 패턴을 발견했다. EP는 또한 외상적 사건을 연상시키는 강한 감정과 감각 경험을 보고했다. 이와 대조적으로, 중립적인 스크립트에 대한 반응으로 EP나 ANP 어느 쪽도 상승된 심박수나 혈압을 나타내지 않았다. EP는 편도체amygdala 및 방어 운동 활동과 관련된 다른 영역에서 더 많은 활동을 보였으나, 전두엽prefrontal 영역에서의 활동은 감소되었다. 대조적으로, ANP는 정서적 반응의 억제에 관여하는 전 대상 피질the anterior cingulate cortex[the ACC]에서 더 많은 활동을, 또한 자기-인식 및 계획과 관련된 다른 전두엽 영역에서도 더 많은 활동을 보여주었다.

방금 설명한 리인더의 연구에 이어, DID 변동에서, 뇌의 현저하게 다른 혈류 패턴 및 다른 심박수 및 혈압 패턴을 보여주는 많은 연구가 있었다. 유사한 기본 디자인을 사용한 연구들 중 하나는, EP와 ANP가 얼굴 방향으로 움직이는 작은 물체에 노출되었을 때 심박수와 표정이 현저하게 다른 것을 발견했다(Nijenhuis & Den Boer, 2007).

이에 더하여, 이러한 연구 중 일부는 진정한 DID 피험자 그리고 "전환"(Palermo & Brand, 2019; Putnam, 2016)하도록 지시를 받은 대조군 사이의 신경학적 및 생리학적 차이를 입증하였는데, 이는 DID를 신경학적으로 가짜로 만들 수 없음을 분명히 보여준다.

임상가가 EP, ANP 및 기타 완전히 또는 부분적으로 해리된 부분에 대한 작업에서 중요한 문제는 내담자가 경험에서 이러한 부분을 연결하도록 돕는 방법이다. 예를 들어, 내 내담자인 피오나Fiona는 EMDR 세션 중에 아버지가 그녀의 얼굴을, 간신히 눈알을 스쳐가 심하게 긁은 사건을 회상한 직후 갑자기 비인격화 반응을 보였다. 갑자기 그녀는 아무것도 느끼지 못했는데, 마치 공격을 받았을 때 아무런 느낌이 없는 것과 같았다. 그녀가 비인격화된 상태에서 벗어나서 평소의 그녀로 돌아가는 데 얼마간의 시간이 걸렸으며 그라운딩 작업과 대화가 필요했다. 압도되는 트라우마 기억에 사로잡혀 있거나 트라우마를 인식하지 않으려고 방어하는 비인격화된 상태와 같이 극단적인 마음 상태에서는, 더욱 일상적인 존재 방식으로 식별되고 연결되어야 할 필요가 있다. 간단히 말해서, 치료자의 작업에서 중요한 부분은 극단적인 정서적 상태를 반영할 수 있도록 돕고, 해리된 외상 경험과 그에 대한 방어를 일상적인 경험의 변화하는 서술적인 언어로 전환하도록 돕는 것이다.

종종 이 작업은 닫힌 시스템에서 입구를 찾는 것을 요구한다. Van der Hart와 동료들이 『갇힌 자The Haunted Self』(2006)에서 말했듯이, 극복해야 할 첫 번째 공포증은 애착공포증이고, 그다음 더 구체적으로는 치료사에 대한 애착공포증이다. 치료적 변형을 위해서는 치료사가 닫힌 체계의 자기-충족을 돌파하여 애착을 구축할 수 있어야 한다(9장에서 다룬다).

제 9 장

치료자가 실제가 될 때 닫힌 체계로부터 탈출함

내가 모든 저항의 가장 큰 근원으로써 간주하게 된 것은, 곧, 닫힌 체계로서의 내담자의 내면세계의 유지인데… 정신분석적 치료의 목표가 되는 것은 내담자의 내면세계를 구성하는 닫힌 체계에 균열을 일으켜서, 이 세계가 외부현실의 영향을 받을 수 있도록 접근가능하게 하는 것이다.

– Ronald Fairburn(1958/1994, p. 84)

조지Jorge는 매우 중요한 결정을 내리려고 하고 있었다. 친부모가 자신을 신체적, 정서적으로 얼마나 심하게 학대했는지를 양부모에게 말할지 말지에 대해서 말이다. 그의 양부모는 그를 사랑하고 이미 그와 많은 일을 겪은 착하고 돌봄을 주는 사람들이었지만 좋은 것에 대해 듣는 것을 좋아했다. 그에게 고통을 주었던 학대의 정도를 그들이 이해하는 것이 항상 쉬운 것은 아니었다. 그들이 아는 한, 조지의 상황이 좋지 않긴 했지만 그렇게 압도적인 것은 아니었다. 조지는 이전 집을 떠나 그의 양부모와 함께 있게 된 이후로 '좋은' 아이가 되기 위해 열심히 노력했다. 사실, 3년 전만 해도 자신이 얼마나 우울했는지 양부모에게 말하기가 어려웠다. 그가 그 이야기를 했을 때, 그들은 그의 심리치료를 준비했다. 현재 스무 살이 된 조지는 그가 열두 살 때 입양되었는데, 그의 양부모가 그가 자신에 대해 느끼는 끔찍한 방식 때문에 그를 거부하고 외면할까 봐 두려웠다. 그는 매우 외로웠다.

조지는 어린 시절에 가학적인 성적 및 신체적 학대에 대한 끔찍한 이야기를 나에게 말해주었다. 처음에 그는 자신의 플래시백이 그에게 준 정보로 인해 수치심을 느꼈고 충격을 받았으며, 그의 생물학적 부모의 손아귀에서 고통을 받았던 끔찍한 신체적, 정서적 학대에 대한 지식이 의식으로 들어오는 것을 거부하는 강한 경향을 가지고 있었다. 그러나 그는 치료세션에서 자신의 기억을 마주하기 위해 열심히 작업했다. 그는 이러한 기억을 자신의 경험에 더 많이 통합하게 되면서 그는 자신과 가장 가까운 사람들인 그의 양부모도 그렇게 될 수 있기를 원한다는 것을 깨달았다.

그는 그들이 알기를 원했지만 그들에게 말하기는 두려웠다. 무엇을 두려워하느냐고 물었을 때, 그가 얼마나 잘못 다루어졌는지에 대해서 이미 많은 것을 그들이 알고 있지만, 그러한 가학적 학대의 정도를 믿지 않을까 봐, 그리고 그것을 꾸며냈다고 그를 비난할까 봐 두려웠다고 했다. 이 끔찍한 경험은 자신의 추방된 부분에 격리되었다. 그는 그것들에 대해 알고 싶지 않았고, 그의 생물학적 부모가 그에게 이런 끔찍한 짓을 했다는 가능성을 허용하고 싶지 않았다. 그는 그것이 실제로 그에게 일어났다는 것을 알고 싶어 하지 않았다. 나는 그 자신이 그런 것처럼 그의 양부모 또한 그가 경험한 끔찍한 일에 대하여 알기를 거부할까 봐 걱정하는지 크게 궁금해했다. 나는 그의 정신 과정에서의 가능성에 대하여 크게 궁금해했다. 그는 자신의 경험에서 잔인한 사람들로부터 그리고 그 경험에서 추방된 파트들로부터 듣고 싶지 않았던 것처럼 그의 부모들 또한 그와 같은 정보를 듣고 견디기 힘들까 봐 걱정했을까? 나는 그의 부모가 어떻게 반응할지 예측하지 않았지만(나는 알지 못했다), 그가 이미 알고 있는 것을 보다 공식화된 방식으로 알도록 도왔고, 이러한 방식으로 그가 더욱 자기-성찰을 할 수 있도록 지원했다.

시간이 지남에 따라 조지는 우리의 심리치료 관계에서 달성할 수 있었던 안전함과 친밀감 덕분에 극도의 고통, 수치심, 비참함을 담고 있는 겁에 질리고 추방된 자아-상태들을 받아들일 수 있게 되었다. 이제 우리는 그의 부모를 포함하여 그 자신의 마음과 다른 사람들의 마음에 대한 이해를 위해 작업하고 있었다.

조지에게 일어난 일 중 하나는 자신의 경험이 분열되어 있다는 것을 자각하면서 (역설적으로 보일 수 있는 방식으로) 자신의 경험에 더 가까워졌다는 것이다. 자신의 분열을 인식하고 자신의 추방된 부분에 귀를 기울이는 것은 대인관계적 기대와 참여를 이해하는 전망을 열 수 있는 잠재력을 가진다.

개인 내적 및 개인 외적 분열

나에게 있어서 경험으로의 접근 대 경험의 해리적인 분리는 단일성 대 분리보다 더 적절한 양극성polarity이다. 나는 자아의 단일성unity 대 분리성dividedness의 대중적인 개념이 경험으로의 접근 대 분리일 수 있는 아마도 더 의미 있는 병치juxtaposition을 방해해왔다고 생각한다. 즉, 다른 사람의 것이나 자기 자신의 경험에 가까이 머무를 수 있다는 것은, 우리 삶의 경험조각들이 맥락에 부합하게 하여 내적 의미를 갖게 한다. 이러한 분리 대 접근의 구성은 사람들 사이(대인 간inter)와 자기 내부(개인 내intra) 양쪽 모두에서 작동한다. 분리를 만드는 것은 긴밀한 연대의 부족, 상호주관성inter-subjectivity의 부족이다. 이러한 결핍은 폐쇄된 시스템closed-system의 생성을 필요로 한다. 실제적이고 인지된 연민은 탈-수치de-shaming가 되게 하고, 애도를 촉진하며, 그리고 통합적integrative이 되게 한다. 그것은 내담자를 도와서 자기 자신에게 연민을 느끼게 한다. 연민적이고 상호주관적인 접근성은 분리의 반대이다. 분리에 의해서는, 내적 갈등을 말하는 것이 아니라, 또 다른 사람으로부터 오는 경험의 한 세트를 차단하는 것에 대하여 또는 이러한 경험들과 연결되지 않는 것에 대하여 말하는 것이다. 또한 대인관계적 분리로부터 기인하는 정신의 닫힌 체계에 대하여 말하는 것이다.

비록 분리 대 단일성이 일반적인 병치였을지라도, 자아를 단일체로, 하나의 단위로, 또는 통일된 것으로 말하는 것은 문제라고 본다. 무엇보다 먼저, 우리가 모두 외부와 내부의 맥락에 따른 다중 자아라면 그 결과는 다소 무한limitless해 보인다. 전체 자아가 무엇인지를 말하기가 어려울 것이다. 게다가, 또한 어떠한 단위든지 상위 단위의 일부이며 그리고 또한 하위 단위 및 하위의 하위 단위 등으로 구성된다(Erdelyi, 1990). 마지막으로, 맥락주의의 관점에서 볼 때 사물은 그것의 환경과의 관계에서 이해되어야 한다. 예를 들어, Winnicott(1960)이 관찰했듯이, 고립된 상태에서는 아기와 같은 것은 실제로 없다. 아기는 엄마와의 관계에서 이해되어야 한다. 흔히, 우리는 인식의 실패lapses of awareness 그리고 단일성unity이라는 의식적인 환상을 발생시키는 방식의 자기-상태를 변화시켜 바로잡는다(Bromberg, 1998).

통일된unified 자아의 개념으로 함축되거나 파악되고 있는 것의 일부가 경험과 행위 주체의 역동적인 조각들인지 그것이 어떻게든 '나'로서 개인이 식별할 수 있는 방식으로 어떻게든 일관되게 작동하고 있는지 궁금하다. 즉, 그것들은 응집력이 있으며 서로 잘 맞고 조화롭다고 말할 수 있으며 그러한 방식으로 작업하는 것이다. 이 책에서 통합이라는 단어를 자주 사용했지만, 그것은 다중 의미를 지닌 단어이다. 해리의 복구라는 의미에서조차, 그 전형은 단순히 혼합 그 이상인데, 그것은 통합integration이라는 그 단어가 함축해 줄 수 있지만, 그 단어가 언제나 명시적으로 그것을 의미하는 것은 아니다. 병리적 해리는 강렬한 내면 전쟁을 수반한다. 그것은 적대감antagonism의 복합 조직에 관한 것이다. 단순히 여러 파트들에서 하나의 전체를 만든다는 개념은(단지 파트들을 함께 엮어 짠다는 것인데, 그것은 내부의 적대감을 다루지 않고서는) 작동하지 않는다.

개방형 및 폐쇄형 체계

심리치료에서의 한 쌍dyad은, 유아-엄마 한 쌍 및 기타 친밀한 관계처럼, 이상적으로는 상호 간 조절로 특징지어질 수 있는데, 이는 개방형 체계이다. 모든 살아있는 유기체는 개방형 체계가 된다. 이처럼 그들의 복잡한 형태와 기능을 유지하기 위해서는 환경과의 지속적인 교류가 요구된다. 개방형 시스템은 외부와의 상호 작용 및 외부로부터 오는 영향을 가정한다. 전체가 부분들의 집합체 이상인 것의 한 가지 이유는 전체가 환경과 지속적인 상호작용 안에 있고, 환경에 의해 자양분을 얻고, 그것에 의하여 변형되기 때문이다. 이것은 특별히 심리치료에서 내담자-치료사 한 쌍에게 적용할 만한데 이는 그것 안에 관계성과 연결성이 함축되어 있기 때문이다. 치료사의 임무 중 일부는, 이것이 때때로 치료사에게 불편할 수 있을지라도 그 한 쌍의the dyadic 체계를 가능한 한 개방 상태로 유지하는 것이다.

뛰어난 수학자 Kurt Gödel(Nagel & Newman, 1958)은 산술 시스템이 완전함과 일관성이 모두 있을 수 없다는 것을 증명했다: 만일 시스템이 완전하면 일관성이 없고 일관성이 있으면 완전할 수 없다. 초기의 반복적인 트라우마로 일어나는 일은, 다른 사람들과의 온화하고 의미 있는 상호교환 없이 마음이 그 자체 내에서 일관되고 완전해지려고 시도한다는 것이다. 감정이 압도적일 때 그리고 외부에 안전한 지지의 자원이 없을 때, 불가피하게도 정신의지는 더욱 더 자기-참조적self-referential이

되고 폐쇄적으로 된다. 그런 다음, 열린 자기-표현성과 실제 다른 사람들의 도움 가능성에 대한 취약성은 배제foreclosed된다.

유전되지 않은 정신병리학은 일반적으로 단독으로 자기-조절하려는 시도를 나타낸다. 무언가 잘못되었을 때, 그것이 명백한 트라우마이든 엄청난 방치이든 애착대상의 압도적인 부조화로 일이 매우 잘못되었든, 아이는 조숙하게 자기-의존적self-reliant이 된다. 심각한 문제가 있는 발달에서, 물론 그것이 초기에는 탄력성의 한 형태였지만, 사람들은 그들 자신만의 혼자 힘으로 스스로를 끌어 올리고 외부 위협과 내부 압도라는 쌍둥이 위험에 대해 강렬하게 과대경계하게 된다.

6장에서 언급한 바와 같이 애착체계는 두려운 각성에 대한 완충작용을 한다. 그것은 스트레스를 방지한다. 그런데, 외상적인 애착관계에서 애착대상이 인지된 위험이나 위협에 대한 보호막을 제공하지 못하거나, 애착대상 자체가 위험하고 두려운 것일 때에는 애착체계가 현저하게 왜곡되어서 자아가 더욱더 자기-충족적이 되게 한다(아이러니하게도 애착대상과의 애정적 결합을 유지할 수 있을 정도로). 예를 들어, 브리안나Brianna의 생물학적 어머니는 그녀가 아버지의 친구가 그녀를 강간했다고 말했을 때, 거짓말이라고 그녀를 비난했다. 이러한 이중 배신은 그녀가 미숙한 자기-의존을 하도록 압박했고, 심각한 우울증과 복합 PTSD라는 결과를 가져왔다. 이것은 충격을 받은 엄마가 딸을 도와서 끔찍하게 침범당한 그녀의 경험을 처리하도록 돕고, 동시에 엄마-딸 관계에서 그것을 이해할 수 있는 것으로 만들 수 있는 상황과는 대조되는 결과이다.

아이가 그러한 양육자에 대한 애착을 유지하기 위해 자아의 일부를 해리하거나 소외시켜야만 할 때, 자아는 점점 더 자기-자족self-contained 체계가 되어, 거기서 애착은 내부에서 *내적 대상*internal objects

이 발생한다. 실제 관계의 진정한 취약성은 내적 대상으로 대체되었고, 내적 대상은 무서운 애착대상 행동으로 인한 심리적 충격을 예측하고 어떤 면에서는 방어 완충 장치를 제공하는 것이다. 이런 일이 발생하면 다른 사람(원래 애착대상)에 대한 진정한 반응은 반사적으로 그리고 자기-보호적으로 다른 사람을 관리하려고 시도하는 일련의 기대와 행동으로 대체된다. 의식에 남아있는 것은 두려움을 완화하고 대인관계에 작용하는 일련의 믿음과 전략이다.

해리성 정신병리학에서는 개인 외적interpersonal과 개인 내적intra-personal 모두에서 관계의 상호성이 중요한 방식으로 붕괴되었다. 폐쇄된 체계는 개인 간 상호주관성, 즉 자신만의 경험과 선택의지를 가지고 있는 개별적인 존재로서의 타인에 대한 상호적 인식을 방해한다. 타인에게 영향을 받는 것에 대한 두려움으로 과도한 경계심을 갖지만 이와 동시에 자신이 타인에게 영향을 주는 것에 대한 알아차림은 흔히 부족하다.

예를 들어, 브리안나는 마지막 순간에 세션을 취소하는 습관이 있었다. 취소 정책이 있음에도 불구하고, 이러한 행동이 그녀에게는 필요한 것으로 느껴졌다. 그녀의 다른 약속들이 우리의 예정된 세션과 작업을 어떻게 방해하는지 또 이 문제가 어떻게 나에게 중요한지 이야기를 했을 때 그녀는 놀랐다. 처음에는 그녀가 내 시간에 대해 지불하고 있으니 내게 문제가 될 수 없다고 말했다. 우리 작업의 연속성이 나에게 중요하다는 것을 그녀에게 말했을 때, 그것은 그녀에게 이해되기 시작했고, 그녀는 더욱 규칙적으로 출석했다. 브리안나 자신의 행동이 나에게 미치는 영향이나 다른 사람들에게 미치는 영향에 대한 알아차림이 그녀에겐 불충분했었다고 생각한다. 나는 그녀가 무의식적으로 또는 조작적으로 자신의 치료를 파괴하려 했다고 생각하지는 않는다. 반대로,

그녀는 의존적인 감정을 저지함으로써 치료를 보존하려고 노력했을 수 있다. 설령 그런 요소가 있었다고 하더라도, 이를 제기하는 것은 가장 좋거나 가장 중요한 일은 아니라고 생각한다. 왜냐하면 그러면 그녀가 뭔가 잘못하고 있다고 쉽게 암시하는 것으로써 그녀가 비난받는다고 느끼거나 부끄럽게 할 수 있기 때문이다. 그녀가 치료에서 더 안전하게 느끼기 시작하면서, 그녀는 자신의 의존적인 면을 더 잘 허용할 수 있었다. 자신의 의존적인 측면을 인식할 수 있게 되면, 자기 자신을 더 잘 조절할 수 있다. 이 문제에 대한 우리의 상호작용이 발전하고 점차 해결됨에 따라, 그리고 개별적인 사람으로서의 내가 가진 감정, 즉, 그녀의 우리 작업과 나에 대해 부인하는 처사에 대해 그녀가 이해하기 시작함에 따라 우리의 치료 협력이 나에게 중요한 것이 되듯이 그녀에게도 중요해지기 시작했다.

융 학파 정신분석가인 Donald Kalsched(1996)는 이런 종류의 해리성 자기-충족을 "자기-보살핌self-care 시스템"이라고 불렀다. 자기-보살핌 시스템은 보상적인데 또한 자기-보호적이며, 재트라우마를 방지하기 위한 보호기능을 한다. 자기-보살핌 시스템은 희망을 제공한다. 필요했던 애착관계에서 부재한 측면을 희망하는hoped-for 방식으로 기능하는 자아 부분으로 생성하여 대체함으로써, 자기-양육의 환상을 제공한다. 아동은 내적 양육자, 옹호자, 조력자와 같은 환상적인 보호 자원들을 꾸며낼 수 있다(Bearrs, 1982). 예를 들어, 부모로부터 심한 학대를 받았고, 방치되었고, 심리적 고문을 받은 극심하게 해리된 한 내담자는, 그녀가 어렸을 때 바위, 덤불, 나무가 그녀의 친구들이고 그것들이 그녀를 돌봐줄 것이라고 상상했다. 보살피는 타인을 만들어내는 인간의 경향은, 영화 「캐스트 어웨이Cast Away」에서도 예시된다. Tom Hanks가 연기한 주인공은, 자신이 완전히 혼자임을 깨닫고 해안으로 떠내려온 배구공에게 말을 걸기 시작한다. 그는 그것을 윌슨Wilson이라고 이름을 붙였는데, 그것은 공에 인쇄된 브랜드 이름이었다.

자기 관리 시스템은 관계적이 아니므로 변형에 저항한다. 내면에서의 자기-보살핌은 환상에 불과하기 때문에, 실제 대인관계 세계와 일종의 호의적인 연결이 없이는 희망이 지속될 수 없다. 이것은 외상 심리치료에서 가장 어려운 과제 중 하나이다. 치료사가 대인관계 세계에서 연결될 수 있는 잠재적 애착대상이라는 것을 인식하는 것은 양날의 검double-edged sword이다. 그러한 인식은 초기 양육자의 실패와 부적절함을 강조하는데, 이와 동시에 이에 대처하기 위해 개발된 자기의 닫힌 체계가 실제보다 더 환상에 가깝다는 것을 굵게 표현한다. 치료 공간은 안전한 기반이 되어주어야만 하는데, 그것은 안전하고 예측 가능한 것이다. Orit Badouk Epstein(2018)이 말했듯이,

> 신뢰를 다듬는 과정은 현재 진행 중인 것이다. 치료의 바탕인 안전한 기반은 내담자가 과거의 관계적 빈곤을 깨닫도록 도와주는 안전하고, 공감적이며, 예측 가능하고 투명한 관계를 제공하는데, 그것은 내담자를 도와서 내담자가 그의 관계적 과거를 깨닫게 한다. 단지 이때에, 내담자와 치료자 사이에 공유된 공간은 그 모든 세월을 견뎌내야 했던 내담자의 실제 두려움으로부터 자유롭게 하고, 그리고 또 다른 사람과 함께 하는 가능성이 실행가능하고 실제적인 것이 된다. 이러한 안전이 공유된 현실에서, 내담자는 탐색할 수 있는 능력과 정신화 할 수 있는 능력을 천천히 발달시키기 시작한다. 그래서 다른 사람에게 미치는 자신의 영향을 인식하기 시작하고 통제지점이 내적인 것에 있다는 것도 알게 된다(p. 303).

개인 외적 및 개인 내적 상호 주관성

중요한 개인 외적 대인관계에서 상호주관성의 실패는, 개인 내적 해리의 뿌리가 된다. 이와 마찬가지로, 심각한 해리가 내적 연결을 단절하면, 개인 외적 연결도 또한 무뎌진다. 개인 외적 연결이 그러하듯 개인 내적 소통도 차단된다. 개인 내적 해리에서 각각의 해리된 자기-상태는 그것의 고유한 조직의 구조에 부합하지 않는 정보를 제외한다. 거기에는 대대적인 정보, 기억, 정동의 격리가 있기 때문에 맥락화 할 수 있는 능력은 취약할 수밖에 없다. 각각의 해리된 자기-상태는 실제적이고 전체적인 진실을 소유한다고 불합리하게 주장한다. 그러한 개인은 다른 사람들의 영향을 차단closed-off한다. 불행하게도, 초기의 개인 외적 상호주관성의 결핍은 정신의 개인 내적 상호주관성을 방해한다. 이것은 심하게 해리적인 사람들을 특징 지우는데, 이는 서로 다른 자기-상태에 의한 통제를 위한 투쟁을 만든다.

인격이 내면으로 들어간 것을 말하자면, 내면의 보호자inner protectors가 내면의 박해자inner persecutors로 끝날 수 있다. 초기 대인관계적 환경에서 보호보다 박해가 더 많았다면, 문제는 외부로부터의 더 나은 모델이 없이는 내면화된 복제가 현실에서 경험한 것보다 더 나을 수 없다는 것이다. 보호자는 박해자가 되는데, 부분적으로 그 이유는 박해와 공격은 아이가 경험으로 알고 있던 것이기 때문이다. 초기에 구원자-보호자rescuer-protector는 전지전능한 판타지로 창조되는데 이것은 어느 정도까지는 그래도 효과가 있다. 그러나 보호자-박해자protector-persecutor 부분은 흔히 다른 사람을 신뢰할 수 있는 역량을 대체하는 방식인데, 이는 본질적으로 외상 기억과 무력감의 경험으로부터 개인을 방어하는 것이다. 무력감을 느끼는 개인이 생각하기에 더 힘 있고 보호해 줄 수 있는 사람에게 애착하려는 것처럼, 내면의 무력한 자기-상태는 보기에 더욱 힘 있고, 고함지르고, 내면의 공격적인 상태들에 애착한다. 클라인Klein 학파의 정신분석가인 Herbert Rosenfeld(1971)는, 개인의 무력하고 의존적인 파트들이, 전능하고 공격적인 내면의 파트들보다 더 분별more sane이 있다고 지적했다. 의존적이고 분별 있는 파트를 구조하는 치료사의 능력은, 내담자가 전능하고 파괴적인 파트(들)를 인식하게 되는 것을 요구한다.

그러나 폐쇄된 시스템에 들어가기 어렵게 만드는 것은 바로 이러한 자기-상태 사이의 상호 관계와 강렬한 애착이다. 예를 들어, 지배적이고 공격적인 자기 상태는 해리된 자기-상태의 내부구조와 일치하는 종속적이거나 해로운 외부관계, 종종 마조히즘적이라고 명명되는, 그것을 유지하려 할 수 있다. 즉, 무력하고 겁에 질린 자아-상태 또는 부분이 가혹하고 공격적인 자아-상태에 의해 통제되는 것인데, 이런 오래된 검증 방식으로 학대적인 양육자에 대한 애착을 보호하는 것이다. 이것이 현재의 개인 외적 학대적인 관계가 과거의 관계를 복제하는 경향이 있는 핵심 이유이다. 그것은 개인이 학대받거나 함부로 다루어지는 것을 바란다는 것은 아니다. 그녀는 그렇지 않다. 문제는 폐쇄적이고 자기-충족적인 시스템에서, 그녀의 가혹한 내부 보호자-박해자 부분이 그녀로 하여금 항의하거나 이탈하는 것을 두려워하게 한다는 것이다. 그녀는 내부에 너무 몰두해 있어서 내부와 외부의 표상이 항상 구별되는 것은 아니며 내부의 성질에 대한 환상은 현실에서 일어나는 나쁜 일에 대한 적절하고 깊은 인식이다. 따라서 치료사는 내부체계에서 전능한 부분과 의존적인 부분 모두와 접촉해야 한다.

내부에 너무 많은 것들이 있기 때문에, 안내하는 내면 파트들과 외부의 현실 사이를 깊은 정서적 방식 안에서 구별하는 것은 개인에게는 흔히 어려운 일이다. 심하게 외상을 입은 해리성 내담자와의 작업에서, 부분적으로 혹은 완전히 해리된 자기-상태가 나타날 수 있으며, 때때로 내담자는 마치 치료사가 원래의 외상적 인물인 것처럼 치료사를 본다. 치료 작업에서 이러한 딜레마를 해결하는 것은 자주 깊이 감동하는 인식과 통찰을 가져온다.

닫힌 체계를 낳는 외상적 애착과는 대조적으로, 내가 *생성적 애착* generative attachment이라고 부르는 것은 닫힌 체계의 치유를 촉진할 수 있다. 생성적 애착에 기여하는 것은 무엇인가? 두 가지 중요한 요소는 (1) 다른 사람에게 영향을 미칠 수 있는 역량이 있는 자기 자신을 경험하는 것과 (2) 저명한 외상학자인 Constance Dalenberg(2000)가 "연결에서의 분노anger in connection"라고 부르는 것이다. 심리치료 관계에서 분노 표현에 대한 트라우마 환자의 반응에 대한 실질적인 연구에서, 달렌버그Dalenberg는 환자가 발견한 가장 도움이 된다고 생각하는 치료사는 내담자의 분노를 수용할 수 있고, 내담자를 비난하지 않으면서 그 자신의 것을 얼마간 정서적으로 공개하는 치료사임을 발견했다. 내담자가 배운 것은 그가 분노할 수 있고 또한 관계를 유지할 수 있다는 것이다. 이것은 초기의 생존-지향적인 관계와는 매우 다른 종류의 관계이다; 이러한 관계는 강렬한 정동의 표현을 견딜 수 있는 관계이다. 이 관계에서 분노의 표현은 유기나 임박한 신체적 위험을 의미하지 않는다. 분노를 거의 표현하지 않는 치료사들은 괴로울 정도로 어떤 포인트에서 격렬하게 폭발적으로 표현할 가능성이 더 많다. 트라우마 환자들이 발견한 가장 도움이 안 된다고 생각한 치료사는 빈 화면 정신분석가들이었다: 환자가 소파에 앉아 그들을 볼 수 없는 동안, 거의 상호작용이 없고, 이론적으로 금욕과 전이 발달을 위한 것이다. 감사하게도 대부분의 정신분석가들과 심리 역동적으로 지향된 임상가들은 빈 화면으로 작업하지 않는다.

계몽적인 최근 논문에서, Donald Kalsched(2015)는 자신과 환자 사이에서 일어난 극적인 실행enactment에 대해 이야기한다. 그 사건에서 자신의 공격성과 환자의 공격성은 각자 상대방을 견딜 수 있게 되었다. 환자인 마이크Mike는 연약하고 사랑스러운 면이 있음에도 불구하고, 어린 시절에 두려움과 실망을 다루는 데 있어서 발달적으로 충동적이고 공격적인 스타일로 다루도록 강요되었다. 그의 자동적인 공격적 반응은 계속해서 그를 심각한 곤경에 빠뜨렸다. 어느 날, 그 문제에 대한 많은 사전 작업이 있고 난 후에, 마이크는 세션에 들어와서 '거만하게' 그러나 죄책감으로 히죽거리며, 다른 사람에게 심각한 상처를 입힌 도로 분노의 또 다른 사건을 고백했다. 그는 "아무런 죄책감이나 양심의 가책도 보이지 않았다…. 오직 이 중독성 있는 폭력의 과민성만이 증폭되었다."(p. 488) 마이크가 반성을 할 수 없거나 반성을 거부하자 칼쉬드Kalsched는 "뭔가 내 안에서 뚝 끊어졌고, 나는 정신을 잃었다"라고 말했다(적어도 나의 분석적인 마음…). 나 자신이 그에게 말하는 것을 들었다.

> "이봐, 당신은 당신 삶에서 당신이 창조한 것들 모두를 위협하고 있어(당신의 직업, 당신의 가족, 당신의 아내, 아이들과의 관계, 나와의 당신의 관계, 그리고 당신 내면에 있는 작은 소년과의 새로운 우정). 모두 당신의 작은 똥 덩어리little shit-fit 분노의 일시적인 충동 때문이지. 당신은 공평하게 한다거나 어떤 종류의 빌어먹을 정의를 시행하고 있다고 생각하지만 사실은 당신 자신이 두 살 배기처럼 당신 자신을 탐닉하는 것에 불과하지. 당신은 단지 정서적으로 자제하지 못할 뿐이지! 그게 당신의 문제야. 당신은 멈출 수가 없어! 도대체 언제 멈추는 것을 배울 건가?" [침묵] [같은 책에 ibid.]

마이크는 휘청거리며 달아나면서, “여기서 나가요”라고 말하였지만, 대신 욕실에 틀어박혔다. 칼쉬드는 따라갔고 사과를 하고, 말했다. “이로 인해 우리 연결이 무너지지 않도록 합시다. 내가 들어갈 수 있게 해줘요. 우리가 이것을 함께 처리하도록 해요. 우리는 할 일이 너무 많아요.” 그러고 나서 마이크는 문을 열어줬다. 몇 분이 흐르고 나자, 마이크의 눈에 눈물이 고이기 시작했고, 흐느끼기 시작했고, 그리고 말했다.

> 아무도 신경 쓰지 않았어요! 모든 것을 나 혼자 처리해야 했어요…. 나는 항상 내 충동적인 행동에 도움을 요청했지만, 아무도 도움을 준 적이 없어…. 제가 18살이 되기 전에 6번의 중범죄를 저질렀고 내 아버지는 그것에 대하여 한 번도 내게 얘기한 적이 없어요! 그들이 할 수 있는 일은 모두 나를 나쁘게 만드는 일뿐이었어요. 당신은 나를 나쁘게 만들지 않아요(p. 489).

사건에 대한 회고적 분석에서 칼쉬드는 다음과 같이 말한다:

> 나는 잠시 동안 그를 정말로 싫어했고 그것이 그를 파괴하지 않았다. 그리고 그것은 우리를 파괴하지 않았다. 사랑과 미움, 선과 악이 모두 이 순간에 우리 각자를 위해 함께 있었지만 사랑이 더 강했기 때문에 관계가 보존되고 깊어졌다. 마이크는 내 손을 잡았고 우리는 이 축축하지만 아름다운 순간에 서로를 바라보며 그저 앉아 있었다. 그것은 길르앗의 향유와 같았다. 우리 두 사람에게 치유와 화목이 부어졌다. 트라우마는 반복되었고, 행동화하였지만, 복구되었다. 바로 거기 세션에서… 어린 소년과 살인적인 보호자(우리 둘 모두)는 현존했고 서로를 알게 되었다[p. 489].

관계에서의 분노와 영향을 미치는 경험은 모두 Donald Winnicott의 "대상 사용object usage" 개념과 관련이 있다. 위니캇(1971)은 어떻게 치료사를 향한 내담자의 공격성의 표현과 경험에 치료사가 보복하지 않으며, 그래서 치료사를 "단지 투사 덩어리가 아니라 공유된 실제shared reality의 부분으로 존재한다는 의미에서의 실제"로 경험할 수 있게 하는지 설명했다."(Winnicott, 1971, p. 88) 이 변형은 소외된 닫힌 체계의 상태로부터 벗어나는 매우 중요한 심리적 전환을 포함한다. 치료사(또는 다른 사람)는 환상 속에서 죽임을 당하고, 살아남고, 보복하거나, 물러나거나, 복종하지 않음에 의해 실제가 된다. 즉, 내담자가 치료사에 대해 요구하고, 화를 내며, 분노하고, 심지어 살인적이라고 생각하고 느껴도 괜찮을 때 치료사는 실제가 된다. 속박되지 않고unfettered 애착인물을 향한 공격적인 감정이 처벌되지 않는 경험은, 외상적인 애착을 겪고 내부 세계가 비교적 닫힌 체계에 있는 사람들에게는 흔히 부재해 왔던 것이다.

본질적으로, 내면에 격리되어온 제정신이 있고 의존적인 부분들과 화나고 공격적인 부분 모두가 치료 관계로 초대되어야 한다. 위니캇의 말을 빌리자면, 치료사는 단지 관리해야 할 사람이 아니라 '실제real'가 되어야 한다.

내 고객인 소피아Sophia와의 최근 상호 작용은, 내가 어떻게 그녀에게 실제가 되었는지를 보여준다. 그녀가 자랄 때, 소피아의 어머니는 자신의 문제에 너무 몰두하여 소피아에게 많은 관심을 기울이거나 그녀를 적절하게 돌보지 못했다. 소피아의 아버지의 나르시시즘은 때때로 잔인하기까지 했는데, 특별히 소피아가 청소년기에 있을 때 그가 쉽게 감당할 수 있는 현실에도 불구하고 대부분의 학교에 들어가는 비용이나 옷에 대한 비용을 지불하기를 거부하였다. 소피아는 대부분 스스로 해결하도록 남겨졌고 심리적으로나 경제적으로 자기-충족해야 한다는 것을 배웠다. 소피아는 누군가가 그녀를 위해 무엇인가를 해줄 것이라고는 상상조차 하기 어려웠다. 그녀는 마치 그녀 안에 있는 어떤 힘이 돌봄에 대한 그녀의 갈망조차도 허용하지 않는 것으로 느꼈다고 말하기까지 했다.

소피아는 항상 잘 준비하여 세션에 참석했다. 그녀는 내 사무실에 클리넥스Kleenex가 준비되어 있어서 그녀 앞에 있는 테이블에 있고 그녀 옆 테이블에도 있다는 것을 알면서도 자신의 클리넥스를 가져왔다. 그녀는 항상 미리 준비한 수표를 가져왔다. 따라서 그녀는 펜을 빌려달라고 요청할 필요조차 없었다. 그녀는 나로부터 어떤 것도 필요로 하지 않았다. 그런데 어느 특정한 날에, 이상하게도 그녀의 휴대폰이 충전되지 않았고 충전기도 가져오지 않았다. 평상시와 매우 다른 행동으로 그녀는 세션 중에 사무실에서 휴대전화를 충전할 수 있는지 물었다. 내게 충전기 코드는 없었지만, 컴퓨터에서 충전기 코드를 뽑을 수 있다는 것을 깨닫고 그녀에게 제공했다. 그것은 작동이 되었고 그녀의 폰을 충전기에 연결했다.

그 일이 일어났을 때, 우리 둘은 모두 그녀의 폰을 충전하고 있다는 것을 잊어버렸고, 그녀는 폰 없이 세션을 마치고 떠났다. 나는 다음 세션을 시작했다. 그런 다음 세션이 시작 된 지 약 15분 후에 내 전화기에서 그녀가 폰을 잊어버리고 갔다는 문자를 보았다. 그녀는 폰을 가지러 돌아왔고, 나는 잠시 내 세션을 중단하였으며 출입문에 있는 그녀에게 웃으면서 폰을 돌려주었다.

다음 세션에서, 그녀는 전화기를 잊어버린 것에 대해 얼마나 극도로 화가 났는지 나에게 말했다. 그녀는 나를 방해한 것에 대해서 내가 격노할까 봐 두려워했다. 그녀는 내 얼굴에서 찡그린 표정a scowl을 상상하기조차 하였는데, 마치 그녀 어머니의 찡그린 얼굴처럼 그녀 마음의 눈에서 그녀를 노려보는 찌푸림이었다. 그녀는 내 미소와 이완된 내 얼굴 표정을 보았을 때, 걱정이 풀렸을 뿐만 아니라, 변형된transformed 어떤 방식을 느꼈다고 말했다. 그녀는 내가 그녀에게 더욱 실제가 되었다고 말했다. 그녀는 나를 보며 "*당신은 진짜예요*You are real, 어떤 면에서는 당신이 실제가 아니라고 느꼈었어요. 내 상상 속에서 나는 당신을 두려워했어요"라고 말했다.

제 10 장

결론 : 심리적 치유를 향하여

마음에 자양분을 주는 문화라는 '빵'은 '무엇'이 발생했는지, '언제' 그리고 '어디서' 그것이 발생했고, '누가' 관련되어 있는지에 대해 우리가 공유하는 이야기들의 의미인 것이다.

– Colwyn Trevarthen(2009b, p. 87)

세상을 위해 무엇을 할 수 있냐고 묻지 마시오. 그 대신 세상은 살아있는 사람들을 필요로 하기 때문에 무엇이 당신을 살아있다고 느끼게 하는지 물어보시오.

– Lynn Preston(개인 서신, 2019)

이 책에서 나는 우리의 임상 작업에서 해리 과정에 세심한 주의를 기울여야 한다고 주장했다. 해리에 내재된 사건, 정동, 의미를 처리하는 것에는 애도가 요구된다. 치료사의 작업에서 정서적으로 어려운 부분은, 경청하고 목격하는 것, 그리하여 내담자가 견뎌내야 했던 트라우마와 부정적인 경험을 직면하고 처리하는 데 필요한 지원을 제공하는 것이다. 이때 내담자와 마찬가지로 치료사도 애도해야 한다. 치료사는 인간으로서 참여하면서, 내담자가 경험의 해리된 파트들을 재연결하도록 돕는다. 이 접근 방식을 승인하는 것에는 새 은유가 요구된다. 오이디푸스에 대한 프로이트의 은유는, 본능적으로 동기화된 어머니에 대한 욕망과 아버지를 살해하려는 것인데, 이것은 더 이상 맞지 않는 것이다.

오시리스와 이시스

트라우마 치료는 새로운 은유인 Osiris 콤플렉스에 도달했다(C. Ross, 1989). Colin Ross(1989)는 오시리스 신화가 트라우마로 인한 손상과 해리의 치유에 대한 최상의 모델이라고 제안했다. 오시리스는 존경받는 이집트 나일강의 신이었는데 매년 봄 나일강이 범람할 때에 생명의 근원이 되는 물을 작물의 재생을 위해 제공하였다. 그러나 오시리스는 그의 형제인 사악한 신, Set에게 제압되었고 절단되었으며, 세트는 오시리스의 시체 조각들을 이집트 전 지역으로 던져버렸다. 슬픔에 잠긴 오시리스의 아내-자매인 Isis는 그의 조각들을 찾았고 그것들을 꿰매어 다시 되돌려 놓았으며 그녀의 애도하는 눈물로 그를 소생resuscitated시켰다.[4] 결국 오시리스는 고대 이집트 종교에서 지하세계underworld, 내세afterlife, 재생rebirth의 신이 되었다.

분리되고 조각난 오시리스의 이야기는 외상을 입고 해리된 내담자에게 적합하다. 치료사로서 우리는 내담자가 잠재의식적 삶의 주머니 속에 있는 마음 안에 흩어져 있던 그의 삶의 해리된 조각들을 모아 하나로 짜 놓을 수 있도록 촉진한다. 이는 많은 다른 방식들에서 일어나는데, 집중하여 경청할 수 있는 상태, 우리 내담자가 견뎌내야 했던 악하고 비양심적인 행위에 대한 경청까지, 그리고 그와 함께 애도하는 것을 포함한다. 또한 신체 치료, EMDR, 꿈 작업 및 기타 양식을 통해 개인의 파트들이 서로를 더욱 인식하게 되고 또 서로에게 공감적일 수 있도록 돕는 것과 같은 적극적인 개입들을 포함한다.

자신이 신이지만, 오시리스는 자기 자신을 부활시킬 수 없다. 사랑하는 공감적인 타인, 이시스Isis의 도움이 있어야만 그는 전체whole로 통합해 돌아올 수 있다. 이시스의 헌신은 양육하는 부모의 그것에 비유될 수 있는데 자녀들의 정서적 긁힘, 베임, 타박상에 대한 부모의 연민은 실제로 그들을 치유하는 데 도움이 된다. 부모의 공감은 자녀의 정서적 타박상을 치유하는 데 도움을 주는데, 이는 아이가 인정받는다고 느끼고 고통 속에서 덜 외롭게 느낄 수 있게 도와줌으로써 가능하다. 이와 유사하게, 치료사는 내담자가 외상을 언어로 꺼내놓을 수 있도록 그래서 그것을 인지할 수 있도록 돕는다. 이시스의 눈물은 어떻게 애도가 트라우마로 인한 심리적 치유에 필요한지를 상징한다. 애도mourning와 탐색searching은 함께 일어나는데, 메타인지적으로 애도하는 과정이 마음을 과거의 경험과 행위로 던져놓아, 자기의 잃어버린 조각들을 응집할 수 있도록 하기 때문이다.

오시리스의 원형은 그가 장기적으로 사악한 Set에게 정복당하는 것이 아니라 생명은 그 자신의 의지를 갖고 다양한 형태를 취하여 재생한다는 것이다. 초보 정원사로서 나는, 한 번은 죽은 무화과나무라고 생각했던 것을 잘라냈다; 나는 뭔가 새로운 것이 자랄 수 있도록 화분에 그 조각을 넣고 밸러스트ballast와 흙덩어리를 추가했다. 다음 해 봄에 내게 큰 기쁨과 놀라움을 주었는데 이는 내가 잘라놓았고 묻어 놓았던 죽은 것처럼 보였던 가지들이 싹을 틔우며 새로운 줄기와 이파리가 돋아나기 시작한 것이다. 그들은 새로운 무화과나무가 되었다! 내 마음 속에, 이것은 은유가 되었는데, 사람들의 내재된 삶에 대한 탄력적인 의지에 대한 것이고, 내가 무화과나무에게 했던 것처럼, 무자비하게 잘린 후에라도, 자기 재생rebirth of the self의 잠재성에 대한 것이다.

트라우마의 부정

정신건강 분야에서의 중요한 문제는 심각한 관계적 트라우마를 너무 오랫동안 생각할 수 없는 것으로 여겨왔다는 것이다. 비양심적인 것은 생각할 수 없는 일이었다. 사람이 끔찍한 무언가를 부정할 때 그 공포를 수용하는 것으로부터 나오는 치유의 가능성들에 대해서 생각하기 어렵다. 이집트 신화의 Isis가 Osiris의 절단을 무시하였더라면, 그는 결코 치유되지 못했을 것이다. 그 신화의 의미는 삶의 연속성이 애도와 어려운 과제에 달려있다는 것인데, 그 과제는 그렇지 않으면 잃어버렸을 개인 삶의 조각들을 한데 모으는 어려운 과제에 대한 것이다. 공포로 인한 손상을 치유하기 위한 조건the condition은 내담자, 치료사, 사회에 의한 그 것에 대한 수용이다.

오이디푸스

프로이트의 오이디푸스 이론은 불합리하거나 비양심적인 것에 대한 궁극적인 부정으로 간주할 수 있다. 내가 볼 때, 조각난 정신의 개념은 오이디푸스 신화의 지배적인 정신분석적 은유에 줄곧 존재했다. 내가 1장에서 언급했듯이, 프로이트가 자신의 유혹 이론을 부인했을disavowed 때, 그는 또한 실제로서의 트라우마와 해리를 부인했고, 약 한 세기 동안 심리학 이론의 많은 부분들이 일종의 지적 암흑기로 추락하게 되었다. 프로이트가 그의 새로운 정신분석 이론의 중심으로 삼았던 오이디푸스 신화를 우리가 연구했을 때, 우리는 프로이트가 분명하게 알아차리지 못한 외상과 해리의 영향의 두드러진 징후를 발견했다.

고대 그리스 희곡인 오이디푸스 왕Oedipus Rex에서 프로이트가 취한 일차적 의미는 비극적 영웅인 오이디푸스의 운명과 연합되어 자신도 모르는 사이에 저지른 살생과 모친 근친상간과 연결된다. 프로이트(1924)는 그 이야기에 대한 설명에서, 그의 견해를 지지하기 위하여 오이디푸스 주제를 채택하였다. 소년들은 보편적으로 어머니를 성적으로 소유하기를 원하고 아버지와 경쟁적이며 심지어 살인적이기까지 하며 이와 마찬가지로, 소녀들은 일반적으로 아버지와의 성적관계를 원하는 오이디푸스적 입장에 도달한다는 것이다. 프로이트는 그의 유혹 이론seduction theory을 포기한 후 몇 달 안에 이러한 입장을 발전시키기 시작했다. 1897년 9월에 그는 친구 Fliess에게 편지를 써서, "나는 더 이상 나의 신경과민증neurotica을 믿지 않는다"(Gay, 1988, p. 88)라고 말했고, 1897년 10월에는 다시 편지를 보내 아이와 부모의 오이디푸스적 관계는 "초기 어린 시절의 일반적인 사건"(Gay, p. 100)이라고 말했다.

Sophocles의 희곡에서 Corinth의 황태자 오이디푸스는 자신이 아버지를 죽이고 어머니와 결혼할 운명이라고 오라클Oracle에서 들었다. 결과적으로 그는 이 운명을 피하기 위해 집을 떠났다. 집을 떠나 테베Thebes 변두리를 여행하던 중 우연히 다른 여행자와 말다툼을 하고 살해했는데, 그 여행자는 자신도 모르는 사이에 그의 친부이자 테베의 왕인 라이오스Laius였다. 그 후 얼마 지나지 않아 그는 스핑크스Sphinx의 수수께끼를 풀고 그것의 폭정에서 테베 왕국을 해방시켰다. 그 결과 오이디푸스는 테베의 새로운 왕으로 선포되고 과부가 된 왕비 조카스타Jocasta와 결혼을 했다. 오이디푸스는 자신이 죽인 사람이 그의 친부인 라이오스라는 사실이나 그가 남긴 Corinth의 왕과 왕비가 그의 양부모라는 사실을 알지 못했다. 오이디푸스는 라이오스를 살해한 데 대한 보복으로 보이는 역병이 발생하여 오라클과 다시 상의해야 할 때 이러한 사실을 알게 되었다. 이번에는 오라클이 그에게 이전에는 알지 못했던 자신의 죄책감을 알려준 것이다. 이 소식을 듣게 되자 오이디푸스의 아내이자 어머니wife-mother인 조카스타는 수치심에 목을 매달았다. 그녀를 발견한 오이디푸스는 슬픔과 절망으로 그녀의 옷에 있던 핀으로 자신의 눈을 찔러 멀게 했다.

놀랍게도, 프로이트는 오이디푸스의 비참한 운명 뒤에 숨겨진 이유를 무시했다. 저주는 이웃한 나라의 왕의 아들을 납치하고 강간한 일로 인해 테베의 왕인 그의 친부, 라이오스에게 내려진 것이다. 오라클(Fromm, 1980; J. Ross, 1982)에 의해 반복된 인과응보적인the retributive 저주는 라이오스가 아들에게 살해당하고 그의 아들이 그(Laius)의 아내 조카스타와 결혼할 것이라는 일이었다. 이 저주를 피하기 위해 라이오스와 조카스타는 하인을 시켜서 아이의 발을 묶어 고정시킨 채로 숲에 버리도록 함으로써 자신의 아들을 죽게 하도록 했다. (Oedipus라는 이름은 '부은 발'을 의미한다.) 그러나 그 종은 지시받은 대로 할 만큼 무자비하지 않았고 이웃 나라 Corinth 왕을 위해 일하는 사람에게 아이를 주었다. 그 왕은 그 후 아이를 입양했다. 따라서 프로이트의 영웅적이지만 비극적인 오이디푸스 이야기에 대한 유명한 해석은 아동강간과 영아살해 시도라는 주제로 신랄하게 내재되어 있다.

프로이트는 오이디푸스 신화의 근원적인 의미가 아동학대와 영아살해 시도(Devereux, 1953; Fromm, 1980; Pines, 1989; J. Ross, 1982)와 함께 가해자가 이러한 범죄로 처벌될 것이라는 묵시적인 응보the implied retribution에 중점을 두고 있다는 것을 관찰하지 않았다. 아동 성적학대에서 인간 정신병리의 드물지 않은 기원은 프로이트의 1896년(1962년) 논문 「히스테리의 병인학The Aetiology of Hysteria」에서 처음 보고한 것에 있다. 당시 프로이트에게 아동 성적학대는 히스테리의 근원이었다. 우리가 알다시피, 프로이트는 곧 그의 발견을 부인하고 그 문제를 아이의 죄책감 소망에 따라 고쳐 말했다. 프로이트는 사실상, 자신이 빠트렸던 것에 대해 스스로를 눈멀게 한 것인데, 그것은 오이디푸스가 자신이 저질렀던 일에 대해 자신을 눈멀게 한 것과 같다. *오이디푸스 렉스*Oedipus Rex의 메시지는 소년들이 그들의 어머니를, 소녀들이 그들의 아버지를 성적으로 소유하기를 원한다는 것이 아니다. 그 메시지는 남색은 범죄이며, 만일 그 근원에서 멈추지 않으면, 세대를 독살하게 될 범죄라는 것이다. 오이디푸스에 대한 대답은 간단하다: 저주를 멈추기 위해 문화 그리고 사회로서 우리는, 아동학대, 특히 아동성적학대를 멈춰야 한다. 왕들조차도 보편적 법칙의 명령에 대해 면제되지 않는다. 그러한 극악무도한 행위는 오는 세대들을 위한 그들 자손의 생명을 파괴한다. 따라서 오이디푸스 이야기는 트라우마의 세대 간 전이the intergenerational transmission에 관한 것이다.

트라우마 치료는 일반적으로 과거 범죄에 대한 정의를 회복할 수 없지만, 같은 죄악의 세대 간 반복을 줄일 수는 있다; 그것은 주어진 개인의 경험에서 비양심적인 것과 대면함으로써, 그리고 단절되고 해리된 경험의 조각들을 연결하고, 자신이나 타인에 대한 손상의 반복 가해를 막거나 완화함으로써 이루어질 수 있다.

연결, 단절, 그리고 재연결

우리가 알고 있는 바와 같이, 빈곤한 심리적 통합은 학대, 외상, 박탈 및 방치의 조합으로 특징 지어진 가족 환경에서 비롯된다(Allen, 2001; Putnam, 1997, 2016). 너무 많이 단절되고 너무 많이 해리되면 개인은 삶의 사건들을 맥락화 하여 보거나 다른 사건과 연결하여 보지 못한 채 한 번에 하나씩만 경험하기 쉽다. 예를 들어, 어떤 이들은 위험한 타인들에 대하여 눈이 멀 수 있는데, 왜냐하면 그들은 그와 같은 과거의 위험한 관계로부터 온 해로운 결과로부터 해리되었기 때문이다. 너무나 많은 참을 수 없는 경험에 대한 기억이 마음속에 흩어져 있어 나머지 경험과 연결되지 않은 채로 남아있다. 그렇게 되면, 개인이 경험에서 배우기가 어렵다. 결과는, 같은 종류의 삶의 문제가 반복적으로 발생하지만, 각각의 재발이 마치 처음인 것처럼 경험하는 것이다.

개별적인 행동 상태들 및 관계성의 부족

분리는 우리의 방식이다. 다중적이며 전환하는 마음과 행동의 상태는 인간의 삶을 특징 짓는다. 인간은 트라우마로 인해 자아가 분열될 뿐만 아니라 개별적인 행동 상태에서 삶을 시작한다. 그의 획기적인 저서들, 『우리가 사는 방식 우리의 마음 상태들이 어떻게 우리의 정체성에 영향을 주는가, 성격과 변화의 잠재성The Way We Are: How States of Mind Influence Our Identities, Personality and Potential for Change』(2016) 그리고 『아동과 청소년의 해리Dissociation in Children and Adolescents』(1997)에서 Frank Putnam은 우리가 삶을 통일체로 시작하기보다 시간이 지남에 따라 통합되어야 하는 분리된 행동 상태들로서 삶을 시작한다는 것을 보여주었다. 따라서 중요한 발달적 과제는 이러한 개별 상태들을 연결하는 것 그래서 우리가 세상을 예측하고 이해할 수 있도록 하는 것이다. 그리고 특히, 트라우마는 이 과정을 방해한다.

개별 행동 상태: 연결됨 그리고 연결되지 않음

초기의 행동-정신 상태에 대한 연구에서 Putnam은 서로 다른 행동 상태들 사이에서 유아의 신체와 뇌 변환을 관찰하고 코딩한 과학적인 "아기-관찰자들baby-watchers"(Putnam, 1997, 2016)의 축적된 지식에 충격을 받았다. 아기-관찰자들은 운동 활동, 근긴장도muscle tone, 표정, 피부 관류skin perfusion, 심박수 및 호흡과 같은 영아 신체의 측정된 특정 행동의 일치에 주목함으로써 수면과 깨어남의 개별 상태를 확인했다. 그들은 다차원 상태-공간a multi-dimensional state-space에 그릴 수 있었던 유아의 수면, 깨우기, 울음의 다섯 가지 분명히 다른 행동 상태들을 발견했다. 이러한 상태는 자기-조직화되어 있으며, 역동적인 시스템 이론 또는 혼돈 이론chaos theory에 의해 기술된 바와 같이 상태 공간에서 낯선 끌림strange attractors의 역할을 한다. 카오스 이론은 결정론적이지만 비선형적이며 나비의 날갯짓에 의한 공기의 이동이 나중에 다른 곳에서 훨씬 더 큰 기상 현상의 발생에 기여할 수 있다는 개념으로 예시되는 경우가 많다. 많은 서로 다른 상태들이(기분, 수면상태 또는 인지상태와 같은) 이상한 끌림으로 작용하며, 한 끌어당김의 분지에서 다른 분지로의 점프(상태 전환 또는 재조직)가 있을 수 있다.

Putnam은 상태 측정을 나이가 더 많은 어린이와 성인의 행동에 성공적으로 적용했으며 존재의 개별적 상태가 뇌, 신체 및 현상적으로 보고된 자기-경험의 다양한 측정에 걸쳐 동형isomorphic이라는 것을 발견했다. 불연속discrete 상태는 사람의 생각, 행동 및 정서에 영향을 미치는 마음, 뇌 및 신체 변수이다. 예를 들어, 신체상태의 변화는 정신 및 감정 상태의 변화와 상관관계가 있다. Putnam은 이러한 코딩 시스템이 드러내 보여준 것은 아동 및 성인의 복잡한 행동들이 "대략 예측 가능하고 반복되는 순서로 하나에서 다른 것으로 흐르는 제한된 일련의 독특한 상태로 구성되어 있다"라고 기록했다. 뇌 영상은 특정 신경망에서의 활성화를 반영하는 초 단위의 미세상태에서부터 수개월 지속되는 우울증과 같은 글로벌 뇌 상태에 이르기까지 여러 시간 및 차원 규모로 분리된discrete 상태가 존재함을 보여주었다(p. 86~87).

자기-조절 학습

이러한 자기-조직화 상태는 필연적으로 종료되고 다른 자기-조직화 상태로 전환된다. 시간이 지나면서 다른 정서적 또는 생물학적 상태가 추가되고 그들 사이의 전환이 규칙적으로 연결된다. 이러한 연결이 더 복잡해짐에 따라 아동은 더 큰 통제력과 자기-조절 능력을 얻는다.

촉진하는 환경에서 보호자는 부정적인 감정을 최소화하고, 과대각성hyper-arousal을 낮추고down-regulating, 아동이 부정적인 상태에서 긍정적인 상태로 전환하도록 돕는 것과 같은 정서적 조절을 지원하여(Tronick, 1989; Putnam, 2016) 아동의 반영적인 기능을 촉진시킨다(Fonagy, Gergely, Jurist & Target, 2002). 정서적 상태의 일치(Schore, 2019; Stern, 1985), 그리고 보호자와 어린 아동 간의 조율은 건강하거나 적어도 조직화된 애착으로 이어진다. 이것들은 함께 아동의 정서조절 학습의 핵심이 된다. 양육자가 자신의 감정 상태를 다시 읽는 것을 내면화하는 것은(Siegel, 1999) 아이가 자신과 다른 사람의 마음을 이해하는 메타인지 기술을 발달시키는 데 도움이 된다.

대조적으로, 트라우마와 방치는 상태들 간의 협력적인 경로 연결을 손상시킨다. 방치, 박탈, 거부는 학대와 함께 발생하는 경향이 있다(Gold, 2000). 이러한 대인관계 환경은 유아와 어린이에게 삶의 기본적인 기술 습득에 필요한 자원을 제공하는 데 실패한다. 학대와 방임의 환경에서 자라는 아동의 정서상태는, 애착인물에 의해 분류되거나 연결되지 못할 수 있다. 이러한 환경에서 자란 사람들은 그들이 언제 화가 났거나 슬프거나 공포에 빠졌는지를 알지 못할 수 있고 또한 연민이라는 단어의 경험적 의미를 배우지 못했을 수 있다.

상태 의존성

Putnam의 상태-의존적 학습 및 기억state-dependent learning and memory [SDLM] 모델은 우리의 삶(심지어 건강한 애착으로 구성된 삶조차도)이 상태-의존적이라는 것을 강조한다. 예를 들어, 일상적인 회상의 연상적 측면은 현재 마음 상태와 이전 마음 상태와의 연결에 의해 영향을 받는다. 감정적으로 충전된 자서전적 기억은 일반적인 의식 상태에서 쉽게 회상되지 않으며 다시 비슷한 상황에 있든, 꿈에 있든, EMDR 또는 소마적인 처리와 같은 방법에 의해 접근할 수 있는 특별한 방법에 의존할 수 있다. 이 모델에 따르면, "정체성과 정서적 상태는 삶의 경험에 따라 다양한 정도로 행동적으로 나타나거나 심리적으로 활성화된다. 그들은 SDLM에 의해 서로 크게 단절되어 사람들이 서로 다른 세팅에서 상반된 방식으로 행동하며, 그들의 불일치로 인해 불편하지 않도록 할 수 있다."(Putnam, 2016, p.17) 그러나 이 다소 정상적이기도 한 상태 의존state dependance이 외상을 입은 사람들에게는 더욱 심화된다.

> 반복적인 ACE(부정적인 어린 시절 경험Adverse Childhood Experiences)에 노출된 아동은 이러한 극단적인 존재 상태를 반복적으로 경험한다. 그들은 계속해서 두려워하고, 당황하고, 무력하고, 우울하고, 겁에 질리고, 학대를 받고, 방치되고, 문제를 겪고, 고립되는 것을 (겪고 겪고) 또 겪는다. ACE는 함께 발생하는 경향이 있기 때문에… 이 아이들은 여러 종류의 극한 존재 상태를 반복적으로 경험한 이력을 축적할 것이다. 극한 상태를 경험할 때마다 미래에 그것을 다시 경험하는 것이 더 쉬워지기 때문에 이 누적된 이력은 점점 더 취약해지는 것이다. 하나의 경로는 상태-공간에서 형성된다. 따라서 초기 트라우마를 떠올리게 하는 상황에 직면했을 때 극단적인 존재상태로 전환되기가 더욱 쉬워진다(Putnam, 2016,

pp. 218~219).

Putnam은 이러한 극단적인 상태의 반복된 경험들이 깨어 있는 경험과 수면 주기에서 정상적인 흐름과 마음/신체 상태의 순서를 방해한다고 설명한다. 예를 들어, 플래시백이나 악몽은 진행 중인 존재를 침입하고 방해한다. 사람들에게 중요한 문제는 상태 의존성이다. 때때로 외상적인 재경험으로 빠지게 되면, 개인은 극도로 동요할 수 있고 마음을 가라앉힐 방도가 부족할 수 있다.

우리는 연결되지 않은 상태로 삶을 시작하는데, 다양한 정도는 있지만, 우리는 인간으로서 종종 우리의 상태들 안에서 부적절하게 연결되어 있다. Putnam은 다음과 같이 지적했는데, “우리의 전체적인 성격은 많은 정체성 상태들로 구성된다. 그것의 공개적 표현은 이러한 정체성 상태들 간의 역동적인 상호작용을 반영하는데, 각각은 그들의 상태-의존적 지식, 기술, 가치, 등을 반영한다.” 그는 덧붙여서, “현대인의 삶의 요구로 인해 우리는 전형적으로 특정 맥락이나 대인관계 상황에 따라 활성화되는 많은 정체성을 가지고 있다.”(Putnam, 2017) 실제로 “하나의 연속적인 ‘자아’라는 개념은 실제로 우리 마음이 창조하려고 시도하는 환상이다…. 우리는 다중적이고 다양한 ‘자기들selves’을 가지고 있는데 이는 우리 삶의 다양하고 많은 활동들을 수행하는 데 필요한 것이다.”(Siegel, 1999, p. 231) 우리가 ‘통일unified’ 또는 시간과 기억 속에서 지속적으로 느낄 수 있는 정도(우리가 변화하는 상태를 인식하지 못할지라도)는 우리가 정신 상태 전반에 걸쳐 내적 상호주관성intersubjectivity을 달성한 정도, 즉 우리의 마음 상태가 서로를 인식하고 연결에 접근할 수 있는 정도다. 이는 서로 다른 상태로부터 지식을 복구하고 그들 사이의 정보를 일반화할 수 있게 한다. 트라우마는 서로 다른 기분과 인지 상태에서의 연결과 지속성을 방해한다.

조각을 하나로 묶기: 이시스의 자기-반영의 실

느끼는 동안 잘 기능하는 것은, 반드시 통합된 상태이거나 지속적일 필요는 없으나 자기-관찰의 메타인지적인 능력의 접착제가 요구되는데, 그것은 이상적으로는 부모의 조율을 통해서 학습되는 것이지만 심리치료를 통해서도 배울 수 있다. 개인 간 상호주관성의 경험은 내적인, 개인 내 상호주관성을 향상시킨다. 심리치료는 내담자를 도와서 그들의 해리된 감정에 대해서 배우고 견디도록 하고 그에 따라 이전에 분리되었던 마음상태를 연결하도록 돕는다. 치료에서 사람들은 자신을 관찰하는 법을 배울 수 있으며, 그것은 더 잘 연결된 "나"로 귀결되는데, 다양하게 불리는 용어로는 "관찰하는 에고", 관찰하는 "나" (Ryle, 1997a, 1997b), "반영적인 기능", "실행하는 기능", 또는 "정신화"(Fonagy, 2000, 2001)이다. 이들은 사람들이 그 자신을 한데 모으는 방식이며 접착제 혹은 (더 나은 것은) 이시스의 재봉실이다. 그것은 마음의 상태를 함께 모아주어서 과도하게 충전된 정서적 상태가 통제를 벗어나서 질주하는 것을 막는 데 도움이 된다. 증가하는 자기-지식의 상호연결성은 서로 다른 상태에서 유지되고 이것은 자서전적 "나"로의 더 큰 접근성으로 가도록 기여한다. 더욱 접근 가능해진 자서전적 "나"는 과하게 충전된 상태-의존성을 제 궤도로 돌려놓는 데 도움을 준다.

심리치료는 개인이 자서전적 기억의 모든 조각들을 되찾을 수 있도록 그리고 다른 자기 상태에 흩어져 있을 수 있는 정서를 되찾을 수 있도록, 그래서 기억되고 반영적인 자기의 넓어진 우산 아래에서 조각들을 한데 모아 짜 넣을 수 있도록 도울 수 있다.

꿈 작업

이 책은 트라우마와 작업하는 데 있어서 실제적이며 기술적인 접근뿐만 아니라 이론적이고 자발적이며 진정성 있는 다양한 청취 자세를 설명했다. 연결되지 않은 자기-상태를 다룰 때 특별히 생산적인 것으로 내가 발견했던 한 가지 양식은 꿈 작업이다.

일반적인 의식적 사고와 달리 꿈은 개인 삶의 비밀, 숨겨진 진실, 또는 눈에 띄지 않는 측면hidden-in-plain-sight을 드러낸다. 꿈은 우리에게 다른 언어로 말하는데 그것은 우리의 마음이 '실제' 세계에 연결되어 있고 그것에 입각해서 행동하는 낮의 생각의 그것과는 다른 정보에 중요성을 부여하는 방식이다. 꿈은 치유하는 능력을 갖고 있는데, 이는 꿈이 우리의 삶에서 연결되고 통합되어야 할 필요가 있는 요소들을 우리 앞에 놓아두기 때문이다.

꿈은 지각, 생각, 이미지가 자주 겹쳐진다. 그들은 소원-성취를 표현하고, 문제를 해결하고, 꿈꾸는 사람에게 메시지를 말하거나, 관점을 설정할 수 있다. 꿈은 또한 상징, 은유, 대체, 시간과 공간을 넘어서는 그들 자신의 특별한 언어로 우리 자신의 이야기를 전해준다.

꿈은 자아의 해리된 부분이 주목받을 수 있는 방법을 제공한다. 그것은, 깨어있는 삶의 억제적인 힘과 의식적인 삶의 맥락적인 요구와 결합하여, 과거의 외상으로부터 최근의 편의에 이르기까지, 다양한 이유로 인해 중요한 지식을 보유하고 있는 우리 자신의 다른 파트들이 의식으로 들어오지 못하도록 막는다. 우리의 꿈에서, 보통 마음의 더 고립된 부분들이 그들 자신을 표현할 수 있다. 방치되거나 분리된 자기-상태의 유령은 밤에 꿈속에서 나타난다. 그리고 그들은 우리 자신에 대해 가르쳐 줄 수 있다. 꿈은 우리 삶의 요소들을 알아차릴 수 있도록 허용하는데 그것은 우리 자신에 대한 우리의 일상적인 사고방식으로는 이례적인anomalous 것이 된다.

심각하게 해리된 사람들의 꿈은 등장인물과 분신alters 또는 정체성들identities 사이의 일치를 뚜렷한 완화a bold relief로써 보여주는데, 그것은 꿈이 아닌 현실 세계에서 발생하는 것이다. 이것은 자기의 부분들이 어떻게 성격과 목소리를 가질 수 있는지, 꿈에서 자신의 인식, 신념, 두려움, 욕망을 기술할 수 있는지를 생생하게 보여준다. DID를 가진 사람들의 꿈에 대한 그녀의 연구에서 Dierdre Barrett(1996)은 그녀의 표본 중 절반 이상이 그들의 분신이 실제로 꿈 캐릭터로 나타났다고 보고한 것을 밝혔다. 특히, 고양이와 싸우는 꿈을 꾸던 한 사람은 다음 날 아침, 잠에서 깨어났을 때 그녀의 옷에서 고양이털을 발견했다.

나는(Howell, 2014b) 다양한 정도로 덜 해리적인 사람들의 꿈도 비슷한 것을 표현하며, 꿈의 캐릭터는 특정 자아-상태에 해당할 수 있음을 제안한다. 꿈에서 자주 다른 자아-상태들이 무대 중심을 차지하고, 다양한 관심사를 전달하는데, 인격 체계의 모든 파트들에게 필수적으로 해당되는 것은 아니다. 종종 해리된 자기-상태를 나타내는 꿈 캐릭터의 상호관계는 인격 체계에서 자기-상태의 정신 역동을 드러낸다.

7장에서 나는 내담자가 부모에 대한 애착을 지키기 위해 자신이 나쁘다고 느끼거나 스스로를 처벌하는 외상적인 애착딜레마로 인해 발생하는 일반적인 정신분열psychic split을 설명했다. 다음 소품은 꿈을 사용하여 이 딜레마를 해결하는 방법을 탐구한다.

사례 소품

그 꿈은 어떻게 내담자가 자신을 나쁘다고 느꼈는지에 대한 것인데, 그것은 그녀의 어머니가 자주, 그녀를, 귀찮게 할 가치도 없는 것처럼 대했기 때문이다. 꿈-작업dream-work에서 부상당한 아이 상태에 대한 접촉이 일어났고 그러고 나서 세션의 끝 무렵에 그녀가 나쁘지 않다는 것에 대해 깨달음이 일어났다. 이어서, 내담자는 이 메시지를 받아들일 수 있었는데, 나빴던 것은 어린 시절의 환경이었지 그녀 자신이 아니라는 것을 깨달았다.

> 나는 내가 자란 집에서 십 대였다. 다만 그 집은 실제보다 훨씬 더 멋지고, 크고, 반짝이는 큰 창문이 있고, 더 깨끗하고 더 매력적이었다. 엄마는 내가 친구를 만나고자 했던 그 시간에 꼭 맞춰 친구를 픽업해서 집으로 데려왔고, 우리를 영화관에 데려다주었다.

꿈을 이야기하면서 내담자는 이것이 그녀의 가정생활과 여러 면에서 매우 다르다는 것을 깨달았다. 그녀의 꿈과 대조적으로, 그녀의 집은 종종 무질서하고, 혼란스럽고, 더럽고, 분명하게도 반짝이진 않았다. 그녀의 어머니는 자주 방치했고 괴롭혔다. 내담자의 어머니는 자주 어린 그녀가 스스로 꾸려가도록 내버려 두었고 뭔가를 요구하면 분노하고 아이를 비난했다.

갑자기 꿈이 다른 장면으로 바뀌었다.

> 나는 길가에 주차된 차 뒷좌석에 앉아 책을 읽고 있었다. 한 무리의 아이들이 차 안에 있는 나에게 다가와 가볍게 괴롭히기 시작했다. 나는 그들의 괴롭힘을 무시하고 계속 책을 읽었다. 그러자 주

변의 갱단은 대부분 더 나이가 많은 청소년인 소년, 소녀가 되었다. 사춘기 소녀 중 한 명이 나에게 "가슴이 멋있어"라고 말했다. 나는 무시하고 계속 읽었다. 그때 갑자기 덩치 큰 성인 남자 두 명이 앞 좌석에 올라타서 시동을 걸었는데(차 키는 거기에 남겨져 있었다) 어디로 가느냐고 물었지만 그들은 대답하지 않았다. 갑자기 나는 패닉에 빠졌으나, 동시에 피할 수 없다는 느낌도 들었다. 그들이 나를 어떤 곳으로 데리고 가서, 아마도 나를 강간하고 죽일 거라는 것을 깨달았다.

꿈에 대해 이야기하면서, 내담자는 혼란으로부터 자신을 보호하기 위해 얼마나 집에서 독서에 의존했는지를 기억했다. 그녀가 무언가를 필요로 하면 어머니가 화를 내고 비판했는데 그럴 때 그녀가 얼마나 상처 입고 거부당했다고 느꼈는지를 기억했다. 그녀는 어머니에게 무언가를 필요로 하는 것, 어머니를 귀찮게 하는 것은 매우 나쁜 소녀인 것처럼 느꼈던 것을 기억했다. 그녀는 자주 자신이 사람들 주변에서 귀찮고 나쁜 사람으로 느낀다는 것을 깨달았다. 그제서야 그녀는 첫 번째 꿈에서 어머니와 자신에 대한 관점을 뒤집었다는 것이 분명해졌다. 첫 번째 꿈에서 그녀의 어머니는 그녀를 공주처럼 대했고 그녀는 실제 삶과 거의 반대인 공주처럼 행동했다.

치료사 흠, 당신이 필요했기 때문에 당신은 나빴다…? 아마도 당신은 그녀가 당신에게 얼마나 무관심했는지, 그녀의 거부가 당신을 얼마나 외롭고 무력하게 만드는지 직면하고 싶지 않았을 거예요. 그래서 당신은 독서를 통해 모든 것을 조절하려고 했죠. 그리고 당신이 언급했듯이, 당신은 어머니를 그 때의 실제와 반대로 만들어 어머니를 보호할 수 있었습니까?

내담자 맙소사! 저는 상황이 나쁠 때 나쁜 것을 알아차리지 못하면서, 아직도 모든 것을 조절하고 있어요. 그것이 바로 제가 최근에 하고 있는 일이에요. 그 꿈은 경고였어요.

치료사 … 깨어나기 위해서. 상황이 나쁠 때 상황이 나쁘다는 것을 알아차리지 못하는 것은 어떤 면에서는 당신이 나쁘다는 느낌에 대해 생각하는 것을 피하는 방식은 아닐까요? 그게 당신이 말하고 있는 건가요? 그런 건가요?

나머지 세션은 그녀의 나쁜 감정을 조사하는 데 쓰였다. 그녀는 '큰 구멍처럼' 가슴 한가운데에서 그것을 느꼈다. 그것은 일종의 구불구불하고 얼룩덜룩한 어둠이었다. 그녀는 이 나쁨 때문에 세상에서 수용될 수 없는 외로움을 느꼈다. 그녀는 어머니를 돕기 위해 열심히 노력했지만, 그마저도 거절당했다고 회상했다. 그녀는 자신의 살인적인 분노를 기억했고, 나는 모든 인간, 심지어 어린이들에게도 때때로 살인적인 감정이 있다는 것을 그녀에게 상기시켜 타당화해 주었다. 그리고 작업은 계속되었다.

다음 세션을 위해 우리가 만났을 때, 그녀는 사무실 건물을 나서면서 "나는 나쁘지 않다. 나는 그저 작은 아이일 뿐이다"라고 그녀 자신에게 말하는 스스로를 발견했다고 보고했다.

그녀가 현재 시제를 사용하는 것에 주목하시라. 그 나쁜-작은-소녀 상태는 세션에서 접촉되었다. 그녀는 그 세션 이후로 이러한 나쁜 느낌이 크게 해소되었다고 보고했다.

이 꿈에는 소원-성취wish-fulfillment의 요소가 있을 수 있지만, 사실은 어머니를 좋게 만드는 것은 그뿐만 아니라, 또한 아이를 나쁘게 만든다는 것이고, 나에게 이것은 꿈꾸는 사람에게 그녀 정신의 조직과 방어에 대한 특별한 관점을 보여주고 있다는 것을 제시한다. 그 꿈은 내담자가 어떻게 어머니를 감싸고 있는지, 그리고 그녀 자신을 나쁜 사람으로 만들고 있는지를 극적으로 보여준다. 우리는 학대를 부인하는 것과 그처럼 요구하는 아이임에 대하여(자상한 엄마를 학대하는 이기적인 공주) 그녀 자신에 대한 가혹한 경멸과 더불어 그녀의 엄마에 대한 이상화를 본다. 꿈의 두 번째 부분에서, 우리는 내담자의 꿈 통찰을 볼 수 있는데, 그것은 어린 시절의 학대에 대처하는 (부적절하게 수치심을 느끼는 것을 포함해서) 부조화와 그녀 자신을 나쁜 아이로 바꾸는 것과 같은 그녀의 방법은 현재의 그녀에게 잠재적으로 위험하다는 통찰이다.

이러한 인사이드 아웃inside-out 작업 방식은 숨겨진 해리된 마음의 상태를 귀중하고 보호받는 치료 공간으로 초대해서 자신의 자서전적 역사를 자세히 말하게recount 한다. 안전한 대인관계 상황에서 일단 이야기하게 되면, 이전에 해리된 목소리가 대화의 파트가 될 수 있다. 이러한 방식으로, 방어적 심리 구조가 점차 해체되기 시작하고, 해리된 경험의 특정 가닥이 풀어져서 의식화된다.

Thomas Kuhn의 명제(1962)에 따르면 과학 혁명은 새로운 정보의 점진적이고 질서 있는 축적에 의해 발생하는 것이 아니라, 패러다임 전환이 발생하고 시스템을 변형시키는 충분히 이례적인anomalous 정보가 공식적인 지식 체계에 수용될 때 발생한다. 이것은 심리치료에도 적합하다. 따라서 심리치료는 회상anamnesis, 즉, 잊었던 것을 부가적으로 복원할 뿐만 아니라, 잠재적으로 재조직하고 변형되어, 기쁨과 순수함의 강력한 가닥들을 발견할 수 있게 한다.

미주

1. Freud가 아동 성적학대가 실제로 발생하고 발병학적임을 인정하는 정도에 대해 논란이 있다. 일부 프로이트 이론가(예: Blum, 2008; Hanly, 1986)는 Masson의 논문이 어린 아동의 유혹(또는 성적학대)이 발생하고 그 결과가 병인학적이라는 이전의 관찰을 프로이트가 완전히 포기했다는 잘못된 인상을 전달했다고 지적했다. 예를 들어, Freud는 1924년, 그의 논문인 「신경-정신병 방어에 대한 이후 논평Further Remarks on Neuro-Psychoses of Defence」(1894/1962)에 유혹이 발생하는 현실을 인식한다는 내용의 각주를 추가했다. 모든 신경증이 초기 유혹에 의해 발생한다고 믿은 것이 실수였을지라도 그렇다고 해서 전혀 그렇지 않다는 것은 아니라는 것이다. 그는 자신의 오류(1924)를 언급하면서 다음과 같이 말한다.

> 그 당시[1896] 나는 아직 내 환자들의 어린 시절에 대한 환상과 실제 기억을 구별할 수 없었다. 그 결과로, 나는 유혹의 발병학적 요인에 그것이 지니지 않은 의의와 보편성을 돌렸다…. 그럼에도 불구하

고, 우리는 위의 본문에 기록된 모든 것을 거부할 필요는 없다. 유혹은 어떤 병인학적 중요성을 유지하며, 오늘날까지도 나는 이러한 심리학적 논평 중 일부가 요점이라고 생각한다(1894년, p. 168).

다시, 1905년에 「성 이론에 관한 세 가지 수필Three Essays on the Theory of Sexuality」에서 그는 1896년 논문에서 성적학대의 발병적인 영향에 대한 이전에 강조했던 것과 관련하여 다음과 같이 말한다…. 나는 그 영향력의 빈도나 중요성을 과장했지만, 그 당시에는 정상적으로 삶을 유지했던 사람들이 어린 시절에 같은 경험을 했을 수도 있다는 것을 알지 못했다(pp. 190~191).

2. 쥐를 대상으로 EMDR을 시뮬레이션한 최근 연구(Greulich & Cherniack(2019))는 사람이 외상성 기억에 스스로 노출되었을 때 EMDR의 핵심 방법인 교대 양측 자극(ABS)을 사용하여 공포 소거에 성공했음을 발견했다. 가상의 결론은 ABS가 경쟁하는 뇌 회로 사이의 균형을 이동시켜 두려움 소멸이 발생할 수 있다는 것이다.

3. 억압의 혼란스러운 사용과 기준에 주목하면서 Holmes는 다음과 같이 명시했다. "(1) 억압은 개인의 고통을 유발하는 물질을 선택적으로 잊어버리는 것이다. (2) 억압은 자발적인 통제하에 있지 않다 (3) 억압된 물질은 손실되지 않고 대신 무의식에 저장되고 기억과 관련된 불안이 제거되면 의식으로 돌아갈 수 있다(Freud, [1915] 1957)."(p. 86)

4. Jung의 도상학자인 Erich Neuman(1955/1963)에 따르면, 그리스의 Demeter(또는 로마의 Ceres), 성모 마리아 및 기타 양육 및 치유 여신과 함께 Isis의 성격은 생명을 주기도 하지만 빼앗기도 하는 위대한 어머니의 더 큰 원형의 긍정적인 요소의 표현이다. 긍정적인 요소는 생명을 주고 양육할 뿐이다.

참고문헌

Ackerly, R. (2012, March 14). Still face experiments are more about power than attachment parenting [Blog post]. Retrieved from http://rickackerly.com/2012/03/14/still-face-experiments-are-more-about-power-than-attachment-parenting/

Allen, J. G. (2001). *Traumatic relationships and serious mental disorders.* New York, NY: John Wiley.

Ahbel-Rappe (2006). "I no longer believe": Did Freud abandon the seduction theory? *American Psychoanalytic Association, 54*, 171–199.

Allen, J. G. (2001). *Traumatic relationships and serious mental disorders.* New York: Wiley.

American Psychological Association (2013). *The diagnostic and statistical manual of mental disorders*: DSM-5. BookpointUS.

Badouk Epstein, O. (2018). From proximity seeking to relationship seeking: Toward separation from the "scaregivers." *Frontiers in the Psychotherapy of Trauma and Dissociation*, 1(2), 290–306.

Barrett, D.L. (1996). Dreams in multiple personality disorder. In: *Trauma and Dreams*, Ed. D. Barrett. Cambridge, MA: Harvard University Press, pp. 68–81.

Barnett, J. (1966). A structural analysis of theories in psychoanalysis. *Psychoanalytic*

Review, 53(1), 85–98.

Beebe, B. & Lachmann, F. M. (2014). *The origins of attachment: infant research and adult treatment.* New York: Routledge.

Benjamin, J. (1990). Recognition and destruction: An outline of intersubjectivity. In S. A. Mitchell & L. Aron (Eds.), *Relational psychoanalysis: The emergence of a tradition* (pp. 181–210). Hillsdale, NJ: Analytic Press, 1999.

Betcher, W., & Pollack, W. S. (1993). *In a time of fallen heroes.* New York: Guilford Press.

Birtles & Scharff, *From instinct to self: Selected papers of W.R. D. Fairbairn, vol. II: Applications and early contributions.* Northvale, New Jersey: Jason Aronson.

Blizard, R. A. (2003). Disorganized attachment, development of dissociated self-states, and a relational approach to treatment. *Journal of Trauma & Dissociation, 4*(3), 27–50.

Blum, H.P. (2008). A further excavation of seduction, seduction trauma, and the seduction theory. *Psychoanalytic Study of the Child, 63*, 254–269.

Boon, S., Steele, K., & Van der Hart, O. (2010). *Coping with trauma-related dissociation: Skills training for clients and therapists.* New York: Norton.

Boadella, D. (2011). Psycho-physical synthesis of the foundations of body psychotherapy: The 100-year legacy of Pierre Janet (1859–1947). In: C. Young(Ed.), *The Historical Basis of Body Psychotherapy* (pp. 49–66). Stow, UK: Body Psychotherapy Publications.

Boulanger, G. (2007). *Wounded by reality: Understanding and treating adult onset trauma.* New York: Analytic Press.

Bowen, M. (1985). *Family therapy in clinical practice.* Northdale, NJ: Jason Aronson, Inc.

Bowlby, J. (1969/1983). *Attachment and loss: Vol. 1. Attachment.* New York: Basic Books.

Bowlby, J. (1973). *Attachment and loss: Vol. 2. Separation.* New York: Basic Books.

Bowlby, J. (1980), *Attachment and Loss, Vol. 3: Loss: Sadness and Depression.* New York: Basic Books.

Bowlby, J. (1984). *Psychoanalysis as a natural science. Psychoanalytic Psychology, 1*, 7–22.

Brand, B. L., Classen, C. C., McNary, S. W., & Zaveri, P. (2009). A review of dissociative disorders treatment studies. *Journal of Nervous and Mental Disease,* 197(9), 646–654.

Brand, B. L., McNary, S. W., Myrick, A. C., Classen, C. C., Lanius, R., Loewenstein, R. J., . . . Putnam, F. W. (2013). A longitudinal naturalistic study of patients with dissociative disorders treated by community clinicians. *Psychological Trauma: Theory, Research, Practice, and Policy, 5*, 301–308. doi:10.1037/a0027654

Brand, B. L., Myrick, A. C., Loewenstein, R. J., Classen, C. C., Lanius, R., McNary, S. W., . . . Putnam, F. W. (2012). A survey of practices and recommended treatment interventions among expert therapists treating patients with dissociative identity disorder and dissociative disorder not otherwise specified. *Psychological Trauma: Theory, Research, Practice, and Policy, 4*, 490–500. doi:10.1037/a0026487

Brand, B. L., Şar, V., Stavropoulos, P., Kruger, C., Korzekwa, M., Martinez-Taboas, A., & Middleton, W. (2016). Separating fact from fiction: An empirical examination of common myths about dissociative identity disorder. *Harvard Review of Psychiatry, 24*(4), 257– 270. doi:10.1097/HRP.0000000000000100

Brand, B., Shielke, H., Putnam, K., Putnam, F., Loewenstein, R., Myrick, A., Jepson, E., Langeland, W., Steele, K., Classen, C., Lanius, R. (2019). An online educational program for individuals with dissociative disorders and their clinicians: 1-year and 2-year follow-up. *Journal of Traumatic Stress, 32*(1), 156–166. doi:10.1002/jts.22370.

Breger, L. (2000). *Freud: Darkness in the midst of vision*. New York: Wiley.

Breger. L. (2011). *A dream of undying fame: How Freud betrayed his mentor and invented psychoanalysis*. New York: Basic Books.

Bremner, J.D. & Vermetten, E. (2007). Psychiatric approaches to dissociation: Integrating history, biology, and clinical assessment. In: Eric Vermetten, Martin Dorahy & David Spiegel (Eds.), *Traumatic dissociation: Neurobiology and treatment* (pp. 239–258). Washington D.C.: American Psychiatric Publishing.

Breuer, J., & Freud, S. (1893–95). On the psychical mechanism of hysterical phenomena: Preliminary communication from studies on hysteria. In J. Strachey (Ed. & Trans.), *The standard edition of the complete psychological works of Sigmund Freud* (Vol. 4, pp. 1–17). London: Hogarth Press, 1955.

Breuer, J. & Freud, S. (1893–95). *Studies on hysteria* (J. Strachey, Trans.). London: Hogarth Press, 1955.

Bromberg, P. (1998). *Standing in the spaces: Essays on clinical process trauma and dissociation*. New York: Routledge.

Bromberg, P. (2006). Awakening *the dreamer: Clinical journeys*. Mahwah, NJ: Analytic Press.

Bromberg, P.M. (2008). Shrinking the tsunami: Affect regulation, dissociation, and the shadow of the flood. *Contemporary Psychoanalysis, 44*, 329–350.

Bromberg, P. M. (2011). *In the shadow of the tsunami*. New York: Taylor and Francis.

Brothers, D. (1995). *Falling backwards: An exploration of trust and self experience*. New York: Norton.

Brown, E. M., Laub, D., Loew, C., Richman, S., Itzkowitz, S., Sussillo, M. V., Behm, A., Itzkowitz, S., and Sussillo, M. V. (2007). Last witnesses: Child survivors of the Holocaust; Pt. 1. *Psychoanalytic Perspectives, 4*(2), 1–50.

Brown, L. S. (1991). Not outside the range: One feminist perspective on psychic trauma. *American Imago, 48*, 119–133.

Bucci, W. (1997). *Psychoanalysis and cognitive science*. New York, NY: Guilford Press.

Bucci, W. (2002). The referential process, consciousness, and the sense of self. *Psychoanalytic Inquiry, 22*, 766–793.

Bucci, W. (2003). Varieties of dissociative experiences: A multiple code account and a discussion of Bromberg's case of "William." *Psychoanalytic Psychoanalysis, 20*, 542–557.

Buck, R. (1993). Emotional communication, emotional competence, and physical illness: A developmental-interactionist view. In: J. Pennebaker & H Treve, Eds: *Emotional expressiveness, inhibition and health*. Seattle, Washington: Hogrefe and Huber.

Cameron, N., & Rychlak, J. F. (1985). *Personality development and psychopathology: A dynamic approach*. Boston: Houghton Mifflin.

Carlson, E. A. (1998). A prospective longitudinal study of attachment disorganization/disorientation. *Child Development, 69*, 1107–1128.

Chefetz, RA. (1997) Special case transference and countertransference in the treatment of dissociative identity disorder. *Dissociation, 10*(4), 255–265.

Chefetz, R. A. (2000a). Affect dysregulation as a way of life. *Journal of the American Academy of Psychoanalysis, 28*, 289–303.

Chefetz, R.A. (2015). *Intensive psychotherapy for persistent dissociative processes: The fear of feeling real*. New York: Norton.

Chefetz, R. A., & Bromberg, P. M. (2004), Talking with "me" and "not-me": A dialogue. *Contemporary Psychoanalysis, 40*, 409–464.

Chu, J. A. (1998), *Rebuilding shattered lives*. New York: Wiley.

Cloitre, M., Garvert, D. W., Brewin, C. R., Bryant, R. A., & Maercker, A. (2013).

Evidence for proposed ICD-11 PTSD and complex PTSD: A latent profile analysis. *European Journal of Psychotraumatology, 4*, 20706.

Courtois, C. A. (1999). *Recollections of sexual abuse: Treatment principles and guidelines.* New York, NY: Norton.

Courtois, C. A. (2004). Complex trauma, complex reactions: Assessment and treatment. *Psychotherapy: Theory, Research, Practice, & Training, 41*, 412-425.

Courtois, C. A., & Ford, J. D. (2009). *Treating complex traumatic stress disorders: An evidence-based guide.* New York, NY: Guilford Press.

Dalenberg, C. (2000). *Countertransference and the treatment of trauma.* Washington, DC: American Psychological Association.

Dalenberg, C. J. (2004). Maintaining the safe and effective therapeutic relationship in the context of distrust and anger: Countertransference and complex trauma. *Psychotherapy: Theory, research, practice, training, 41*(4), 438-447.

Davies, J. M. (1996), Linking the "pre-analytic" with the postclassical: Integration, dissociation, and the multiplicity of unconscious process. *Contemporary Psychoanaysis, 32*, 553-576.

Davies, J. M., & Frawley, M. G. (1994). *Treating the adult survivor of childhood sexual abuse: A psychoanalytic perspective.* New York: Basic Books.

Dell, P. F. (2009). Understanding dissociation. In P. F. Dell & J. A. O'Neil (Eds.), *Dissociation and the dissociative disorders: DSM–V and beyond* (pp. 709-825). New York: Routledge.

Devereux, G. (1953). Why Oedipus killed Laius: A note on the complementary Oedipus complex in Greek drama. *International Journal of Psycho-Analysis, 32*, 132.

Dutton, D. C., & Painter, S. L. (1981). Traumatic bonding: The development of emotional attachments in battered women and other relationships of intermittent abuse. *Victimology, 6*, 139-155.

Ehling, T., Nijenhuis, E. R. S. & Krikke, A. P. (2003). Volume of discrete brain structures in florid and recovered DID, DDNOS and healthy controls. Presented at 20th Annual Conference of the International Society for the Study of Dissociation, Chicago, November 4, 2003.

Ellenberger, H. (1970). *The discovery of the unconscious: The history and evolution of dynamic psychiatry.* New York: Basic Books.

Erdelyi, M. H. (1990). Repression, reconstruction, and defense: History and integration of the psychoanalytic and experimental frameworks. In J. L. Singer (Ed.),

Repression and dissociation: Implications for personality theory, psychopathology, and health (pp. 1–32). Chicago: University of Chicago Press.

Erdelyi, M. H. (1992). Psychodynamics and the unconscious. *American Psychologist, 47*, 784–787.

Erdelyi, M. H. (1994). Dissociation, defense, and the unconscious. In D. Spiegel (Ed.), *Dissociation, culture, mind and body* (pp. 3–20). Washington, DC: American Psychiatric Press.

Erdelyi, M. H. (2001). Defense processes can be conscious or unconscious. *Amer. Psychol., 56*, 761–762.

Fairbairn, R. (1944/1952). *Psychoanalytic Studies of the Personality*. Boston: Routledge & Kegan Paul.

Fairbairn, W. R. D. (1929). Dissociation and repression. In: E. D. Scharff & E. F. Birtles (Eds.), *From Instinct to Self. Selected Papers of* W. R. D. *Fairbairn. Volumes II* (pp. 13–79). Northvale (NJ)/London: Jason Aronson 1994.

Fairbairn, W. R. D. (1929/1994). Dissociation and repression. In E. F. Birtles & D. E. Scharff (Eds.), *From instinct to self: Selected papers of W. R. D. Fairbairn* (Vol. 2, pp. 13–73). Northvale, NJ: Aronson.

Fairbairn, W. R. D. (1958/1994). On the nature and aims of psychoanalytical treatment. In E. F. Birtles & D. E. Scharff (Eds.), *From instinct to self: Selected papers of* W. R. D. *Fairbairn* (Vol. 1, pp. 74–92). Northvale, NJ: Aronson.

Felitti, V. J., Anda, R. F., Nordenberg, D., Williamson, D. F., Spitz, A. M., Edwards, V., Koss, M. P., Marks, J. S. (1998). Relationship of childhood abuse and household dysfunction to many of the leading causes of death in adults. The Adverse Childhood Experiences (ACE) Study. *American Journal of Preventative Medicine, 14*(4), 245–258.

Ferenczi, S. (1931/1980). Notes and fragments: Relaxation and education. In M. Balint (Ed.) (E. Mosbacher, Trans.), *Final contributions to the problems and methods of psycho-analysis* (pp. 236–238). London, England: Karnac Books.

Ferenczi, S. (1949). Confusion of the tongues between the adults and the child—(The language of tenderness and of passion). I*nternational Journal of Psycho-Analysis, 30*, 225–230.

Fine, C. G. (1993). A tactical integrationalist perspective on the treatment of multiple personality disorder. In R. P. Kluft & C. G. Fine (Eds.), *Clinical perspectives on multiple personality disorder* (pp. 135–153). Washington, DC: American

Psychiatric Press.

Fitzgerald, M. (2017). Why did Sigmund Freud refuse to see Pierre Janet? Origins of psychoanalysis: Janet, Freud or both? *History of Psychiatry, 28*(3), 358-364.

Fonagy, P. (2000). Attachment and borderline personality disorder. *American Psychoanalytical Association, 48*, 1129-1146.

Fonagy, P. (2001). *Attachment theory and psychoanalysis*. New York: Other Press.

Fonagy, P., Gergely, G., Jurist, E. L., & Target, M. (2002). *Affect regulation, mentalization, and the development of the self*. New York: Other Press.

Frankl, V. (1959). *Man's search for meaning: An introduction to logotherapy*. New York, NY: Pocket Books.

Freud, S. (1893/1962). Obituary for Charcot. In J. Strachey (Ed. & Trans.), *The standard edition of the complete psychological works of Sigmund Freud* (Vol. 3, pp. 11-33). London: Hogarth Press.

Freud, S. (1894/1962). Further remarks on the neuropsychoses of defense. In J. Strachey (Ed. & Trans.), *The standard edition of the complete psychological works of Sigmund Freud* (Vol. 3, pp. 45-61). London: Hogarth Press.

Freud, S. (1896/1962). The aetiology of hysteria. In J. Strachey (Ed. & Trans.), *The standard edition of the complete psychological works of Sigmund Freud* (Vol. 3, pp. 187-221). London: Hogarth Press.

Freud, S. (1905/1953). Three essays on the theory of sexuality. In J. Strachey (Ed. & Trans.), *The standard edition of the complete psychological works of Sigmund Freud* (Vol. 7, pp. 125-248). London: Hogarth Press.

Freud, S. (1910/1957). Five lectures on psychoanalysis. In J. Strachey (Ed. & Trans.), *The standard edition of the complete psychological works of Sigmund Freud* (Vol. 11, pp. 26-27). London: Hogarth Press.

Freud, S. (1915/1957). Repression. In J. Strachey (Ed. & Trans.), *The standard edition of the complete psychological works of Sigmund Freud* (Vol. 14, pp. 146-158). London: Hogarth Press.

Freud, S. (1917/1959). Mourning and melancholia. In J. Strachey (Ed. & Trans.), *The standard edition of the complete psychological works of Sigmund Freud* (Vol. 14, pp. 237-260). London: Hogarth Press.

Freud, S. (1921/1955). Group psychology and analysis of the ego. In J. Strachey (Ed. & Trans.), *The standard edition of the complete psychological works of Sigmund Freud* (Vol. 18, pp. 65-143). London: Hogarth Press.

Freud, S. (1923/1961). The ego and the id. In J. Strachey (Ed. & Trans.), *The standard edition of the complete psychological works of Sigmund Freud* (Vol. 19, pp. 1–16). London: Hogarth Press.

Freud, S. (1924). The dissolution of the Oedipus complex. In J. Strachey (Ed. & Trans.), *The standard edition of the complete psychological works of Sigmund Freud* (Vol. 19, pp. 172–179. London: Hogarth Press.

Freyd, J. (1996). *Betrayal trauma: The logic of forgetting childhood abuse*. Cambridge, MA: Harvard University Press.

Fromm, E. (1980). *Greatness and limitations of Freud's thought*. New York: Signet.

Fromm, E. (1987). Significant developments in clinical hypnosis during the past 25 years. *International Journal of Clinical and Experimental Hypnosis, 35*(4), 215–230.

Gabbard, G. O., & Lester, E. P. (1995). Boundaries and boundary violations in psychoanalysis. New York: Basic Books.

Gallese, V. (2009a). Mirror neurons, embodied simulations, and the neural basis of social identifications. Psychoanalytic Dialogues, 19(5), 519–536.

Gallese, V. (2009b). Mirror neurons and the neural exploitation hypothesis: From embodied simulation to social cognition. In J. A. Pineda (Ed.) *Mirror neuron systems: The role of mirroring processes in social cognition* (pp. 163–190). New York: Springer.

Gallese, V., Fadiga, L., Fogassi, L. & Rizzolatti, G. (1996). Action recognition in the premotor cortex. *Brain*, 119(7), 593–609.

Gartner, R. (1999). *Betrayed as boys*. New York: Basic Books.

Gartner, R. B. (2014). Trauma and countertrauma, resilience and counterresilience. *Contemporary Psychoanalysis, 50*(4), 609–626.

Gay, P. (1988). *Freud: A life for our time*. New York: Norton.

Gilligan, C. (1982). *In a different voice*. Cambridge, MA: Harvard University Press.

Gold, S. N. (2000). *Not trauma alone: Therapy for child abuse survivors in family and social context*. Philadelphia: Brunner/Routledge.

Greenberg, J., & Mitchell, S. (1983). *Object relations in psychoanalytic theory*. Cambridge, MA: Harvard University Press.

Greulich, H., & Cernicack, A. (2019). Brains that learn not to fear. *Nature, 566*, 335–336.

Grotstein, J. S. (1999), The alter ego and deja vu phenomena. In: *The Plural Self: Multiplicity in Everyday Life*, ed. J. Rowan & M. Cooper. Thousand Oaks, CA:

Sage, pp. 28–50.

Gunderson, J. G., & Chu, J. A. (1993). Treatment implications of past trauma in borderline personality disorder. *Harvard Review of Psychiatry, 1*, 75–81.

Gunderson, J. G., & Sabo, A. N. (1993). The phenomenological and conceptual interface between borderline personality disorder and PTSD. *American Journal of Psychiatry, 150*, 19–27.

Hanly, C. (1986). The assault on truth: Freud's suppression of the seduction theory (book review). *International Journal of Psycho-Analysis, 67*: 517–519.

Harlow, H. & Zimmerman (1958) *Proceedings of the American Philosophical Society 102* (5), 501–509.

Harris, N. (2018). *The deepest well: Healing the long-term effects of childhood adversity*. New York: Houghton Mifflin Harcourt.

Hartmann, H. (1939/1958). *Ego psychology and the problem of adaptation*. (David Rapaport, Trans.). New York: International Universities Press.

Herman, J. L. (1992). *Trauma and recovery: The aftermath of violence from domestic abuse to political terror*. New York: Basic Books.

Hesse, E., & Main, M. (1999). Second generation effects of unresolved trauma in non-maltreating parenting: Dissociated, frightened and threatening parental behavior. *Psychoanalytic Inquiry, 19*(48), 1–540.

Hilgard, E. (1977). *Divided consciousness: Multiple controls in human thought and action*. New York: Wiley.

Holmes, D. (1990). The evidence of repression: An examination of sixty years of research. In J. L. Singer (Ed.), *Repression and dissociation: Implications for personality theory, psychopathology, and health* (pp. 85–119). Chicago: University of Chicago Press.

Hopenwasser, K. (2008). Being in rhythm: Dissociative attunement in therapeutic process. *Journal of Trauma & Dissociation, 9*(3), 349–367.

Howell, E. F. (1981). Women: From Freud to the present. In E. F. Howell & M. Bayes (Eds.), *Women and mental health* (pp. 3–25). New York: Basic Books.

Howell, E. F. (1996). Dissociation in masochism and psychopathic sadism. *Contemporary Psychoanalysis, 32*(3), 427–453.

Howell, E. F. (1997). Desperately seeking attachment: A psychoanalytic reframing of harsh superego. *Dissociation, 10*, 230–239.

Howell, E. F. (1999). Back to the States: Victim Identity and Abuser Identification in Borderline Personality Disorder. Presented at the Sixteenth Annual Conference of the International Society for the Study of Dissociation, November 12, 1999, Miami.

Howell, E. F. (2002). Back to the "states": Victim and abuser states in borderline personality disorder, *Psychoanalytic Dialogues, 12*(6), 921-957.

Howell, E. F. (2003). Narcissism: A relational aspect of dissociation, *Journal of Trauma And Dissociation, 4*(3), 51-71.

Howell, E. F. (2005). *The dissociative mind.* Hillsdale, NJ: Analytic Press.

Howell, E. F. (2008). Inside and outside: "Trauma/dissociation/relationality" as a framework for understanding psychic structure and problems in living. *Psychoanalytic Perspectives, 5* (1), 47-67.

Howell, E. F. (2014a). Ferenczi's concept of identification with the aggressor: Implications for understanding the dissociative structure of mind involving interacting victim and abuser self-states. *American Journal of Psychoanalysis, 74*(1), 48-59.

Howell, E. F. (2014b). Dreaming Dissociative Multiplicity. Presented at the European Society for the Study of Trauma and Dissociation (ESTD), March 28, 2014, Copenhagen, Denmark.

Howell, E. F. (2016). Models of dissociation in Freud's work: Outcomes of dissociation of trauma in theory. Chapter 6. In E. F. Howell & S. Itzkowitz (Eds.), *The dissociative mind in psychoanalysis: Understanding and working with trauma* (pp. 73-84). New York: Routledge.

Howell, E. F. (2017). Speaking to and validating emotional truth in the jurybuilt self: On therapeutic action in the psychoanalytic treatment of trauma. In Richard Gartner (Ed.), *Trauma and countertrauma, resilience and counterresilience: Insights from psychoanalysts and trauma experts* (pp. 97-111). New York: Routledge.

Howell, E. F. (2018). Regressing to reality: Finding and listening to the inner world of the traumatized child. In Aleksandar Dimitrijevic, Gabriele Cassullo, & Jay Frankel (Eds.), *In the tradition of Sandor Ferenczi* (pp. 147-152), New York: Karnac.

Howell, E.F. (2018). Outsiders to love: The character and dilemma of the psychopath. *Contemporary Psychoanalysis, 54* (1), 17-39.

Howell, E. F. (2019). From hysteria to chronic relational trauma disorder: The history of borderline personality disorder and its connection to trauma, dissociation, and psychosis. In Andrew Moskowitz, Martin Dorahy & Ingo Schafer (Eds.):

Dissociation and psychosis: Evolving perspectives on severe psychopathology (pp. 83-96). New York: Wiley.

Howell, E. F., & Blizard, R. A. (2009). Chronic relational trauma: A new diagnostic scheme for borderline personality and the spectrum of dissociative disorders. In P. F. Dell & J. A. O'Neil (Eds.), *Dissociation and the dissociative disorders: DSM– V and beyond* (pp. 599-624). New York, NY: Routledge.

Howell, E. F., & Itzkowitz, S. (2016a). Is trauma-analysis psycho-analysis? Chapter 1. In E. F. Howell & S. Itzkowitz (Eds.), *The dissociative mind in psychoanalysis: Understanding and working with trauma.* 7-19. New York: Routledge.

Howell, E. F., & Itzkowitz, S. (2016b). From trauma-analysis to psychoanalysis and back again. Chapter 2. In E. F. Howell & S. Itzkowitz (Eds.), *The dissociative mind in psychoanalysis: Understanding and working with trauma.* 20-32. New York: Routledge.

Howell, E. F. & Itzkowitz, S. (2016c) The everywhereness of trauma and the dissociative structuring of the mind. Chapter 3. In E. F. Howell & S. Itzkowitz (Eds.), *The dissociative mind in psychoanalysis: Understanding and working with trauma* (pp. 33-43). New York: Routledge.

Howell, E.F. & Itzkowitz, S. (2018). Introduction to special issue on human evil and psychopathy. *Contemporary Psychoanalysis, 54* (1), 5-16.

Itzkowitz, S. (2019). Psychopathy and human evil: An overview. In: Sheldon Itzkowitz & Elizabeth Howell, *Psychoanalysts, psychologists, and psychiatrists discuss psychopathy and human evil* (pp. 13-37). New York, NY: Routledge.

Hunt, T. (2018, December). The hippies were right: It's all about vibrations, man! *Scientific American.*

James, W. (1902/1958). V*arieties of religious experience.* New York, NY: New American Library.

Jacobvitz, D. (2000, November). *Disorganized mental processes in mothers, frightening caregiving, and disorganized and disoriented attachment behavior in infants.* Presented at 17th International Fall Conference of the International Society for the Study of Dissociation, San Antonio, TX.

Janet, P. (1885). Note sur quelques phenomenes de somnambulisme. *Bulletin de la Societe de Psychologie Physiologique, 1*: 24-32. Also in: *Revue Philosophique, 1886, 21,1*: 190-198.

Janet, P. (1886a). Les actes inconscients et le dedoublement de la personnalite pendant l'etat somnambulisme provoque. *Revue Philosophique 22, II*: 577–792.

Janet, P. (1886b). Deuxieme note sur le sommeil provoque a distance et la suggestion mental pendant l'etat somnambulique. *Bulletin de la Societe de Psychologie Physiologique, 2*, 70–80. Also in: *Revue Philosophique*, 1886, *22, II*: 212–223.

Janet, P. (1887). L'anesthesie systematisee et la dissociation des phenomenes psychologiques. *Revue Philosophique, 23(1)*, 449–472.

Janet, P. (1888). Les actes inconscients et la memoire pendant le somnambulisme. *Revue Philosophique, 25(1)*, 238–279.

Janet, P. (1889). *L'Automatisme Psychologique: Essai de Psychologie Experimentale sur les Formes Inferieures de l'Activite Humaine*. Paris: Felix Alcan. Reprint: Paris: Societe Pierre Janet, 1973. (Italian edition: *L'Automatismo Psicologico*. Milano: Raffaello Cortina, 2013.)

Janet, P. (1907). *The major symptoms of hysteria: Fifteen lectures given in the medical school of Harvard University*. New York/London: Macmillan. doi:10.1037/10923-000

Janet, P. (1919). *Les Medications Psychologiques*. Paris: Felix Alcan. (English edition: *Psychological Healing* (1925). New York: Macmillan).

Janet, P. (1925/1976), *Psychological healing, Vol. 1*. New York: Macmillan (Reprint: Arno Press).

Kalsched, D. E. (1996). *The inner world of trauma: Archetypal defenses of the personal spirit*. New York: Routledge.

Karpman, S. (1968). Fairy tales and script drama analysis. *Transactional Analysis Bulletin, 26*(7), 39–43.

Kernberg, O. (1975). *Borderline conditions and pathological narcissism*. New York: Jason Aronson.

Kernberg, O. F. (1980). *Internal world and external reality*. New York: Aronson.

Kernberg, O. F. (1984). *Severe personality disorders*. New Haven, CT: Yale University Press.

Kilpatrick, D., Resnick, H., Milanack, M., Miller, M., Keyes, K., & Friedman, M. (2013). National estimates of exposure to traumatic events and PTSD prevalence using DSM-IV and DSM-5 criteria, *Journal of Traumatic Stress, 5*, 537–547.

Kihlstrom, J. F. (1984). Conscious, subconscious, unconscious: A cognitive perspective. In, K. S. Bowers & D. Meichenbaum (Eds.), *The unconscious reconsidered*. New York: Wiley, pp. 149–210.

Kluft, R. (1984). Treatment of multiple personality disorder. *Psychiatric Clinics of North*

America, 7, 9–29.

Kluft, R. P. (1987). First rank symptoms as diagnostic indicators of multiple personality disorder. *American Journal of Psychiatry, 144*, 293–298.

Kluft, R. P. (1999). Current issues in dissociative identity disorder. *Practical Psychiatry and Behavioral Health, 5*, 3–19.

Kluft, R. P. (1993). Treatment of dissociative disorder patients: An overview of discoveries, successes, and failures. *Dissociation, 6*, 87–101.

Kluft, R. P. (2013). *Shelter from the storm: Processing the traumatic memories of DID/ DDNOS patients with the fractionated abreaction technique.* North Charleston, SC: CreateSpace Publishing Platform.

Kohut, H. (1959). Introspection, empathy, and psychoanalysis: An examination of the relation between mode of observation and theory. In P. H. Ornstein (Ed.), *The search for the self* (Vol. 1, pp. 205–232). New York: International Universities Press.

Kohut, H. (1971). *The analysis of the self.* New York: International University Press.

Kohut, H. (1984). *How does analysis cure?* Chicago: University of Chicago Press.

Kohlberg, L. (1966). A cognitive-development anaysis of children's sex-role concepts and attitudes. In E. E. Maccoby. (Ed.), *The development of sex differences*, pp. 82–173. Stanford, CA: Stanford University Press.

Kohlberg, L. (1971). From is to ought: How to commit the naturalistic fallacy and get away with it in the study of moral development. In T. Mischel. (Ed.), *Cognitive Development and Epistemology*, pp. 151–235. New York: Academic Press,.

Kroll, J. (1993). *PTSD/borderlines in therapy*. New York, NY: Norton.

Kuhn, P. (2002). "Romancing with a wealth of detail": Narratives of Ernest Jones's 1906 trial for indecent assault. *Studies in gender and sexuality, 3*, 344–379.

Kuhn, TS. (1962). *The structure of scientific revolutions*. Chicago, IL: University of Chicago Press.

Kupersmid, J. (1993). Freud's rationale for abandoning the seduction theory. *Psychoanalytic Psychology, 10*, 275–290.

Kuriloff, E. (2013). *Contemporary psychoanalysis and the legacy of the Third Reich: History, memory, tradition*. New York: Routledge.

Laplanche, J., & Pontalis, J.-B. (1973). *The language of psycho-analysis*. New York: Norton.

Laub, D. (2015). Listening to my mother's testimony. *Contemporary Psychoanalysis. 51*(2), pp. 151–235.

Laub, D., & Auerhahn, N. C. (1989). Failed empathy—A central theme in the survivor's Holocaust experience. *Psychoanalytic Psychology, 6*(4), 377–400.

Laub, D., & Auerhahn, N. C. (1993). Knowing and not knowing massive psychic trauma: Forms of traumatic memory. *International Journal of Psycho-Analysis, 74*, 287–302.

Leighton, J. (2016). Precarious places: Intersubjectivity in traumatized states. In E. F. Howell & S. Itzkowitz (Eds.). *The dissociative mind in psychoanalysis: Understanding and working with trauma* (pp. 127–137). New York: Routledge.

Levine, P. A. (2015). *Trauma and memory: Brain and body in a search for the living past.* Berkeley, CA: North Atlantic Books.

Levine, P. A. (1997). *Waking the tiger: Healing trauma.* Berkeley, CA: North Atlantic Books.

Lewis, H. B. (1971). *Shame and guilt in neurosis.* New York: International Universities Press.

Lewis, H. B. (1981), *Freud and modern psychology, Vol. 1: The emotional basis of mental illness.* New York: Plenum Press.

Lewis, H. B. (1990), Shame, repression, field dependence and psychopathology. In J. Singer (Ed.), *Repression and dissociation: Implications for personality theory, psychopathology and health* (pp. 233–258). Chicago: University of Chicago Press.

Lewis, M. (1992), *Shame: The exposed self.* New York: Free Press.

Liotti, G. (1992). Disorganized/disoriented attachment in the etiology of the dissociative disorders. *Dissociation, 5*, 196–204.

Liotti, G. (1995). Disorganized/disoriented attachment in the psychotherapy of the dissociative disorders. In S. Goldberg, R. Moire, & J. Kerr (Eds.) *Attach-ment theory: Social, developmental and clinical Perspectives* (pp. 343–363). Hillsdale, NJ: Analytic Press.

Liotti, G. (1999). Understanding the dissociative processes: The contribution of attachment theory. *Psychoanalytic Inquiry, 19*(5), 757–783.

Liotti, G. (2004). Trauma, dissociation and disorganized attachment: Three strands of a single braid. *Psychotherapy: Theory, Research, Practice, Training, 41*, 472–486.

Liotti, G. (2006). A model of dissociation based on attachment theory and research. *Trauma & Dissociation, 7*, 55–74.

Liotti, L., & Gumley, A. (2008). An attachment perspective on schizophrenia: The role of disorganized attachment, dissociation and mentalization. In A. Moskowitz, I. Schafer, & M. J. Dorahy (Eds.), *Psychosis, trauma, and dissociation: Emerging perspectives on severe psychopathology* (pp. 117-133). London, England: John Wiley.

Loeveninger, J. (1976). *Ego development: Conceptions and theories*. New York: Jossey-Bass.

Loewenstein, R. J. (1993). Posttraumatic and dissociative aspects of transference and counter-transference in the treatment of multiple personality disorder. In R. P. Kluft & C. G. Fine (Eds.), *Clinical perspectives on multiple personality disorder* (pp. 51-85).Washington, DC: American Psychiatric Press.

Luxenberg, T., Spinazzola, J., & Van der Kolk, B. A. (2001). Complex trauma and disorders of extreme stress (DESNOS) diagnosis, Part 1: Assessment. *New Directions in Psychiatry, 21*(25), 373-394

Lynd, H. (1958). *On shame and the search for identity*. New York: Harcourt Brace.

Lyons-Ruth, K. (1999). Two-person unconscious: Intersubjective dialogue, enactive relational representation, and the emergence of new forms of relational organization. *Psychoanalytic Inquiry, 19*, 576-617.

Lyons-Ruth, K. (2001). The two-person construction of defenses: Disorganized attachment strategies, unintegrated mental states and hostile/helpless relational processes. *Psychologist-Psychoanalyst, 21*(1), 40-45.

Lyons-Ruth, K. (2003a, November 1). Disorganized attachment and the relational context of dissociation. Presented at 19th Annual Meeting of the International Society for Traumatic Stress Studies, Chicago, IL.

Lyons-Ruth, K. (2003b). Dissociation and the parent-infant dialogue: A longi-tudinal perspective from attachment research. *American Psychoanalytic Association, 51*, 883-911.

Lyons-Ruth, K. (2006). The interface between attachment and intersubjectivity: Perspective from the longitudinal study of disorganized attachment. *Psychanalytic Inquiry, 26*, 595-616.

Main, M. (1995). Recent studies in attachment: Overview, with selected implications for clinical work. In S. Goldberg, R. Muir, & J. Kerr (Eds.), *Attachment theory: Social, developmental, and clinical perspectives* (pp. 407-474). Hillsdale, NJ: Analytic Press, Inc.

Main, M., & Solomon, J. (1986). Discovery of a new, insecure-disorganized/disoriented attachment pattern. In M. Yogman & T. B. Brazelton (Eds.), *Affective development in infancy* (pp. 95–124). Norwood, NY: Ablex Press.

Main, M., & Solomon, J. (1990). Procedures for identifying infants as disorganized/disoriented during the Ainsworth Strange Situation. In M. T. Greenberg, D. Cicchetti, & E. M. Cummings (Eds.), *Attachment in the preschool years* (pp. 121–160). Chicago: University of Chicago Press.

Maldonado, J. R. & Spiegel, D. (1998), Trauma, dissociation, and hypnotizability. In J. D. Bremner & C. R Marmar (Eds.), *Trauma, memory, and dissociation.*

Marx, B. P., Forsyth, J. P., Gallup, G. G., Fuse, T., & Lexington, J. M. (2008). Tonic immobility as an evolved predator defense: Implications for sexual assault survivors. *Clinical Psychology: Science and Practice, 15*, 74–90.

Masson, J. M. (1984). *The assault on truth*. New York: Signet.

Masson, J. M. (Ed.). (1985). *The complete letters of Sigmund Freud to Wilhelm Fliess*. Cambridge, MA: Harvard University Press.

Mate, G. (2003). *When the body says NO: Exploring the stress-disease connection*. Hoboken, NJ: Wiley.

McWilliams, N. (2011). *Psychoanalytic diagnosis: Understanding personality structure in the clinical process* (2nd ed.). New York, NY: Guilford.

Meltzoff, A. N. & Moore, M. K. (1977). Imitation of facial and manual gestures by human neonates. *Science, 198*(4312), 75–78.

Mitchell, S. (1988). *Relational concepts in psychoanalysis*. Cambridge, MA: Harvard University Press.

Middleton, W., Dorahy, M. J., & Moskowitz, A. (2008). Historical conceptions of dissociation and psychosis: Nineteenth and early twentieth century perspectives on psychopathology. In A. Moskowitz, I. Schafer, & M. J. Dorahy (Eds.), *Psychosis, trauma, and dissociation: Emerging perspectives on severe psychopathology* (pp. 9–20). London, England: John Wiley.

Mitchell, S. (1991). Contemporary perspectives on self: Toward an integration. *Psychoanalytic Dialogues, 1*, 121–147.

Mitchell, S. (1993), *Hope and dread in psychoanalysis.* New York: Basic Books.

Moskowitz, A. (2004). Scared stiff: Catatonia as an evolutionary-based fear response. *Psychological Review, 111*, 984–1002.

Moskowitz, A. (2008). Association and dissociation in the historical concept of schizophrenia. In A. Moskowitz, I. Schafer, & M. J. Dorahy (Eds.). *Psychosis, trauma, and dissociation: Emerging perspectives on severe psychopathology* (pp. 35–50).

London: Wiley.

Moskowitz, A., Heinimaa, M., & Van der Hart, O. (2019). Defining psychosis, trauma, and dissociation: Historical and contemporary conceptions. In A. Moskowitz, I. Schafer, and M. Dorahy (Eds.), *Psychosis, trauma, and dissociation: Evolving perspectives on severe psychopathology* (pp. 9–29). New York: Wiley.

Myers, C. S. (1940). *Shell shock in France: 1914-18*. Cambridge: Cambridge University Press.

Nagel E., & Newman, J. (1958). *Godel's proof*. New York: New York University Press.

Nathanson, D. (Ed.) (1987). *The many faces of shame*. New York: Guilford

Neumann, E. (1955/1963). *The great mother: An analysis of an archetype*. Bollington/Princeton University Press.

Newton, P.M. (1973). Social structure and process in psychotherapy: A sociopsychological approach to transference, resistance and change. *International Journal of Psychiatry*. 2: 480–512.

Nijenhuis, E. R. S. (2000). Somatoform dissociation: Major symptoms of dissociative disorders. *Journal of Trauma & Dissociation, 1*(4), 7–32.

Nijenhuis, E. R. S. (2003), Looking into the brains of patients with dissociative disorders. *Internat. Soc. Study Dissoc. News, 21*(2), 6–9.

Nijenhuis, E.R. S. & Den Boer, J.A. (2007). Psychobiology of traumatization and trauma-related structural dissociation of the personality. In Eric Vermetten, Martin Dorahy & David Spiegel (Eds), *Traumatic dissociation: Neurobiology and treatment* (pp. 219–236). Washington D.C.: American Psychiatric Publishing.

Nijenhuis, E. R. S., Spinhoven, P., Vanderlinden, J., Van Dyck, R., & Van der Hart, O. (1998). Somatoform dissociative symptoms as related to animal defensive reactions to predatory imminence and injury. *Abnormal Psychology, 107*, 63–73.

Nijenhuis, E. R. S., & van der Hart, O. (1999). Forgetting and reexperiencing trauma. In J. M. Goodwin & R. Attias (Eds.), *Splintered reflections: Images of the body in trauma* (pp. 39–65). New York: Basic Books.

Nijenhuis, E. R. S., Vanderlinden, J., & Spinhoven, P. (1998). Animal defensive reactions as a model for trauma-induced dissociative reaction. *Journal of Traumatic Stress, 11*(2), 243–260.

Ogden, P. (2019). Acts of triumph: An interpretation of Pierre Janet and the role of the body in trauma treatment. In: G. Craparo, F. Ortu, and O. van der Hart (Eds.), *Rediscovering Pierre Janet: Trauma, dissociation, and a new context for psychoanalysis* (pp. 200–209). London and New York: Routledge.

Ogden, P., Minton, K. & Pain, C. (2006). *Trauma and the body: A sensorimotor approach to psychotherapy*. New York, NY: Norton.

O'Neil, J. (2009). Dissociative multiplicity and psychoanalysis. In P. F. Dell & J. F. O'Neil (Eds.), *Dissociation and the dissociative disorders: DSM–V and beyond* (pp. 287–325). New York: Routledge.

Ogawa, J. R., Sroufe, L. A., Weinfeld, N. S., Carlson, E. A., & Egeland, B. (1997). Development and the fragmented self: Longitudinal study of dissociative symptomology in nonclinical sample. *Development and Psychopathy, 9*, 855–879.

Palermo, C. A., & Brand, B. L. (2019). Can the Trauma Symptom Inventory-2 distinguish coached simulators from dissociative disorder patients? *Psychological Trauma: Theory, Research, Practice, & Policy*. doi:10.1037/tra0000382

Pearlman, L. A., & Saakvitne, K. W. (1995). Countertransference responses to dissociative processes in psychotherapy. In L. A. Pearlman & K. W. Saakvitne (Eds.), *Trauma and the therapist* (pp. 120–146). New York, NY: W. W. Norton.

Perlman, S. (2014). Who dissociates? Incest survivor or therapist? *Progress in Self Psychology*, 20, 95–108

Perry, B. (1999). The memory of states: How the brain stores and retrieves traumatic experience. In J. Goodwin and R. Attias (Eds.), *Splintered reflections: Images of the body in treatment* (pp. 9–38). New York: Basic Books.

Pines, M. (1989). On history and psychoanalysis. *Psychoanalytic Psychology, 6*, 121–136.

Pivnick, B.A. (2017). Transforming collapse: Applying clinical psychoanalysis to the relational design of the National September 11 Memorial Museum. I*nternational Forum of Psychoanalysis: Violence, Terror and Terrorism Today: Psychoanalytic Perspectives, Part II, 26*(4), 248–257.

Porges, S. (2011). *The polyvagal theory: Neurophysiological foundations of emotions, attachment, communication, and self-regulation*. New York: Norton.

Putnam, F. W. (1989). *The diagnosis and treatment of multiple personality disorder*. New York, NY: Guilford Press.

Putnam, F. W. (1997). *Dissociation in children and adolescents: A developmental perspective*. New York: Guilford Press.

Putnam, F. W. (2016). *The way we are: How states of mind influence our identities, personality, and potential for change*. New York: IP Books.

Putnam, F. W. (2017). International Society for the Study of Trauma and Dissociation, virtual book club, March 1, 2017.

Putnam, F. W., Guroff, J. J., Silberman, E. K., Barban, L., & Post, R. M. (1986). The clinical phenomenology of multiple personality disorder. *Journal of Clinical Psychiatry, 47*, 285–293.

Reinders, A. A. T. S., Nijenhuis, E. R. S., Paans, A. M., Korf, J., Willemsen, A. T., den Boer, J. A. (2003). One brain, two selves. *NeuroImage, 20*, 2119–2125.

Reinders, A. A. T. S., Nijenhuis, E. R. S., Quak, J., Korf, J., Haaksma, J., Paans, A. M., Willemsen, A. T., den Boer, J. A. (2006). Psychobiological characteristics of dissociative identity disorder: A symptom provocation study. *Biological Psychiatry, 60*, 730–740.

Rosenfeld, H. (1971). A psychoanalytic approach to the theory of the life and death instincts: An investigation into the aggressive aspects of narcissism. *International Journal of Psycho-Analysis, 52*, 169–178.

Ross, C. A. (1989). *Multiple personality disorder*. New York: Wiley.

Ross, C. A. (2009, May). Members' clinical corner: Expert commentary: *How the dissociative structural model integrates DID and PTSD, plus a wide range of comorbidity*. McLean, VA: International Society for the Study of Trauma and Dissociation. Retrieved from http://www.isst-d.org/

Ross, J. (1982). Oedipus revisited—Laius and the "Laius complex." *Psychoanalytic Study of the Child, 37*, 169–174. New Haven, CT: Yale University Press.

Rothschild, B. (2000). *The body remembers: The psychophysiology of trauma and trauma treatment.* New York: Norton.

Ryle, A. (1997a). The structure and development of borderline personality disorder: A proposed model. *British Journal of Psychiatry, 170*, 82–87.

Ryle, A. (1997b). *Cognitive analytic therapy and borderline personality disorder: The model and the method.* New York: Wiley.

Ryle, A. (2003). Something more than the "something more than interpretation" is needed: A comment on the paper by the Process of Change Study Group. *International Journal of Psycho Analysis, 84*(Part 1), 109–118.

Sagan, E. (1988). *Freud, Women and Morality: The Psychology of Good and Evil.* New York: Basic Books.

Salter, A. (2003). *Predators: Pedophiles, rapists and other sex offenders*. New York: Basic Books.

Salyard, A. (1988). Freud as Pegasus yoked to the plough. *Psychoanal. Psychol., 5*, 403–

429.

Sapolsky, R. M. (2004). *Why zebras don't get ulcers*. New York: Henry Holt.

Şar, V. (2011). Epidemiology of dissociative disorders: An overview. *Epidemiology Research International*, 1–8. doi:10.1155/2011/404538

Saunders R., Jacobvitz D, Zaccagnino M, Beverung LM, Hazen N. (2011). Pathways to earned security: the role of alternative support figures. *Attach Hum Dev. 4*, 403–20. doi: 10.1080/14616734.2011.584405.

Scaer, R. C. (2001). T*he body bears the burden: Trauma, dissociation, and disease*. Binghamton, NY: Haworth Medical Press.

Schneider, K. (1939/1959). *Psychisher befund and psychiatrische diagnose [Clinical psychopathology* (5th ed)]. New York, NY: Grune and Stratton.

Salter, A. (2003). *Predators: Pedophiles, rapists and other sex offenders*. New York: Basic Books.

Schore, A. N. (1997). *Affect regulation and the origin of the self*. Mahwah, NJ: Lawrence Erlbaum Associates.

Schore, A. N. (2003a), *Affect dysregulation and disorders of the self*. New York: Norton.

Schore, A. N. (2003b). *Affect regulation and the repair of the self*. New York: Norton.

Schore, A. N. (2009). Attachment trauma and the developing right brain: Origins of pathological dissociation. In P. F. Dell & J. F. O'Neil (Eds.), *Dissociation and the dissociative disorders: DSM–V and beyond* (pp. 107–141). New York: Routledge.

Schore, A. N. (2019). The growth-promoting role of right brain mutual regressions in long term psychotherapy of relational trauma. Presented at the ISSTD 36th Annual Conference: The World Conference on Complex Trauma, April 1, 2019, New York City.

Schwartz, H. L. (1994). From dissociation to negotiation: A relational psychoanalytic perspective on multiple personality disorder. *Psychoanalytic Psychology*, 11, 189–231.

Schwartz, R. (1995). *Internal family systems therapy*. New York: Guilford Press.

Shapiro, F. (2001). *Eye movement desensitization and reprocessing: Basic principles, protocols and procedures* (2nd ed.). New York: Guilford Press.

Shonkoff, J. P., Garner, A. S.; American Academy of Pediatrics Committee on Psychosocial Aspects of Child and Family Health; Committee on Early Childhood, Adoption, and Dependent Care; Section on Developmental and Behavioral Pediatrics. (2012). The lifelong effects of early childhood adversity and toxic stress. *Pediatrics, 129*(1), e232–e246. Retrieved from http://pediatrics.aappublications.org/content/129/1/e232.full.

Simeon, D & Abugel, J. (2006). *Feeling unreal: Depersonalization disorder and the loss of self.* New York, NY: Oxford University Press.

Siegel, D. (1999). *The developing mind: Toward a neurobiology of interpersonal experience.* New York: Guilford Press.

Slavin, M. O., & Kreigman, D. (1992). *The adaptive design of the human psyche: Psychoanalysis, evolutionary biology, and the therapeutic process.* New York: Guilford Press.

Solzhenitsyn, A. (1974). *The gulag archipelago.* New York: Harper and Row.

Somer, E. (2004). Trance possession disorder in Judaism: Sixteenth-century dybbuks in the Near East. *Journal of Trauma & Dissociation, 5*(2), 131–146.

Spiegel, D. (1990). Trauma, dissociation, and hypnosis. In R. Kluft (Ed.), *Incest-related syndromes of adult psychopathology* (pp. 247–262). Washington, DC: American Psychiatric Press.

Spiegel, D., Loewenstein, R. J., Lewis-Fernandez, R., Şar, V., Simeon, D., Vermetten, E., Cardena, E., Dell, P. F. (2011). Dissociative disorders in *DSM-5. Depression & Anxiety, 28*, 824–852. doi:10.1002/da.20874

Spitz, R.A. (1945). Hospitalism—An Inquiry Into the Genesis of Psychiatric Conditions in Early Childhood. Psychoanalytic Study of the Child, 1, 53-74.

Stern, D. B. (1997). *Unformulated experience: From dissociation to imagination in psychoanalysis.* Hillsdale, NJ: Analytic Press.

Stern, D. N. (1985). *The interpersonal world of the infant.* New York: Basic Books.

Stern, D. N. (2004). *The present moment in psychotherapy and in life.* New York: Norton.

Stolorow, R., Atwood, G., & Orange, D. (2002). *Worlds of experience: Interweaving philosophical and clinical dimensions in psychoanalysis.* New York: Basic Books.

Sullivan, H. S. (1953). *The interpersonal theory Of psychiatry.* New York: Norton.

(1954). *The psychiatric interview.* New York: Norton.

(1956). *Clinical studies in psychiatry.* New York: Norton.

(1962). *Schizophrenia as a human process.* New York: Norton.

Sulloway, F. J. (1979). *Freud: Biologist of the mind.* New York: Basic Books.

Sutherland, J. D. (2000), Fairbairn's achievement. In J. S. Grotstein, & D. B. Rinsley (Eds.), *Fairbairn and the Origin of Object Relations*, pp. 17–33. New York: Other Press.

Tabin, J. (1993). Freud's shift from the seduction theory: Some overlooked reality factors. *Psychoanalytic Psychology, 10*, 291-298.

Terr, L. (1990) *Too scared to cry: How trauma affects children and ultimately us all.* New York: Basic Books.

Terr, L. C. (1994). *Unchained memories: True stories of traumatic memories, lost and found.* New York: Basic Books

Trevarthen, C. (2009a). The function of emotion in infancy: The regulation and communication of rhythm, sympathy, and meaning in human development. In D. Fosha, D. Siegel, & M. Soloman (Eds.), *The healing power of emotion: Affective neuroscience, development, & clinical process* (pp. 55-85). New York: Norton.

Trevarthen, C. (2009b). The intersubjective psychobiology of human meaning: learning of culture depends on interest for co-operative practical work-and affection for the joyful art of good company, *Psychoanalytic Dialogues. 19*(5), 507-518.

Trevarthen, C., & Aitken, K. J. (2001). Infant intersubjectivity: Research, theory and clinical applications. *Annual Research Review, Journal of Child Psychology and Psychiatry, 42*(1), 3-48.

Tronick, E. Z. (1989). Emotions and emotional communication in infants. *American Psychologist, 44*(2), 112-119.

Tronick, E. Z., Als, H., Adamson, L., Wise, S., Brazelton, T. B. (1978). The infant's response to entrapment between contradictory messages in face-toface interaction. *American Academy of Child Psychiatry*. 17, 1-13.

Turkus, J., Pivnick, B., & Bellinson (2019, March 28). Remembering the vanishing forms of 9/11: ruptures, ripples, and reflections. Preconference workshop presented at the World Congress on Complex Trauma, International Society of the Study of Trauma and Dissociation, New York, NY.

Vaillant, G. E. (1990). Repression in college men followed for half a century. In J. L. Singer (Ed.), *Repression and dissociation: Implications for personality theory, psychopathology, and health* (pp. 85-119, pp. 259-273). Chicago: University of Chicago Press.

Van Derbur, M. (2003). *Miss America by day*. Denver, CO: Oak Hill Ridge Press.

Van der Hart, O. (2000, November). *Dissociation: Toward a resolution of 150 years of confusion.* Presented at 17th International Fall Conference of the International Society of Dissociation, San Antonio, TX.

Van der Hart, O. (2016). Pierre Janet, Sigmund Freud, and dissociation of the personality: The first codification of a psychodynamic depth psychology. In E. Howell & S. Itzkowitz (Eds.), *The dissociative mind in psychoanalyis: Understanding and treating trauma* (pp. 44-55). New York: Routledge.

Van der Hart, O. (2018). Understanding trauma-generated dissociation and disorganized attachment: Giovanni Liotti's lasting contributions. *Attachment: New directions in psychotherapy and relational psychoanalysis*, 101-109.

Van der Hart, O., & Friedman, B. (1989). A reader's guide to Pierre Janet on dissociation: A neglected intellectual heritage. *Dissociation, 2*, 3-15.

Van der Hart, O., & Friedman, B. (2019). A reader's guide to Pierre Janet on dissociation: A neglected intellectual heritage. In G. Craparo, F. Ortu, and O. van der Hart (Eds.), *Rediscovering Pierre Janet: Trauma, dissociation, and a new context for psychoanalysis*. London: Routledge. pp. 4-27.

Van der Hart, O., Nijenhuis, E. R. S., & Steele, K. (2006). *The haunted self: Structural dissociation and the treatment of chronic traumatization*. New York: Norton.

Van der Hart, O., Nijenhuis, E. R. S., Steele, K., & Brown, D. (2004). Trauma-related dissociation: Conceptual clarity, lost and found. *Australia & New Zealand Journal of Psychiatry, 38*, 906-914.

Van der Hart, O., Van der Kolk, B. A., & Boon, S. (1998). Treatment of dissociative disorders. In J. D. Bremner & C. R. Marmar (Eds.), *Trauma, memory, and dissociation* (pp. 253-283). Washington, DC: American Psychiatric Press.

Van der Hart, O., Van Dijke, A., Van Son, M., & Steele, K. (2000). Somatoform dissociation in traumatized World War I combat soldiers: A neglected clinical heritage. *Journal of Trauma & Dissociation, 1*(4), 33-66.

Van der Kolk, B. A. (1996), Trauma and memory. In B. A. van der Kolk, A. McFarlane, & L. Weisaeth (Eds.), *Traumatic stress: The effects of overwhelming experience on mind, body, and society* (pp. 279-302). New York: Guilford Press.

Van der Kolk, B. A. (2002). Posttraumatic therapy in the age of neuroscience. *Psychoanalytic Dialogues, 12*, 381-392.

Van der Kolk, B. A. (2014). *The body keeps the score: Brain, mind, and body in the healing of trauma*. New York: Penguin.

Van der Kolk, B. A. (2015). Forward. In P. Levine, *Trauma and memory: Brain and Body in a search for the living past* (pp. 11-18). Berkeley, CA: North Atlantic Books.

Van der Kolk, B. A., & Van der Hart, O. (1989). Pierre Janet and the breakdown of adaptation in psychological trauma. *American Journal of Psychiatry, 146*(12),

1530–1540.

Vermetten, E., Schmal, C. Lindner, S., Lowewenstein, R.J. & Brember, J.D. (2006). Hippocampal and amygdalar volumes in dissociative identity disorder. *American Journal of Psychiatry,* 163, 630–636.

Westover, T. (2018). *Educated: A memoir.* New York: Random House.

Winnicott, D. W. (1960). *The maturational processes and the facilitating environment.* New York: International Universities Press.

Winnicott, D.W. (1971). Use of the object and relating through identifications. In *Playing and Reality,* pp. 86–94. New York: Tavistock.

Wolff, P. H. (1987). *The development of behavioral states and the expressions of emotions inearly infancy: New proposals for investigation.* Chicago: University of Chicago Press.

Yehuda, N. (2016). *Communicating trauma: Clinical presentations and interventions with traumatized children.* New York: Routledge.

Yehuda, R. (2000). Cortisol alterations in PTSD. In A. Y. Shalev, R. Yehuda, & A. C. McFarlane (Eds.), *International handbook of human response to trauma* (pp. 265–284). New York, NY: Kluwer Academic/Plenum Publishers.

Zanarini, M. C. (1997). Evolving perspectives on the etiology of borderline personality disorder. In M. C. Zanarini (Ed.), *The role of sexual abuse in the etiology of borderline personality disorder* (pp. 1–14). Washington, DC: American Psychiatric Press.

Zimbardo, P. (2007). *The Lucifer effect: Understanding how good people turn evil.* NY: Random House.

찾아보기

(ㄴ)

(ㄷ)

(ㄹ)

(ㅁ)

(ㅂ)

(ㅅ)

(ㅇ)

(ㅈ)

(ㅊ)

(ㅋ)

(ㅌ)

(ㅍ)

(ㅎ)

지은이

엘리자베스 하웰

심리학자이자 정신분석학자이며 외상학자인 엘리자베스 하웰은 트라우마와 해리 저널의 편집위원으로 뉴욕대학교 심리치료 및 정신분석 박사후 과정의 임상 부교수이다. 또한, 외상 치료센터인 맨해튼 정신분석연구소의 교수 및 수퍼바이저, 국립 심리치료 연구소의 정신분석 프로그램 교수, 국제해리학회[ISSTD]에서 해리성 장애 진단 및 치료의 심리치료 훈련 프로그램 교수로 활동 중이며, 윌리엄 앨런슨 화이트 정신분석학회의 명예회원이다.

엘리자베스 하웰은 외상 및 해리의 다양한 측면뿐만 아니라 성별과 외상/해리에 대해 광범위하게 저술하고 국내외에서 강의했다. 저서로는 『해리성 정체성 장애 이해 및 치료: 관계 접근법』(Taylor and Francis, 2011), 『해리성 마음』(Analytic Press, 2005) 등이 있으며, 『정신분석학의 해리성 마음』(Routledge, 2016), 『여성 및 정신건강』(Basic Books, 1981)을 공동 편집하였다. 현재 뉴욕 개인연구실에서 연구를 계속하고 있다.

옮긴이

김아신

조지아주립대학교 심리학 학사, 상담심리학 석사, 상담심리학 박사. 마음자리 심리상담 센터(수원 영통구 광교 소재) 소장. 한국 심리학회[KPA]와 상담심리학회[KCPA] 소속 1급 심리상담사이며 주 수퍼바이저. 법무부 교정상담 수퍼바이저. 20년간의 상담경력으로 커플상담 및 부부 가족상담, 아동 청소년상담, 직장인상담과 커리어상담을 해오고 있다. 외부상담 지원으로는 중독상담, 공제회 교직원상담, 기아자동차, 국민은행 등 EAP상담, 감정원 등 공기업 지원상담, 경찰청, 법무부 직원 협약상담, 교육청 지원 학교대표선수상담, 가습기 살균제 피해자 거점센터로 피해자상담지원을 해왔다. 서울가정법원, 수원가정법원 가사상담위원, 자녀양육안내 위원으로 활동해왔고, 소명여중, 시흥고교 전문상담교사, 학생집단 및 교사/학부모강의 경력이 있다. 최근 10여 년간 피터 레빈의 SE, EMDR, Ego State Therapy, IFS 등 트라우마에 특화된 치료기법을 훈련받고 트라우마 치료, IFS 및 ACT 강의와 집단진행, MBSR, ACT, MSC, CCT 훈련을 받고 심리상담에 마음챙김과 자비를 적용하고 있다. 집단프로그램으로는 마음챙김과 자비기반 커플관계향상 프로그램, IFS와 ACT를 활용한 집단상담 프로그램, 스포츠선수 대상 심리상담 프로그램, 가습기 살균제 피해자 심리상담 프로그램, 경기도 일자리재단 직업상담사 대상 마음챙김 자존감 향상 프로그램, 위센터 고등학생을 대상으로 요가와 명상을 심리상담에 결합한 소그룹 이완명상지도, 1:1 요가치료를 진행해 왔다.

주요 자격 사항

상담심리전문가 1급

부부 및 가족상담전문가

명상지도전문가

중독상담사

MBYT 요가 테라피스트

EMDR 치료사

IFS 치료사

몸의 자각을 통한 트라우마 치료사[THBA]

역서

『요가와 심리치료』(학지사) 공역

『아동과 함께하는 내면가족체계치료』(하나의학사)

『내면가족체계IFS 기반 커플 및 부부치료IFIO』(하나의학사)

논문

「상위기분과 문제해결행동이 결혼만족에 미치는 효과」

「마음챙김과 결혼만족의 관계에서 배우자애착의 매개효과」

「마음챙김과 자비기반 커플 관계향상프로그램 개발 및 효과」

이메일 주소

maumcounsel@naver.com

트라우마와 해리구조 기반 심리치료

초판 1쇄 인쇄 2024년 7월 8일
초판 1쇄 발행 2024년 7월 15일

지은이 | 엘리자베스 하웰
옮긴이 | 김아신
펴낸이 | 소정영

펴낸곳 | 도서출판 하나의학사
출판신고 | 1988년 4월 1일 제2022-000082호

주소 | 서울특별시 송파구 동남로 159, 302호(한흥빌딩)
전화 | 02-730-2555, 2556 **팩스** | 02-730-2557
이메일 | hanampc1@naver.com
홈페이지 | www.hanampc.co.kr

ISBN 979-11-91658-46-0 93180